汽车专业高技能职业教育“十二五”规划教材

汽车保险与理赔一体化教程

主　编　常兴华
副主编　温　军　郑孟冬
　　　　张国栋　王丽霞

机械工业出版社

《汽车保险与理赔一体化教程》是教育部高职高专汽车类专业教学指导委员会精品课配套教材，立足于汽车保险企业各岗位的工作背景，以项目引领、任务驱动的模式介绍有关汽车保险与理赔方面的知识和技能。本书共设计了3个学习项目，项目一中包括认识汽车保险、选择汽车保险险种和制订汽车保险投保方案3个任务，项目二中包括订立汽车保险合同和汽车保险承保业务等6个任务，项目三中包括一般汽车保险理赔业务和特殊赔案的处理等3个任务，真正做到"做中教"和"做中学"。

本书可作为大中专院校，特别是职业院校保险专业或汽车专业的教学用书，也可作为保险从业人员的参考读物。

图书在版编目（CIP）数据

汽车保险与理赔一体化教程/常兴华主编. —北京：机械工业出版社，2013.11（2020.8重印）

汽车专业高技能职业教育"十二五"规划教材

ISBN 978-7-111-44289-9

Ⅰ.①汽… Ⅱ.①常… Ⅲ.①汽车保险—理赔—中国—高等职业教育—教材 Ⅳ.①F842.63

中国版本图书馆CIP数据核字（2013）第236357号

机械工业出版社（北京市百万庄大街22号 邮政编码100037）
策划编辑：齐福江 责任编辑：齐福江
版式设计：常天培 责任校对：赵 蕊
封面设计：陈 沛 责任印制：郜 敏
北京富生印刷厂印刷
2020年8月第1版第12次印刷
184mm×260mm · 12.75印张 · 312千字
28601—30500册
标准书号：ISBN 978-7-111-44289-9
定价：36.00元

凡购本书，如有缺页、倒页、脱页，由本社发行部调换

电话服务	网络服务
客服电话：010-88361066	机 工 官 网：www.cmpbook.com
010-88379833	机 工 官 博：weibo.com/cmp1952
010-68326294	金 书 网：www.golden-book.com
封面无防伪标均为盗版	教育服务网：www.cmpedu.com

前言

汽车这一现代化的交通工具给人们生活带来方便的同时，也给人们带来了相应的损失。近几年汽车保有量迅速增加，据统计，截至2012年7月，全国的机动车保有量达2.33亿辆，其中汽车1.14亿辆，摩托车1.03亿辆。全国机动车驾驶人达2.47亿人，其中汽车驾驶人1.86亿人。但伴随而来的是交通事故频发，因此社会上对汽车保险的需求越来越旺盛，由此也导致了保险业人才的紧缺。汽车保险业需要大量掌握汽车知识和保险业务知识的从业人员，这就要求汽车类的高职高专院校培养更多的汽车保险业务人员。在此背景下，我们组织了一批学术水平高、教学经验丰富、实践能力强的教师和长期从事汽车保险工作的高级管理人员，编写了本书。

本书是教育部高职高专汽车类专业教学指导委员会精品课程配套教材、机械工业出版社汽车专业高技能职业教育“十二五”规划教材。

本书的编写思路是以汽车保险企业各岗位的职责和工作内容为背景，围绕汽车保险业务中所涉及的各个环节，较为详尽地探讨了汽车保险方案设计、汽车保险承保和汽车保险理赔等方面的基本理论知识和实际操作技能，并在编写的过程中力求突出以下特点：

1. 基于能力培养设置内容

本书的内容设计以岗位工作过程为导向，对知识体系进行重构、整合，按照汽车保险业务环节构建教材的体系，提高教材的针对性，有利于培养学习者的职业能力。

2. 基于实际操作过程来设计教材体例

本书的学习项目都是以一个具体的任务作为引领，内容的选取和组织以完成任务为前提，体现了新的教材编写理念和方法。突出重点，重在提高学生学习的主动性和积极性，为提高学生的就业能力和工作能力创造条件。

3. 基于“工学结合”模式，校企合作共同编写本书

本书的编写人员中既有在校工作多年的教师，也有经验丰富的企业人员，从而吸收各方精华，使本书更加适用于教学和培训。

本书由常兴华主编，由温军、郑孟冬、张国栋、王丽霞任副主编，参与本书编写工作的有长春职业技术学院赵更义、李青、林玲、修丽娜、张彩平、崔宁、金壁辉、苏勇军、董文波、胡南君、谢计红、吴常红、赵艳、彭菊生、王春阳、邓润栋、王浩、翟兆亮，还有阳光财险吉林分公司曲鹏、平安财产保险公司吉林分公司叶天义。

尽管编写人员对本书的编写工作做了大量努力，但限于编者水平，不足之处在所难免。对于书中的不妥和错误之处，恳请读者批评指正。意见反馈及交流邮箱：sy88888@ sina. com。

编 者

目录

前言

项目一 设计汽车保险方案 ……………… 1

任务一 认识汽车保险 ………… 2

单元一 选择风险管理方法 … 2

单元二 汽车保险的含义及要素 ………………… 8

单元三 我国汽车保险发展历程……………… 15

任务二 选择汽车保险险种…… 17

单元一 机动车交通事故责任强制保险……… 17

单元二 机动车辆商业保险示范总则…………… 22

单元三 机动车损失保险…… 23

单元四 机动车第三者责任保险………………… 29

单元五 机动车车上人员责任保险…………… 34

单元六 机动车全车盗抢保险………………… 37

单元七 机动车保险的附加险…………… 40

任务三 制订汽车保险投保方案………………… 45

单元一 分析机动车面临的风险……………… 45

单元二 选择汽车保险投保途径……………… 51

单元三 选择保险公司……… 54

单元四 制订汽车保险险种方案……………… 55

单元五 制订汽车保险投保方案……………… 57

项目二 汽车保险承保 ………………… 63

任务四 认识汽车保险承保业务……………… 64

单元一 汽车保险承保业务流程……………… 64

单元二 投保受理…………… 66

任务五 填写投保单与验证、验车……………… 76

单元一 填写投保单………… 76

单元二 验证、验车………… 85

任务六 计算保险费………… 90

任务七 核保出单…………… 94

单元一 核保………………… 94

单元二 缮制单证…………… 99

单元三 单证整理、装订、归档 ……………… 103

任务八 变更、终止汽车保险合同 ……………… 104

单元一 汽车保险合同形式 ………………… 105

单元二 汽车保险合同的主体、客体和内容 ……… 109

单元三 汽车保险合同的变更、解除和终止 ……… 111

任务九 续保和无赔款优待 … 116

单元一 续保 ……………… 116

单元二 无赔款优待 ……… 117

项目三　汽车保险理赔 …………………… 120

任务十　认识汽车保险理赔业务 …………………… 121

单元一　汽车保险理赔原则 …………………… 121

单元二　汽车保险理赔业务的流程和工作内容 … 125

任务十一　汽车保险查勘定损 …………………… 131

单元一　接报案 …………………… 131

单元二　现场查勘 ………… 137

单元三　立案 …………………… 153

单元四　定损 …………………… 154

单元五　核定损失 ………… 167

任务十二　汽车保险赔款结案 …………………… 176

单元一　损失补偿原则 …… 177

单元二　赔款计算 ………… 182

单元三　核赔 …………………… 193

单元四　结案处理和单证管理 …………………… 194

项目一 设计汽车保险方案

学习引导

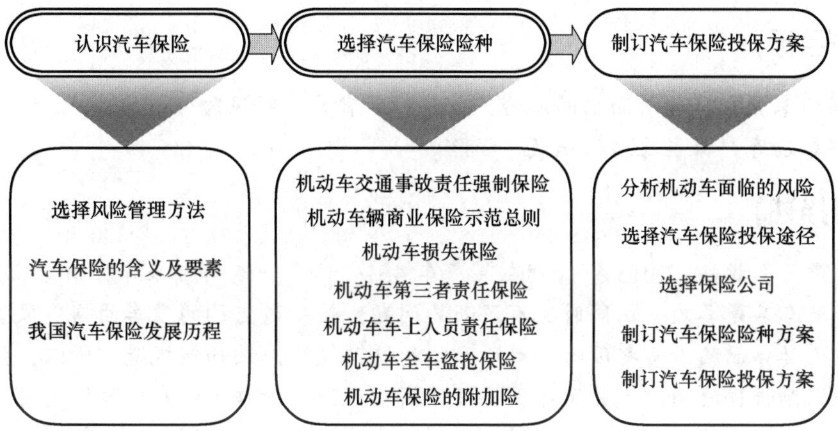

任务一 认识汽车保险

【知识目标】

1. 理解风险的含义和要素。
2. 理解汽车保险的含义和功能。
3. 掌握风险管理的过程以及风险管理与保险的关系。
4. 掌握汽车保险的要素。

【能力目标】

1. 能够为客户分析其所面临的风险，并能帮助客户选择风险管理方法。
2. 能够帮助客户深层次地认识汽车保险。

【任务描述】

张先生是一名教师。2013年，他在某汽车4S店买了一辆新宝来车，用于上下班代步。张先生看着新车甚是喜欢，但同时也有了新的问题，他知道自己的爱车面临着风险，但是他并不清楚自己具体面临着哪些风险，对所面临的这些风险应该如何规避。所以，张先生一直犹豫在投保强制性保险同时，是否还需要投保商业保险。你作为汽车保险的销售人员，请帮助张先生分析他所面临的风险、对其所面临的风险应该怎样去管理、应选择哪些风险管理方法以及是否应该投保商业汽车保险。

【任务分析】

张先生的这些疑虑是每一个车主都有的。要想让车主明明白白地消费，高高兴兴地购买汽车保险，汽车保险销售人员一定要指出车主将面临哪些损失，通过什么方法能使这些损失的程度降到最低。作为汽车保险销售人员，要从风险类型和风险管理方法等方面着手帮助客户分析风险，解决风险管理方面的问题。而为了帮助张先生解答上述问题，所需的知识和技能可以通过对以下各单元的学习而获得。

单元一 选择风险管理方法

一、风险

对“风险”一词的由来有多种说法，但大致可以归纳为两种，如图1-1所示。

1. 风险的含义

经过两百多年的发展，风险一词被越来越概念化，并因人类活动的复杂性和深刻性而逐步深化，并被赋予了哲学、经济学、社会学、统计学甚至文化艺术领域的更广泛、更深层次的含义，且与人类的决策和行为后果的联系越来越紧密，“风险”一词也成了人们生活中出现频率很高的词汇。

从近代保险业产生以来，特别是20世纪60年代以来，风险研究出现了大量的文献，涉及自然科学、社会科学中的诸多学科。这些学科从各自的角度，对风险进行了定义。无论如

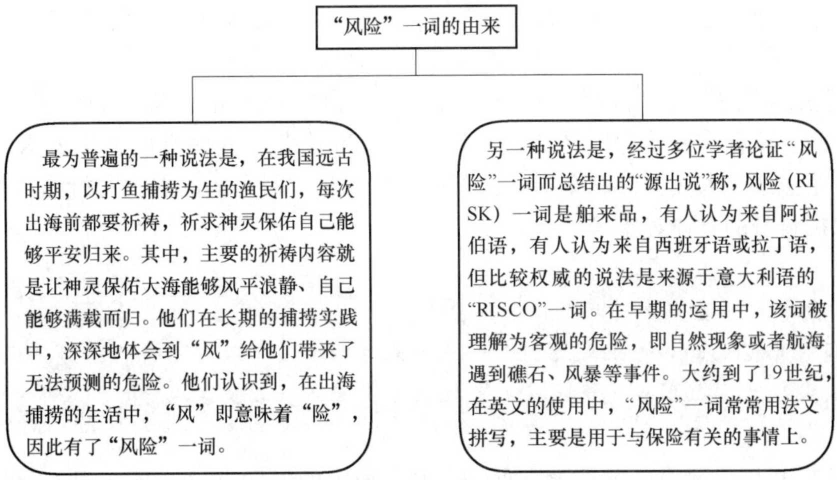

图 1-1 "风险"一词的由来

何定义风险一词，其基本的核心含义都是"未来结果的不确定性或损失"。

重要知识

在本书中，我们给风险管理中"风险"下的定义是，某种损失发生的不确定性。这种不确定性表现：(1) 是否发生不确定；(2) 发生的时间不确定；(3) 发生后的结果不确定。

2. 风险的要素

风险的要素也可以称为风险的结构。一般认为，风险由风险因素、风险事故和损失构成，这些要素的共同作用，决定了风险的存在、发生和发展。

(1) 风险因素 风险因素是指引起或增加风险发生的机会或扩大损失程度的原因和条件，它是导致风险发生的潜在原因。风险因素主要有三类，如图 1-2 所示。

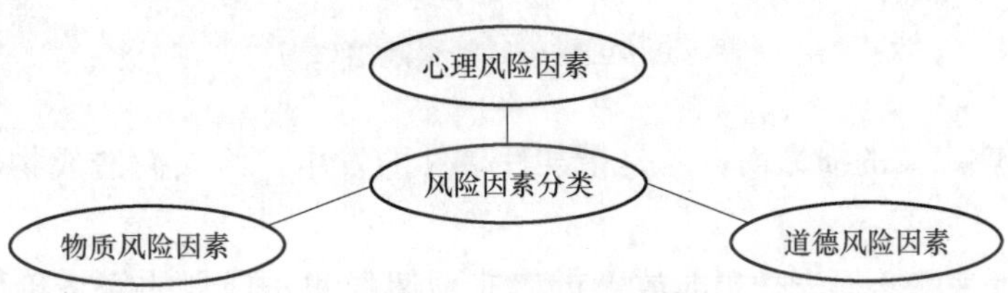

图 1-2 风险因素的种类

1）物质风险因素。这是指能直接影响事物物理功能的因素，即某一标的本身所具有的足以引起或增加风险发生机会和损失幅度的客观原因，一般是有形的风险因素，如地壳的异常变化、恶劣的气候、疾病传染等。物质因素不为人力所控制，是人力无法左右的因素。

2）道德风险因素。这是指与人的品德修养有关的、无形的因素，即由于个人的不诚实、不正直或不轨企图，促使风险事故发生，引起社会财富损毁和人身伤亡的原因或条件，如纵火、欺诈、投毒等。这些不道德的行为必然会增加风险发生的频率并加大损失幅度。

3）心理风险因素。这是指与人的心理状态有关的、无形的因素，即由于人的不注意、不关心、侥幸，或存在依赖保险的心理，以致风险事故发生概率增加和损失幅度加大的因素。例如，企业或个人在投保汽车损失保险后，就放松了对车辆的保养和检测；投保了人身保险，就忽视自身的身体健康等。

特别提示：

由于道德风险因素和心理风险因素都是无形的，都与个人的自身行为方式相联系，且在实践中又难以界定，所以通常将两者统称为人为因素，以便区分。

（2）风险事故 风险事故是指造成生命财产损害的偶发事件，是造成生命财产损害的直接原因。只有风险事故的发生，才能导致损失。

风险事故意味着风险的可能性转化成为现实性，即风险的发生，例如车祸就是风险事故的一种，如图1-3所示。

图1-3 因雪天路滑引起的车祸

（3）损失 就广义的损失而言，是指某种事件的发生，给人们造成物质财富的减少和精神上的痛苦。

从保险的角度来看，损失是指非故意的、非预期的和非计划的经济价值的减少（损失的狭义定义）。保险中所指的损失必须满足两个要素：一是非故意的、非计划的、非预期的；二是经济价值或经济收入的减少。两者缺一不可。

特别提示：

汽车保险里面所说的损失，在大多数情况下是不包括精神损失的。

3. 风险的特征

风险具有客观性、普遍性、可测性、不确定性和可变性5种特征，见表1-1。

表 1-1 风险的特征

风险特征	具体解释
客观性	风险是一种不以人的主观意志为转移、独立于人的意识之外的客观存在。人们只能在一定的时间和空间内改变风险存在和发生的条件，只能采取风险管理方法降低风险发生的频率和风险发生后的损失程度，从总体上说，风险是不可能彻底消除的。风险的客观存在正是保险活动或保险制度存在的必要条件
普遍性	人类自出现后，就面临着各种各样的风险。在当今社会，个人面临着生、老、病、残、死、意外伤害等风险；企业面临着自然风险、市场风险、技术风险、政治风险等；国家和政府机关也面临着各种风险。随着科学技术的发展和生产力的提高，还会不断产生新的风险，且风险事故造成的损失也会越来越大。可以说，风险无处不在、无时不有。例如，核能技术的运用带来了核辐射、核污染的风险
可测性	虽然个别风险的发生是偶然的，不可预知的，但通过对大量风险的观察会发现，风险往往呈现出明显的规律性。根据以往的大量资料，利用概率论和数理统计的方法可测算风险事故发生的概率及其损失程度，并且可构造出损失分布的模型，成为风险估测的基础
不确定性	风险是不确定的，否则就不能称之为风险。风险的不确定性主要表现在空间上的在哪发生的不确定性、时间上的何时发生的不确定性，以及损失程度的不确定性。大家都知道面临着各种风险，但是无法确定风险会在什么时候发生
可变性	在一定条件下，风险具有可变化的特性。世界上任何事物都是互相联系、互相依存和互相制约的，且任何事物都处于变动和变化之中，这些变化必然会引起风险的变化。例如科学发明和文明进步，都可能使风险因素发生变化，尤其是当代科学技术的发展和应用，使得风险的可变性更为突出。风险会因时间、空间因素的不断变化而不断发展变化

二、风险管理

1. 风险管理的含义

关于风险管理，有许多不同的定义。从本质上讲，风险管理是应用一般的管理原理去管理一个组织的资源和活动，并以合理的成本尽可能地减少意外事故损失及其对组织和环境的不利影响。所以风险管理的含义是：各经济或社会单位、个人和家庭在对其生产、生活中的风险进行识别、估测和评价的基础上，优化组合各种风险管理技术，对风险实施有效的控制，妥善处理风险所致的结果，以期以最小的支出实现最大的安全保障的一种科学管理方法。

2. 风险管理的目标

风险管理的目标由两部分组成，即损前目标和损后目标，如图 1-4 所示。

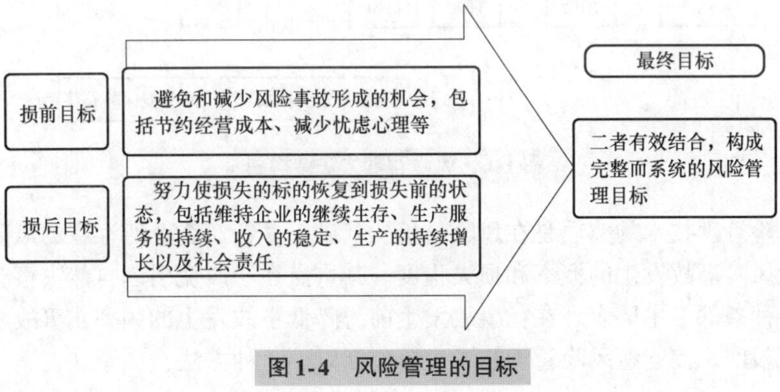

图 1-4 风险管理的目标

3. 风险管理的程序

对风险进行管理时需要一系列的程序，如图 1-5 所示。

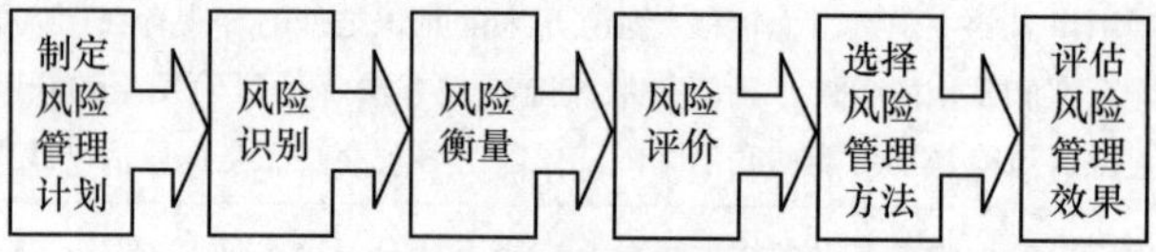

图 1-5　风险管理的程序

（1）**制定风险管理计划**　制定合理的风险管理计划是风险管理程序的第一步，构成了风险管理决策行为的重要基础和首要前提。风险管理计划的主要内容除了风险管理的目标以外，还有以下内容：确定风险管理人员的职责；确定风险管理部门的内部组织结构；与其他部门的合作；风险管理计划的控制；编制风险管理计划书。

（2）**风险识别**　风险识别是风险管理的第二步，是指对企业、家庭或个人面临的和潜在的风险加以判断、归类和对风险性质进行鉴定的过程。即对尚未发生的、潜在的和客观存在的各种风险系统地、连续地进行识别和归类，并分析产生风险的原因。

（3）**风险衡量**　风险衡量是在风险识别的基础上，通过对所收集的大量资料进行分析，利用概率统计理论，估计和预测风险的发生概率和损失程度。风险衡量所要解决的两个问题是发生概率和损失程度，其最终目的是为正确选择处理风险的方法提供依据和信息。

（4）**风险评价**　风险评价是在风险识别和风险估测的基础上，对风险发生的概率、损失程度和其他因素进行全面考虑，评估发生风险的可能性及其危害程度，并与公认的安全指标相比较，以衡量风险的程度，并决定是否需要采取相应的措施。

（5）**选择风险管理方法**　风险管理方法又称风险管理技术，可分为控制型和财务型两大类，如图 1-6 所示。

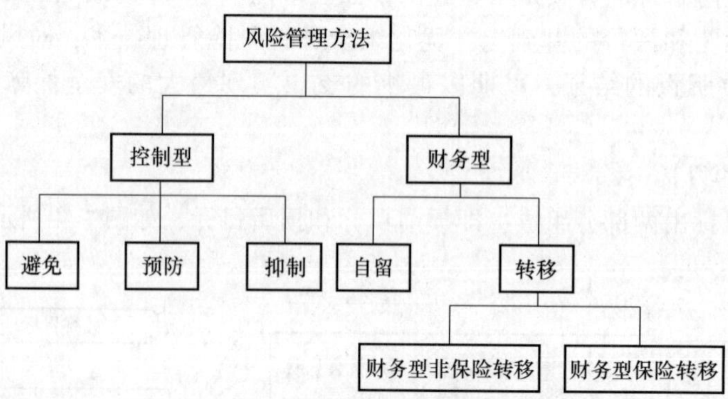

图 1-6　风险管理方法结构图

控制型风险管理技术的实质是在风险分析的基础上，针对企业所存在的风险因素采取控制技术以降低风险事故发生的概率和损失程度。其重点在于改变引起自然灾害、意外事故和扩大损失的各种条件。主要表现在：事故发生前，降低事故发生的频率；事故发生时，将损失减小到最低限度。控制型风险管理技术主要包括以下 3 种方法：

1）避免。避免是指回避损失发生的可能性，即从根本上消除特定的风险单位和中途放弃某些既存的风险单位，可采取主动放弃或改变该项活动的方式。避免风险的方法一般在某特定风险所致的损失概率和程度相当高或处理风险的成本大于其产生的效益时采用，是一种最彻底、最简单的方法，但也是一种消极的方法。避免风险的方法有时意味着丧失利益，且避免方法的采用通常会受到限制。此外，采取避免方法有时在经济层面上是不适当的，或者是避免了某一种风险，却有可能产生新风险。

2）预防。预防是指在风险事故发生前，为了消除或减少可能引起损失的各种因素而采取的处理风险的具体措施，其目的在于通过消除或减少风险因素而降低损失发生的概率。这是事前采取的措施，即所谓“防患于未然”。

3）抑制。抑制是指在损失发生时或损失发生后为降低损失程度而采取的各项措施，它是处理风险的有效技术。

财务型风险管理技术是以提供基金的方式，降低发生损失的成本，即通过事故发生前的财务安排，来解除事故发生后给人们造成的经济困难和精神忧虑，为恢复企业生产、维持家庭正常生活等提供财务支持。财务型风险管理技术主要包括以下两种方法：

1）自留。自留是指对风险进行自我承担，即企业或单位自我承受风险损害后果的方法。自留风险是一种非常重要的财务型风险管理技术，有主动自留和被动自留之分。

自留风险的成本低，方便有效，可减少潜在损失，节省费用。但自留风险有时会因风险单位数量的限制或自我承受能力的限制，而无法实现其处理风险的效果，导致财务安排上的困难而失去作用。

2）转移。转移是指一些单位或个人为避免承担损失，而有意识地将损失或与损失有关的财务后果转嫁给另一些单位或个人去承担的一种风险管理方式。转移风险又有财务型非保险转移和财务型保险转移两种方法。财务型非保险转移风险是指单位或个人通过订立经济合同，将损失或与损失有关的财务后果，转移给另一些单位或个人去承担的风险管理技术。财务型保险转移风险是指单位或个人通过订立保险合同，将其面临的财产风险、人身风险和责任风险等转嫁给保险人的一种风险管理技术。

保险作为风险转移的方式之一，有很多优越之处，是进行风险管理最有效的方法之一。

（6）评估风险管理效果 评估风险管理的效果是指对风险管理技术适用性及收益性情况的分析、检查、修正和评估。风险管理效果的好坏，取决于是否能以最小的风险成本取得最大的安全保障，同时，在实务中还要考虑风险管理目标与整体管理目标是否一致，是否具有具体实施的可行性、可操作性和有效性。

4. 风险与保险的关系

风险与保险关系密切，保险是研究风险中的可保风险，两者研究的对象都是风险，主要表现为以下几点：

1）风险是保险产生和存在的前提，无风险则无保险。风险是客观存在的，时时处处威胁着人的生命和物质财产的安全，是不以人的意志为转移的。风险的发生直接影响社会生产过程的持续进行和家庭的正常生活，因而产生了人们对损失进行补偿的需要。保险是一种被社会普遍接受的经济补偿方式，因此，风险是保险产生和存在的前提，风险的存在是保险关系确立的基础。

2）风险的发展是保险发展的客观依据。社会进步、生产发展、现代科学技术的应用，在克服人类社会原有风险的同时，也带来了新风险。新风险对保险提出了新的要求，促使保险业不断设计新的险种、开发新的业务。从保险的现状和发展趋势来看，作为高风险系统的核电站、石油化学工业、航空航天业、交通运输业的风险，都可以纳入保险的责任范围。

3）保险是风险处理传统且有效的措施。人们面临的各种风险损失，一部分可以通过控制的方法消除或减少，但不可能全部消除。面对各种风险造成的损失，如果单靠自身力量解决，就需要预留与自身财产价值等量的后备基金，这样既造成资金浪费，又难以解决巨额损失的补偿问题。因此，转移就成为风险管理的重要手段。保险作为转移方法之一，长期以来被人们视为传统的风险处理手段。通过保险，可把不能自行承担的集中风险转嫁给保险人，以小额的固定支出换取对巨额风险的经济保障，使保险成为处理风险的有效措施。

4）保险经营效益受风险管理技术的制约。保险经营效益的大小受多种因素的制约，风险管理技术作为其中非常重要的因素，对保险经营效益产生了很大的影响。如对风险的识别是否全面，对风险损失的概率和造成损失的程度的估计是否准确，哪些风险可以接受承保，哪些风险不可以承保，保险的范围应有多大、程度应如何，保险成本与效益的比较等，都制约着保险的经营效益。

单元二 汽车保险的含义及要素

一、保险的含义及分类

1. 保险的含义

保险是一个在我们日常生活中出现频率很高的名词，一般是指办事稳妥或有把握的意思。但是在保险学中，“保险”一词有其特定的内容和深刻的含义。在汉语中，“保险”是一个外来词，是由英语“insurance”一词翻译而来的。西方保险业最先进入我国的广东省，当地曾称其为“燕梳”，正是其英文的音译。保险作为一种客观事物，经历了萌芽、产生、成长和发展的历程，从形式上看表现为互助保险、合作保险、商业保险和社会保险。

保险是一种经济制度，同时也是一种法律关系。保险源于海上借贷。中世纪时，意大利出现了冒险借贷，其利息类似于今天的保险费，但因其利息较高被教会禁止而衰落。1384年，意大利比萨出现了世界上第一张保险单，现代保险制度从此诞生。关于保险的含义，可从经济和法律两个角度来看，如图 1-7 所示。

由此可见，保险乃是经济关系与法律关系的统一。

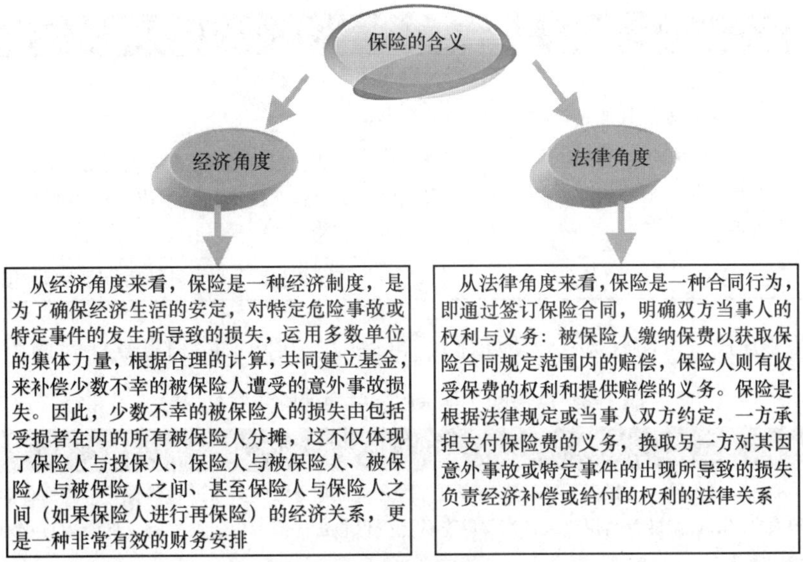

图1-7 保险的含义

综上所述，保险的含义应该包括四方面内容：一是指商业保险行为；二是合同行为；三是权利义务行为；四是经济补偿或保险金给付以合同约定的保险事故发生为条件。因此，我们可以给保险下一个较完整的定义：保险是指投保人根据合同约定，向保险人支付保险费，保险人对于合同约定的可能发生的事故因其发生而造成的财产损失承担赔偿保险金的责任，或者当被保险人死亡、伤残和达到合同约定的年龄、期限时承担给付保险金的义务。

2. 保险的分类

1）按保险标的不同，保险可分为人身保险和财产保险两大类，见表1-2。

表1-2 人身保险和财产保险

种 类	险种含义	具体险种解析
人身保险	以人的寿命和身体为保险标的的保险。当人们遭受不幸事故或因疾病、年老以致丧失工作能力、伤残、死亡或年老退休后，根据保险合同的规定，保险人对被保险人或受益人给付保险金或年金，以解决病、残、老、死所造成的经济困难。人身保险包括人寿保险、健康保险、意外伤害保险等保险业务	人寿保险是以被保险人的寿命作为保险标的，以被保险人的生存或死亡为给付保险金条件的一种人身保险
		健康保险是以被保险人的身体为保险标的，使被保险人在疾病或意外事故所致伤害时发生的费用或损失获得补偿的一种人身保险
		意外伤害保险是以被保险人的身体为保险标的，以意外伤害而致被保险人身故或残疾为给付保险金条件的一种人身保险

（续）

种　类	险种含义	具体险种解析
财产保险	除人身保险外的其他一切险种，它是以有形或无形财产及其相关利益为保险标的的一类补偿性保险。包括财产损失保险、责任保险、信用保险等保险业务	财产损失保险是以各类有形财产为保险标的的财产保险
		责任保险是以被保险人对第三者的财产损失或人身伤害依照法律和契约应负的赔偿责任为保险标的的保险
		信用保险是以各种信用行为为保险标的的保险

2）按承保方式，可将保险分为原保险、再保险、共同保险和重复保险四类，见表1-3。

表1-3　原保险、再保险、共同保险和重复保险

种　类	险种含义
原保险	原保险是保险人与投保人之间直接签订保险合同而建立保险关系的一种保险。在原保险关系中，保险需求者将其风险转嫁给保险人，当保险标的遭受保险责任范围内的损失时，保险人直接对被保险人承担赔偿责任
再保险	再保险（也称“分保”）是保险人将其所承保的风险和责任的一部分或全部，转移给其他保险人的一种保险。转让业务的是原保险人，接受分保业务的是再保险人。这种风险转嫁方式是保险人对原始风险的纵向转嫁，是保险人与保险人之间的业务往来，即第二次风险转嫁
共同保险	共同保险（也称“共保”）是由几个保险人联合直接承保同一保险标的、同一风险、同一保险利益的保险。共同保险的各保险人承保金额的总和等于保险标的的保险价值。在保险实务中，可能是多个保险人分别与投保人签订保险合同，也可能是多个保险人以某一保险人的名义签发一份保险合同。与再保险不同，这种风险转嫁方式是保险人对原始风险的横向转嫁，它仍属于风险的第一次转嫁
重复保险	重复保险是投保人以同一保险标的、同一保险利益、同一保险事故分别与两个或两个以上的保险人订立保险合同的一种保险，重复保险的各保险人承保金额总和大于保险标的保险价值。与共同保险相同，重复保险也是投保人对原始风险的横向转嫁，也属于风险的第一次转嫁

3）按是否以盈利为目的作为划分标准，保险可分为商业保险和社会保险两类，见表1-4。

表1-4　商业保险和社会保险

种　类	险种含义
商业保险	由保险公司所经营的各类保险业务。商业保险以盈利为目的，进行独立经济核算
社会保险	在既定的社会政策下，由国家通过立法手段对全体社会公民强制征缴保险费，形成保险基金，用以对其中因年老、疾病、生育、伤残、死亡和失业而导致丧失劳动能力或失去工作机会的成员提供基本生活保障的一种社会保障制度。社会保险不以盈利为目的，运行中若出现赤字，国家财政将给予支持

4）按实施方式分类，保险可分为强制保险和自愿保险，见表1-5。

5）按保额确定方式分类，保险可分为定值保险和不定值保险，见表1-6。

此外，按不同的标准，保险还可以分成不同的类型，这里只介绍上述分类方法。

表 1-5 强制保险和自愿保险

种　类	险种含义
强制保险（又称“政策性保险”）	由国家（政府）通过法律或行政手段强制实施的一种保险。这类保险所投保的风险一般损失程度较高，但出于种种考虑而收取较低保费，若经营者发生亏损，国家财政将给予补偿。这类保险被称为“政策性保险”。强制保险的保险关系虽然也是产生于投保人与保险人之间的合同行为，但是，合同的订立受制于国家或政府的法律规定。强制保险的实施方式有两种：一是保险标的与保险人均由法律限定；二是保险标的由法律限定，但投保人可以自由选择保险人。强制保险具有全面性与统一性的特征，如机动车交通事故责任强制保险
自愿保险	在自愿原则下，投保人与保险人双方在平等的基础上，通过订立保险合同而建立的保险关系。自愿保险的保险关系，是当事人之间自由决定、彼此合意后所建立的合同关系。投保人可以自由决定是否投保、向谁投保、中途退保等，也可以自由选择保险金额、保险范围、保险程度和保险期限等。保险人也可以根据情况自愿决定是否承保、怎样承保等

表 1-6 定值保险和不定值保险

种　类	险种含义
定值保险	指双方当事人事先确定保险标的（财产）的保险价值，并在合同中载明，以确定保险金最高限额的保险。保险标的的价值是指保险财产投保当时的实际价值，也称约定保险价值。在定值保险的场合，保险事故发生后，保险人应该按照约定的保险价值作为给付保险赔偿金的基础。在实践中，定值保险多适用于以艺术品、矿石标本、贵重皮毛、古玩、字画、邮票等不易确定价值的特殊商品为标的的财产保险。海洋货物运输保险也多采用这种方式，因为保险标的物的价值在时间及空间上差异较大，如果在事后估计损失的话，在技术上受到很大限制。在定值保险中，除非保险人能够证明被保险人有欺诈行为，否则的话，在保险事故发生以后，保险人不得以保险标的的实际价值与约定价值不符为由拒绝履行赔偿义务，即发生保险事故时，不论财产的价值如何，保险人均按照约定的保险金额来计算赔款。如果发生部分损失则按照保险金额乘以损失程度进行赔偿（在美国的保险学教材中，大多将人寿保险与健康保险也称作定值保险，但在我国通常将定值保险与不定值保险的分类限定在财产保险中）
不定值保险	保险双方当事人对保险标的不预先确定价值，而在保险事故发生后再估算价值、确定损失的保险形式。也就是说，在保险合同中只列明保险的金额作为赔偿的最高限额而不是列明保险标的的价值。在实践中，大多数财产保险，如企业财产保险、机动车辆保险等均采用不定值保险的形式。不定值保险的保险金额是在订立合同时确定的，而核定保险价值是在保险事故发生的时候，由于随着时间的伸延会产生价差，即在客观上就会产生保险金额与保险价值不相一致的情况

二、汽车保险的核心概念

1. 汽车保险的概念

汽车保险是财产保险中的一种，也被称为机动车辆保险，是以汽车（包括电车、电动车、摩托车、拖拉机等各种专用的机械车、特种车）本身及与其相关的各种利益和责任为保险标的的一种不定值财产保险。它属于财产险中的运输工具保险的一种。汽车保险是财产保险的一种，在财产保险领域中，汽车保险属于一个相对年轻的险种，这是由于汽车保险是伴随着汽车的出现和普及而产生和发展的。汽车保险一般包括机动车交通事故责任强制保险（以下简称“交强险”）和商业险两部分。商业险又分为主险和附加险。

2. 汽车保险的专业术语

汽车保险专业术语的解释见表 1-7。

表 1-7 汽车保险专业术语的解释

专业术语	专业术语的解释
汽车保险人	保险人是指与投保人订立保险合同，并承担赔偿或者给付保险金责任的保险公司。汽车保险人是指有权经营汽车保险的保险人，是对于合同约定的可能发生的事故因其发生造成汽车本身损失及其他损失承担赔偿责任的保险公司
汽车投保人	与保险人订立保险合同，为汽车办理保险业务并按照合同负有支付保险费义务的人。一般为机动车的所有人、管理人和使用人
汽车保险费	汽车投保人根据合同约定支付给保险公司的费用
保险金额	指保险单上载明的车辆的实际投保金额，是保险公司承担赔偿义务的最高限额
责任限额	责任限额是指在责任保险中，保险人承担赔偿保险金责任的最高限额。交强险条款中的责任限额是指被保险机动车发生交通事故，保险人对每次保险事故所有受害人的人身伤亡、医疗费用和财产损失所分别承担的最高赔偿金额
保险标的	指保险所要保障的对象。如财产保险中的保险标的是各种财产本身或其有关的利益或责任；人身保险中的保险标的是人的身体、生命等；而汽车保险的保险标的就是汽车
保险责任	保险公司承担赔偿或者给付保险金责任的项目。实际上是保险人承担经济补偿责任的依据和范围，同时也是被保险人要求赔偿的依据和范围
责任免除	又称除外责任，指根据法律规定或合同约定，保险人对某些风险造成的损失补偿不承担赔偿保险金的责任
保险期间	保险人和投保人约定的保险责任的有效期限，又称保险期限。车险的保险期间通常是一年

三、汽车保险的职能

职能是某种客观事物或现象所表现的内在功能，是由事物的本质和内容决定的。汽车保险的职能，就是指汽车保险固有的一种功能，它不会因为时间的变化和社会形态的不同而不同。它是由汽车保险的本质和内容决定的，是汽车保险本质的体现。随着汽车保险的发展，再派生出新的职能。因此，汽车保险的职能包括基本职能和派生职能。

1. 汽车保险的基本职能

汽车保险的基本职能主要是补偿损失的职能，即汽车保险通过保险组织收取社会上分散的保险费，建立保险基金，用来对因自然灾害和意外事故造成的车辆损毁给予经济上的补偿，以保障社会生产的持续进行，安定人民生活，提高人民的物质福利。这种赔付原则使已经存在的社会财富即车辆、因灾害事故所导致的实际损失，在价值上得到了补偿，使其使用价值得以恢复。汽车保险的这种补偿职能，只是对社会已有的财富进行了再分配，而不能增加社会财富。从社会的角度来讲，个别出险车辆的被保险人所得的赔偿，正是没有受损害的多数被保险人的所失，它是由全体投保人给予的补偿。

汽车保险补偿职能的内容可以概括为以下几点，如图 1-8 所示。

特别提示：

投保人买汽车保险不是为了挣钱，而是为了获得保险保证，在发生损失后获得补偿。

2. 汽车保险的派生职能

汽车保险的派生职能是在不同经济形态下，由基本职能派生出来的。在社会主义市场经济条件下，汽车保险的派生职能是由保险企业经营管理的特点决定的。汽车保险的派生职能主要有财政性分配职能、金融性融资职能和风险管理性防灾防损职能，具体如图 1-9 所示。

汽车保险补偿职能

- 补偿由于自然灾害和意外事故所致的保险车辆的经济损失
- 对被保险人在保险期内发生的与交通事故相关的人身伤亡事故给予经济赔偿
- 承担被保险人因车辆事故对受害人所负的经济赔偿的民事责任
- 商业信用和银行信用的违约责任

图 1-8　汽车保险补偿职能的内容

四、汽车保险的要素

现代商业汽车保险的要素主要包括 5 个方面的内容，如图 1-10 所示。

汽车保险的派生职能

- 财政性分配：它是指保险企业参与对一部分社会总产品分配的职能，并能为国家在建设方面筹资。通过向投保人收取保险费而形成保险基金，实际上是以货币形态表现一定的社会总产品，是社会后备基金体系的重要组成部分。向保险公司交纳保险费是全体投保人的义务，而从保险公司获取损失补偿的只是少数出险车辆或人身受到伤害的被保险人与第三者。这样，一部分社会总产品就以保险公司为中介，在被保险人之间进行分配，即保险标的未发生灾害事故的被保险人原来占有的一部分社会总产品的价值转移到保险标的发生灾害事故的被保险人手里，保险便实现了对一部分社会总产品价值的分配
- 金融性融资：汽车保险有融资的功能，即将保险组织的可运用资金，重新投入社会再生产的过程，以便实现保险资金的保值和增值。由于保险人经营的连续性和保险事件的随机性，在保险人的业务经营中会有一部分资金处于暂时的闲置状态，这种闲置的资金构成了保险人的可运用资金。保险公司作为金融机构的组成部分，其融资的方式主要有两种：一种是将保险基金存入银行，通过银行以信贷方式融资；另一种是保险公司运用保险基金进行直接投资或放款，使部分保险资金投入生产或建设领域
- 防灾防损：汽车保险中保险人和被保险人有着共同的经济利益，即减少灾害、事故的发生，尽量避免保险车辆的损失和人员伤亡。保险人为了减少赔款、提高经济效益，会从日常业务中掌握保险车辆的位置和分布，分析各种灾害事故造成损失的资料，对灾害原因有较确切的分析和结论，同时会运用保险财力和专业人员的技术力量，提出防灾防损方案。通过这种风险管理职能，即保险企业参与社会、企业、家庭和个人的风险管理，提供防灾、防损、咨询和技术服务的职能，从而减少车辆的损失和社会成员的人身伤害，为保险企业自身效益和社会效益的提高创造有利条件

图 1-9　汽车保险的派生职能

1. 可保风险的存在

汽车保险中所说的可保风险指符合保险人承保条件的特定风险。一般来讲，可保风险应具备的条件包括：

1）风险应当是纯粹风险，即风险一旦发生就成为现实的风险事故，只有损失的机会，而无获利的可能。

2）风险应当是大量标的均有遭受损失的可能性。

3）风险应当有导致重大损失的可能。重大的损失是被保险人不愿承担的，如果损失很轻微，则无参加保险的必要。

4）风险不能是大多数的保险标的同时遭受损失，即要求损失的发生具有分散性。因为保险的目的，是以大多数人支付的小额保费，赔付少数人遭遇的大额损失。如果大多数的保险标的同时遭受损失，保险人通过向被保险人收取保险费所建立起的保险基金根本无法抵消损失，就会影响保险公司的经营稳定性。

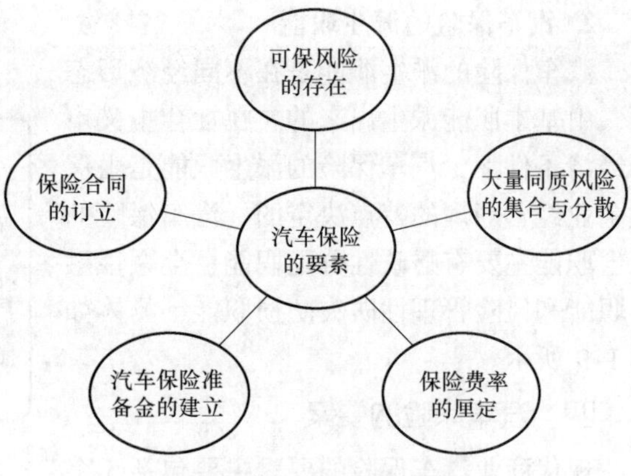

图1-10 汽车保险要素图

5）风险必须具有现实的可测性。在保险经营中，保险人必须制定出准确的保险费率，而保险费率的计算依据是风险发生的概率及其所致保险标的损失的概率。这就要求风险具有可测性。

2. 大量同质风险的集合与分散

汽车保险的过程是风险集合的过程也是风险分散的过程，也可以说汽车保险应具备的两个前提条件是风险的集合与分散。

（1）**风险的大量性** 风险的大量性一方面是基于风险分散的技术要求；另一方面也是概率论和大数法则的原理在保险经营中得以运用的条件。根据概率论和大数法则的数理原理，集合的风险标的越多，风险就越分散，损失发生的概率也就越有规律性和相对稳定性，依此厘定的保险费率也才更为准确合理，收取保险费的金额也就越接近于实际损失额和赔付额。如果只有少量保险标的，就无所谓集合和分散，损失发生的概率也难以测定，大数法则更不能有效地发挥作用。例如，汽车保险能够成为一个险种就是因为有大量的汽车都面临着风险，能够进行分摊。

（2）**风险的同质性** 所谓的风险的同质性是指风险单位在种类、品质、性能、价值等方面大体相近。如果风险为不同质风险，则发生损失的概率不相同，风险也就无法进行统一的集合与分散。此外，不同质风险发生损失的概率和幅度有差异，若进行统一的集合与分散，则会导致保险财务的不稳定性。例如，交通事故这一风险单位在种类、品质和性能上大致相近，这就为交通事故风险成为保险承保风险提供了前提条件。

3. 保险费率的厘定

汽车保险作为保险的一种，其实质上也是一种特殊商品的交换行为。制定保险商品的价格，即厘定保险费率，构成了保险的基本要素。汽车保险商品的交换行为是一种经济行为，为保证双方当事人的利益，保险费率的厘定要遵循一些基本原则，见表1-8。

4. 汽车保险准备金的建立

汽车保险准备金是指保险人为保证其如约履行保险赔偿或给付义务，根据政府有关法律规定或业务特定需要，从保费收入或盈余中提取的与其所承担的保险责任相对应的一定数量的基金。

表 1-8 汽车保险费率厘定的原则

费率厘定原则	原则具体要点分析
公平性原则	一方面，公平性原则要求保险人收取的保险费应与其承担的保险责任是对等的；另一方面，要求投保人交纳的保险费应与其保险标的的风险状况相适应
合理性原则	合理性原则是针对某险种的平均费率而言的。保险人收取保险费，不应在抵补保险赔付或给付以及有关的营业费用后，获得过高的营业利润，即要求保险人不能为获得非正常经营性利润而制定高费率
适度性原则	如果保险费率偏高，超出投保人交纳保费的能力，就会影响投保人的积极性，不利于保险业务的发展；如果保险费率偏低，就会导致保险公司偿付能力不足，最终也将损害被保险人的利益。保险费率是否适度是就保险整体业务而言的
稳定性原则	稳定性原则是指保险费率在短期内应该是相当稳定的，这样既有利于保险公司的经营，也有利于投保人续保。对于投保人，稳定的费率可使其支出稳定，免遭费率变动之苦；对于保险人，尽管费率上涨可以使其获得一定的利润，但是费率的不稳定也势必导致投保人的不满，影响保险人的经营活动
弹性原则	弹性原则要求保险费率在短期内应该保持稳定，在长期内应根据实际情况的变动作适当调整。因为在较长的时期内，由于社会、经济、技术、文化的不断进步与变化，保险标的的风险状况会发生变化，保险费率水平也应随之变动。比如随着医药卫生和社会福利的发展、人类寿命的延长、死亡率的降低和疾病的减少，过去厘定的人寿保险费率就需要进行调整以适应变化情况

汽车保险准备金的构成，主要包括以下几种类型：

1）未到期责任准备金。这是指为在准备金评估日尚未履行的保险责任提取的准备金，主要是指保险公司为保险期间在 1 年以内（含 1 年）的保险合同项下尚未到期的保险责任而提取的准备金。

2）未决赔款准备金。这是指保险公司为尚未结案的赔案而提取的准备金，包括已发生已报案未决赔款准备金（为保险事故已发生，并已向保险公司提出索赔，但保险公司尚未结案的赔案而提取的准备金）、已发生未报案未决赔款准备金（为保险事故已发生，但尚未向保险公司提出索赔的赔案而提取的准备金）和理赔费用准备金（为尚未结案的赔案可能发生的费用提取的准备金）。

3）总准备金。或称自由准备金，是用来满足风险损失超过损失期望以上部分的责任准备金。它是从保险公司的税前利润中提取的。

5. 保险合同的订立

1）汽车保险合同是体现保险关系存在的形式。保险作为一种民事法律关系，是投保人与保险人之间的合同关系，这种合同关系需要有法律关系对其进行保护和约束，即通过一定的法律形式固定下来，这种法律形式就是保险合同。汽车保险也不例外。

2）汽车保险合同是保险双方当事人履行各自权利和义务的依据。保险双方当事人的权利和义务是相互对应的。

单元三 我国汽车保险发展历程

一、中华人民共和国成立之前

我国的汽车保险业务的发展经历了一个曲折的历程。汽车保险进入我国是在鸦片战争以后，但由于我国保险市场处于外国保险公司的垄断与控制之下，加之当时中国的工业不发达，汽车保险实质上处于萌芽状态，其作用与地位十分有限。

二、中华人民共和国成立初期

1950 年，创建不久的中国人民保险公司就开办了汽车保险。但是因宣传不够和人们认识的偏颇，不久就出现了对此项保险的争议，有人认为汽车保险以及第三者责任保险对于肇事者给予经济补偿，会导致交通事故的增加，对社会产生负面影响。于是，中国人民保险公司于 1955 年停止了汽车保险业务。直到 20 世纪 70 年代中期，为了满足各国驻华使领馆或外国人拥有的汽车对保险的需要，开始办理以涉外业务为主的汽车保险业务。

三、改革开放后

改革开放后我国汽车保险的发展如图 1-11 所示。

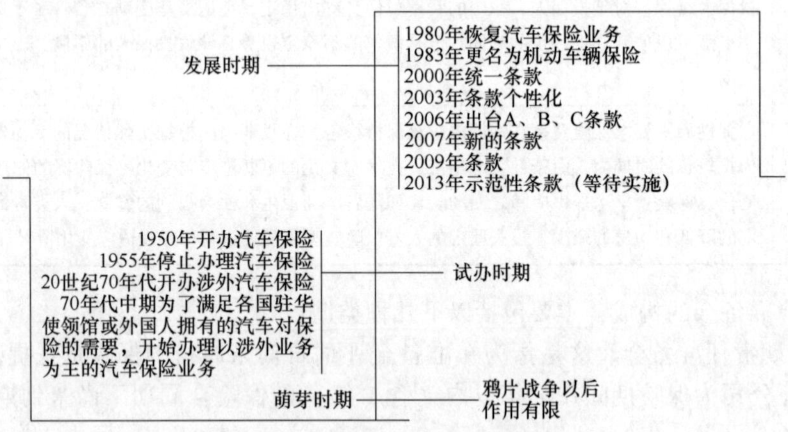

图 1-11　我国汽车保险的发展

【任务实施】

学生分组

以 6～8 人为 1 组，其中每两人再为 1 小组，1 人扮演车主张先生，1 人扮演汽车保险销售人员，进行即兴表演。

训练方式

先在各组内进行即兴模拟训练，选出每组优秀的组员代表本组和其他组进行 PK。

考核要点

1. 是否能通过沟通了解张先生的用车信息。用车信息的要素：是否有固定的停车地点、车辆的用途、张先生的生活习惯及家人是否有人身意外伤害险。

2. 是否能帮助张先生充分分析其所面临的风险。

3. 是否能帮助张先生选择合适的风险管理方法（一定要给张先生介绍各种风险管理的方法，并说出为其选择此种风险管理方法的理由）。

考核方式

情景模拟，小组互评，教师点评。

风险管理方法选择分析报告评分。

任务二 选择汽车保险险种

【知识目标】

1. 交强险的含义、责任限额和责任免除。
2. 交强险负责垫付的情况。
3. 商业三者险的保险责任和责任免除。
4. 汽车损失保险的保险责任和责任免除。
5. 车上人员责任险的保险责任和责任免除。
6. 全车盗抢险的保险责任和责任免除。
7. 常用附加险的保险责任和责任免除。

【能力目标】

1. 能够为客户分析各个险种。
2. 能够为客户选择应该投保的险种组合。

【任务描述】

张先生在某汽车4S店买了一辆新车，汽车保险销售人员帮助张先生分析他所面临的风险，并对其所面临的风险应选择哪些管理方法提出建议。张先生弄清上述问题后，决定在投保交强险的同时，也要投保一些商业汽车保险。作为销售人员，请你为张先生设计一个汽车保险险种组合。

【任务分析】

汽车保险销售人员要想很好地帮助张先生解决上述问题，一定要掌握汽车保险的种类，掌握各险种的保险责任和除外责任，最后针对张先生所面临的风险为其设计出合理的险种方案来。而解决问题所需的知识和技能可以通过对以下各单元的学习而获得。

单元一 机动车交通事故责任强制保险

一、机动车交通事故责任强制保险的发展历程

机动车交通事故责任强制保险简称交强险，交强险是由保险公司对被保险机动车发生道路交通事故造成受害人（不包括本车人员和被保险人）的人身伤亡、财产损失，在责任限额内予以赔偿的强制性责任保险。

交强险自颁布实施以来一直在不断地完善，尽量使其更好地保障受害者的利益，其发展历程如图2-1所示。

二、机动车交通事故责任强制保险的特征

交强险作为国家强制保险，具有以下法律特征：

2006年3月21日，历时22载，经历无数次研究、讨论和完善的法定保险制度终于尘埃落定，国务院令第462号公布了《机动车交通事故责任强制保险条例》(简称《条例》)，规定交强险自2006年7月1日起正式实施

↓

本着公开、公平、公正的原则，保监会于2007年12月14日在京召开了由投保人、社会公众、专家、消费者协会人士等22名听证代表参加的交强险费率调整听证会。经过多次研讨，在2008年1月11日，中国保监会正式公布了交强险责任限额调整方案，并批准了由中国保险行业协会上报的交强险费率方案。新的交强险责任限额和费率方案于同年2月1日零时起实施

↓

2012年年底，国务院决定对《机动车交通事故责任强制保险条例》进行修改，增加一条，作为第四十三条："挂车不投保机动车交通事故责任强制保险。发生道路交通事故造成人身伤亡、财产损失的，由牵引车投保的保险公司在机动车交通事故责任强制保险责任限额范围内予以赔偿;不足的部分，由牵引车方和挂车方依照法律规定承担赔偿责任。"同时对交强险的条款前后也做了相应调整，新条例自2013年3月1日起实施

图2-1　机动车交通事故责任强制保险发展历程

1. 交强险是一种责任保险

我国《保险法》规定："责任保险是指以被保险人对第三者依法应负的赔偿责任为保险标的的保险。"责任保险承保的是被保险人的法定赔偿责任，而非固定价值的标的，其赔偿责任因损害责任事故大小而异，很难准确预计。因此，不论何种责任保险，均无保险金额的规定，而是采用在承保时由保险双方约定赔偿限额的方式来确定保险人承担的责任限额，凡超过赔偿限额的索赔仍需由被保险人自行承担。

2. 交强险是一种对第三者责任承担赔偿的保险

交强险以被保险人对第三人的赔偿责任为标的，以填补被保险人对第三人承担赔偿责任所受损失为目的，故是一种第三人保险或者第三者责任保险。通常，第三人泛指除被保险人之外的不确定主体。按我国现行法律规定，第三人是指除被保险人和保险车辆上人员之外的所有人。

3. 交强险是一种强制性责任保险

强制性责任保险是指，依照国家法律的规定，投保人（被保险人）必须向保险人投保而成立的责任保险。在强制性责任保险法律关系中，投保人（被保险人）有必须投保的法定义务，保险人有不能拒保和非因法定事由不得擅自解除保险合同的法定义务。保险合同的重要内容如保障损失范围、责任限额、保险期限、保险费率等均由国家法律统一规定。交强险是车辆上路行驶的"通行证"，如图2-2所示。

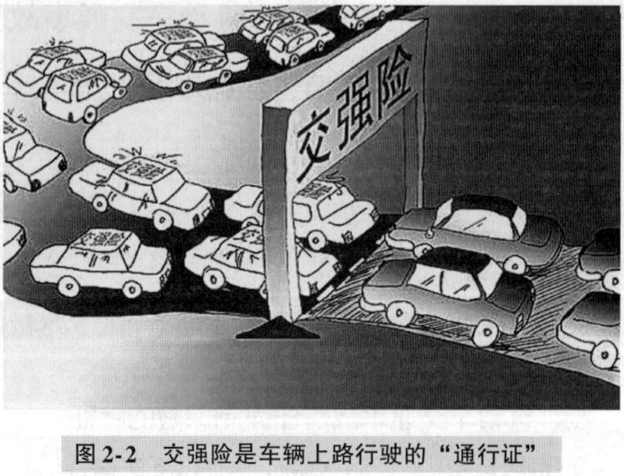

图2-2　交强险是车辆上路行驶的"通行证"

4. 交强险是一种无过失责任保险

《道路交通安全法》规定，机动车一方对强制保险责任限额范围内的人身伤亡和财产损失，无论主观上有无过错，均应承担赔偿责任。故交强险也具有无过失责任的特点，保险人不能以机动车一方应否承担交通事故责任及所承担交通事故责任的大小作为不支付或少支付赔偿金的抗辩事由。

特别提示：

交强险出台的目的是为受害人提供基本保障，进而促进道路交通安全，维护社会稳定，所以，无论被保险人有责或无责，保险公司都应赔偿。目前，多数国家，如法国、英国、美国、韩国、新加坡、日本，以及我国的台湾、香港、澳门等地区均通过专门立法或在民法典中对交强险制度加以规定。对机动车交通事故责任实行强制保险已成为国际立法上的一种惯例。

三、交强险涉及的相关术语和知识

机动车交通事故责任强制保险按机动车的种类和使用性质分为8种类型，如图2-3所示。

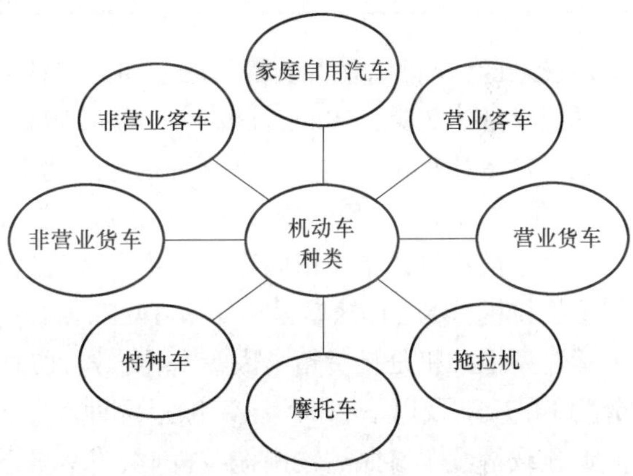

图2-3 交强险中机动车的种类

1）家庭自用汽车是指家庭或个人所有，且用途为非营业性的客车。

2）非营业客车是指党政机关、企事业单位、社会团体、使领馆等机构从事公务或在生产经营活动中不以直接或间接方式收取运费或租金的客车，包括党政机关、企事业单位、社会团体、使领馆等机构为从事公务或在生产经营活动中承租且租赁期限为1年或1年以上的客车。非营业客车分为党政机关和事业团体客车、企业客车。用于驾驶教练的客车、邮政公司用于邮递业务以及快递公司用于快递业务的客车、警车或普通囚车、医院的普通救护车、殡葬车，按照其行驶证上载明的核定载客数，适用对应的企业非营业客车的费率。

3）营业客车是指用于旅客运输或租赁，并以直接或间接方式收取运费或租金的客车。营业客车分为城市公交客车、公路客运客车、出租车和租赁客车。旅游客运车按照其行驶证上载明的核定载客数，适用对应的公路客运车的费率。

4）非营业货车是指党政机关、企事业单位、社会团体自用或仅用于个人及家庭生活，不以直接或间接方式收取运费或租金的货车（包括客货两用车）。货车是指载货机动车、厢式货车、半挂牵引车、自卸车、蓄电池运输车、装有起重机械但以载重为主的起重运输车。用于驾驶教练的货车、邮政公司用于邮递业务以及快递公司用于快递业务的货车，按照其行驶证上载明的核定载质量，适用对应的非营业货车的费率。

5）营业货车是指用于货物运输或租赁，并以直接或间接方式收取运费或租金的货车（包括客货两用车）。

6）特种车是指用于各类装载油料或其他气体、液体等的专用罐车；或用于清障、清扫、清洁、起重、装卸（不含自卸车）、升降、搅拌、挖掘、推土、压路等用途的各种专用机动车；或装有冷冻或加温设备的厢式机动车；或车内装有固定专用仪器设备，从事监测、消防、运钞、医疗、电视转播、雷达、X光检查等专业工作的机动车；或用于牵引集装箱箱体（货柜）的集装箱拖头。

特种车按其用途共分成4类，见表2-1。不同类型的机动车采用不同的收费标准。

表2-1　特种车种类

种　类	种类细化
特种车一	油罐车、汽罐车、液罐车
特种车二	专用净水车、特种车一以外的罐式货车，以及用于清障、清扫、清洁、起重、装卸（不含自卸车）、升降、搅拌、挖掘、推土、冷藏、保温等用途的各种专用机动车
特种车三	装有固定专用仪器设备、从事专业工作如监测、消防、运钞、医疗、电视转播等用途的各种专用机动车
特种车四	集装箱拖头

7）摩托车是指以燃料或蓄电池为动力的各种两轮、三轮摩托车。

摩托车分为3类：50mL及以下、50~250mL（含）、250mL以上及侧三轮。

正三轮摩托车按照排量分类执行相应的费率。

8）拖拉机按其使用性质分为兼用型拖拉机和运输型拖拉机。

兼用型拖拉机是指以田间作业为主、通过铰接连接牵引挂车可进行运输作业的拖拉机。兼用型拖拉机分为14.7kW及以下和14.7kW以上两种。

运输型拖拉机是指货箱与底盘一体、不通过牵引挂车可运输作业的拖拉机。运输型拖拉机分为14.7kW及以下和14.7kW以上两种。

低速载货汽车参照运输型拖拉机14.7kW以上的费率执行。

从2013年3月1日起挂车无需额外投保交强险。若发生交通事故由牵引车投保的保险公司负责理赔。

特别提示：

对“机动车交通事故责任强制保险基础费率表”中各车型的座位和吨位的分类，都按照“含起点不含终点”的原则来解释（表中另有说明的除外）。各车型的座位按行驶证上载明的核定载客数计算；吨位按行驶证上载明的核定载质量计算。

挂车是指就其设计和技术特征需机动车牵引才能正常使用的一种无动力的道路机动车。装置有油罐、气罐、液罐的挂车费率按特种车一费率的30%计算。

四、保险责任和责任限额

在中华人民共和国境内（不含港、澳、台地区），被保险人在使用被保险机动车过程中发生交通事故，致使受害人遭受人身伤亡或者财产损失，依法应当由被保险人承担的损害赔偿责任，保险人按照交强险合同的约定对每次事故在责任限额内负责赔偿，见表2-2。

表 2-2　交强险责任限额

责任限额总和	122 000 万元
机动车在道路交通事故中有责任的赔偿限额	死亡伤残赔偿限额：110 000 元 医疗费用赔偿限额：10 000 元 财产损失赔偿限额：2 000 元
机动车在道路交通事故中无责任的赔偿限额	死亡伤残赔偿限额为 11 000 元 医疗费用赔偿限额为 1 000 元 财产损失赔偿限额为 100 元

死亡伤残赔偿限额项下负责赔偿丧葬费、死亡补偿费、受害人亲属办理丧葬事宜支出的交通费、残疾赔偿金、残疾辅助器具费、护理费、康复费、交通费、被抚养人生活费、住宿费、误工费以及被保险人依照法院判决或者调解结果承担的精神损害抚慰金。

医疗费用赔偿限额项下负责赔偿医药费、诊疗费、住院费、住院伙食补助费、必要的且合理的后续治疗费、整容费以及营养费。

五、垫付与追偿

被保险机动车在特殊情况下发生交通事故，造成受害人受伤需要抢救的，保险人在接到公安机关交通管理部门的书面通知和医疗机构出具的抢救费用清单后，按照国务院卫生主管部门组织制定的交通事故人员创伤临床诊疗指南和国家基本医疗保险标准进行核实。对于符合规定的抢救费用，保险人在医疗费用赔偿限额内垫付。被保险人在交通事故中无责任的，保险人在无责任医疗费用赔偿限额内垫付。对于其他损失和费用，保险人不负责垫付和赔偿。但是对于垫付的抢救费用，保险人有权向致害人追偿。

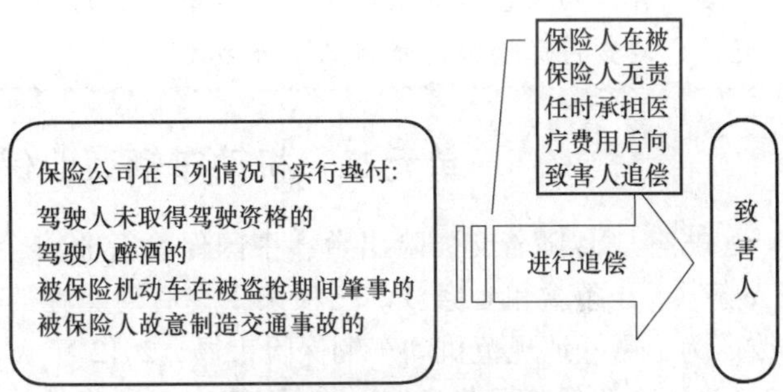

图 2-4　实行垫付的情况

实行垫付的情况如图 2-4 所示。

六、责任免除

交强险对于受害人的损失和费用也不是都进行赔偿的，还有一些是不赔偿的。保险人对以下的损失和费用不承担赔偿。

1）受害人故意造成的交通事故的损失。

2）被保险人所有的财产及被保险机动车上的财产遭受的损失。

3）被保险机动车发生交通事故，致使受害人停业、停驶、停电、停水、停气、停产、通信或者网络中断、数据丢失、电压变化等造成的损失以及受害人财产因市场价格变动造成的贬值、修理后因价值降低造成的损失等其他各种间接损失。

4）因交通事故产生的仲裁或诉讼费用以及其他相关费用。

特别提示：

受害人故意造成的交通事故的损失不在保险公司垫付和赔偿范围内，但是被保险人故意造成的交通事故的损失在保险公司垫付追偿范围内。

案例：

2011 年 5 月 11 日，赵某驾驶小型家用轿车在某市某路段的路口与陈某驾驶的二轮摩托车相撞，造成陈某受伤。法院审理后，判决保险公司在交强险限额内向陈某支付各项费用共计 7 万多元。因赵某系无证驾驶，保险公司遂诉至区法院，要求赵某支付保险公司垫付的保险款 7 万多元。

案例解析：

法院认为，《机动车交通事故责任强制保险条例》第 21 条第 1 款规定：被保险机动车发生道路交通事故造成本车人员、被保险人以外的受害人人身伤亡、财产损失的，由保险公司依法在机动车交通事故责任强制保险责任限额范围内予以赔偿。另外，该条例第 22 条规定：驾驶人未取得驾驶资格的，保险公司在机动车交通事故责任强制保险责任限额范围内垫付抢救费用，并有权向致害人追偿。赵某无证驾驶引发交通事故，保险公司在机动车交通事故责任强制保险范围内向受害人陈某支付各项费用后，有权向致害人赵某追偿。庭审中，经调解，保险公司与赵某达成调解协议，由赵某分笔支付保险公司垫付的 7 万多元。

单元二　机动车辆商业保险示范总则

2006 年，伴随着交强险出台，中国保险行业协会相应出台了三款机动车辆保险条款，即 A 条款、B 条款和 C 条款。三项条款在后期实施的过程也不断得到完善，并相继进行了修改。为了更好地规范机动车辆保险市场，2012 年 3 月 14 日，中国保险行业协会正式发布《机动车辆商业保险示范条款》（以下简称《示范条款》），为保险公司提供了商业车险条款的行业范本。各家保险公司可以参考《示范条款》拟订本公司的商业车险条款。

一、示范性保险条款分为主险、附加险

主险包括机动车损失保险、机动车第三者责任保险、机动车车上人员责任保险和机动车全车盗抢保险共 4 个独立的险种。投保人可以选择投保全部险种，也可以选择投保其中部分险种。

附加险不能独立投保。附加险条款与主险条款相抵触之处，以附加险条款为准。附加险条款未尽之处，以主险条款为准。保险人按照承保险种分别承担保险责任。

二、车辆属地

本保险条款中的被保险机动车是指在中华人民共和国境内（不含港、澳、台地区）行驶、以动力装置驱动或者牵引、上道路行驶的供人员乘用或者用于运送物品以及进行专项作业的轮式车辆（含挂车）、履带式车辆和其他运载工具，但不包括摩托车、拖拉机和特

种车。

三、特殊说明

1）第三者是指因被保险机动车发生意外事故而遭受人身伤亡或者财产损失的人，但不包括被保险机动车本车的车上人员、被保险人。

2）车上人员是指发生意外事故的瞬间，在被保险机动车车体内或车体上的人员，包括正在上下车的人员。

3）除另有约定外，投保人应在保险合同成立时一次交清保险费。保险费未交清前，本保险合同不生效。

4）除另有约定外，保险期间为一年，以保险单载明的起讫时间为准。

单元三　机动车损失保险

一、保险责任

机动车损失保险的保险责任包括车辆本身的损失和合理的施救费用。保险期间内，被保险人或其允许的合法驾驶人在使用被保险机动车的过程中，因表2-3所列原因造成被保险机动车的直接损失，保险人依照保险合同的约定负责赔偿；同时包括发生保险事故时，被保险人或其允许的合法驾驶人为防止或者减少被保险机动车的损失所支付的必要的、合理的施救费用。

表2-3　车辆损失保险的保险责任

<table>
<tr><th>车辆本身的损失</th><th>必要的、合理的施救费用</th></tr>
<tr><td>碰撞、倾覆、坠落</td><td rowspan="7">发生保险事故时，被保险人或其允许的合法驾驶人为防止或者减少被保险机动车的损失所支付的必要的、合理的施救费用，由保险人承担；施救费用数额在被保险机动车损失赔偿金额以外另行计算，最高不超过保险金额的数额</td></tr>
<tr><td>火灾、爆炸</td></tr>
<tr><td>外界物体坠落、倒塌</td></tr>
<tr><td>雷击、暴风、暴雨、洪水、龙卷风、冰雹、台风、热带风暴</td></tr>
<tr><td>地陷、崖崩、滑坡、泥石流、雪崩、冰陷、暴雪、冰凌、沙尘暴</td></tr>
<tr><td>受到被保险机动车所载货物、车上人员意外撞击</td></tr>
<tr><td>载运被保险机动车的渡船遭受自然灾害（只限于驾驶人随船的情形）</td></tr>
</table>

特别提示：

【碰撞】　指被保险机动车或其符合装载规定的货物与外界固态物体之间发生的、产生撞击痕迹的意外撞击。

【倾覆】　指被保险机动车由于自然灾害或意外事故，造成本车翻倒，车体触地，失去正常状态和行驶能力，不经施救不能恢复行驶。

【坠落】　指被保险机动车在行驶中发生意外事故，整车腾空后下落，造成本车损失的情况。非整车腾空，仅由于颠簸造成被保险机动车损失的，不属于坠落。

【外界物体倒塌】 指被保险机动车自身以外的物体倒下或陷下。

【火灾】 指被保险机动车本身以外的火源引起的、在时间或空间上失去控制的燃烧（即有热、有光、有火焰的剧烈氧化反应）所造成的灾害。

【暴风】 指风速在28.5米/秒（相当于11级大风）以上的大风。风速以气象部门公布的数据为准。

【暴雨】 指每小时降雨量达16毫米以上，或连续12小时降雨量达30毫米以上，或连续24小时降雨量达50毫米以上。

【洪水】 指山洪暴发、江河泛滥、潮水上岸及倒灌。但规律性的涨潮、自动灭火设施漏水以及在常年水位以下或地下渗水、水管爆裂不属于洪水责任。

二、责任免除

1）事故发生后，被保险人或其允许的驾驶人在未依法采取措施的情况下驾驶被保险机动车或者遗弃被保险机动车逃离事故现场，或故意破坏、伪造现场及毁灭证据。

2）驾驶人有下列情形之一者，保险人不负责赔偿。

① 饮酒、吸食或注射毒品、服用国家管制的精神药品或者麻醉药品。

② 无驾驶证，处于驾驶证被依法扣留、暂扣、吊销、注销期间。

③ 驾驶与驾驶证载明的准驾车型不相符合的机动车。

④ 实习期内驾驶公共汽车、营运客车或者执行任务的警车、载有危险物品的机动车或牵引挂车的机动车。

⑤ 驾驶的出租机动车或营业性机动车无交通运输管理部门核发的许可证书或其他必备证书。

⑥ 学习驾驶时无合法教练员随车指导。

⑦ 非被保险人允许的驾驶人。

特别提示：

【饮酒】 指驾驶人饮用含有酒精的饮料，驾驶机动车时血液中的酒精含量大于等于20mg/100mL的。

3）被保险机动车有下列情形之一者保险人不承担赔偿。

① 发生保险事故时被保险机动车行驶证、号牌被注销的，或未按规定检验或检验不合格的。

② 处于被扣押、收缴、没收和政府征用期间。

③ 在竞赛、测试期间，或在营业性场所维修、保养和改装期间。

④ 被利用从事犯罪行为。

4）下列原因导致的被保险机动车的损失和费用，保险人不负责赔偿。

① 地震及其次生灾害。

② 战争、军事冲突、恐怖活动、暴乱、污染（含放射性污染）、核反应、核辐射。

③ 人工直接供油、高温烘烤、自燃、不明原因火灾。

④ 被保险机动车被转让、改装、加装或改变使用性质等，导致被保险机动车危险程度显著增加，且被保险人、受让人未及时通知保险人。

⑤ 被保险人或其允许的驾驶人的故意行为。

特别提示：

【次生灾害】 指地震造成工程结构、设施和自然环境破坏而引发的火灾、爆炸、瘟疫、有毒有害物质污染、海啸、水灾、泥石流、滑坡等灾害。

【自燃】 指在没有外界火源的情况下，由于本车电器、线路、供油系统、供气系统等被保险机动车自身原因或所载货物自身原因起火燃烧。

5）下列损失和费用，保险人不负责赔偿。

① 因市场价格变动造成的贬值、修理后因价值降低引起的减值损失。

② 被保险机动车全车被盗窃、被抢劫、被抢夺、下落不明，以及在此期间受到的损坏，或被盗窃、被抢劫、被抢夺未遂受到的损坏，或车上零部件、附属设备丢失。

③ 自然磨损、朽蚀、腐蚀、故障、本身质量缺陷。

④ 车轮单独损坏、玻璃单独破碎、无明显碰撞痕迹的车身划痕，以及新增设备的损失。

⑤ 发动机进水后导致的发动机损坏。

⑥ 遭受保险责任范围内的损失后，未经必要修理并检验合格而继续使用，致使损失扩大的部分。

⑦ 投保人、被保险人或其允许的驾驶人知道保险事故发生后，故意或者因重大过失未及时通知保险人，致使保险事故的性质、原因、损失程度等难以确定的，保险人对无法确定的部分，不承担赔偿责任，但保险人通过其他途径已经及时知道或者应当及时知道保险事故发生的除外。

⑧ 因被保险人违反规定，导致无法确定的损失。

特别提示：

【玻璃单独破碎】 指未发生被保险机动车其他部位的损坏，仅发生被保险机动车前后风窗玻璃和左右车窗玻璃的损坏。

【车轮单独损坏】 指未发生被保险机动车其他部位的损坏，仅发生轮胎、轮辋、轮毂罩的分别单独损坏，或上述三者之中任意两者的共同损坏，或三者的共同损坏。

【车身划痕损失】 仅发生被保险机动车车身表面油漆的损坏，且无明显碰撞痕迹。

【新增设备】 指被保险机动车出厂时原有设备以外的，另外加装的设备和设施。

6）保险人在依据保险合同约定计算赔款的基础上，按照下列方式免赔。

① 被保险机动车一方负次要事故责任的，实行5%的事故责任免赔率；负同等事故责任的，实行10%的事故责任免赔率；负主要事故责任的，实行15%的事故责任免赔率；负全部事故责任或单方肇事事故的，实行20%的事故责任免赔率。

② 被保险机动车的损失应当由第三方负责赔偿，无法找到第三方的，实行30%的绝对免赔率。

③ 因违反安全装载规定导致保险事故发生的，保险人不承担赔偿责任；违反安全装载规定、但不是事故发生的直接原因的，增加10%的绝对免赔率。

④ 对于投保人与保险人在投保时协商确定绝对免赔额的，在实行免赔率的基础上增加每次事故的绝对免赔额。

三、保险金额

保险金额按投保时被保险机动车的实际价值确定。投保时，被保险机动车的实际价值由投保人与保险人根据投保时的新车购置价减去折旧金额后的价格协商确定或根据其他市场公允价格协商确定。

折旧金额可根据保险合同列明的参考折旧系数表确定，具体折旧系数见表2-4。

表2-4 参考折旧系数表

车辆种类	月折旧系数			
	家庭自用	非营业	营业	
			出租	其他
9座以下客车	0.60%	0.60%	1.10%	0.90%
10座以上客车	0.90%	0.90%	1.10%	0.90%
微型载货汽车	—	0.90%	1.10%	1.10%
带拖挂的载货汽车	—	0.90%	1.10%	1.10%
低速货车和三轮汽车	—	1.10%	1.40%	1.40%
其他车辆	—	0.90%	1.10%	0.90%

折旧按月计算，不足一个月的部分，不计折旧。最高折旧金额不超过投保时被保险机动车新车购置价的80%。

折旧金额＝新车购置价×被保险机动车已使用月数×月折旧系数

特别提示：

【新车购置价】 指本保险合同签订地购置与被保险机动车同类型新车的价格，无同类型新车市场销售价格的，由投保人与保险人协商确定。

【市场公允价格】 指熟悉市场情况的买卖双方在公平交易的条件下和自愿的情况下所确定的价格，或无关联的双方在公平交易的条件下一项资产可以被买卖或者一项负债可以被清偿的成交价格。

四、赔偿处理

1）发生保险事故时，被保险人或其允许的合法驾驶人应当及时采取合理的、必要的施救和保护措施，以防止或者减少损失，并在保险事故发生后48小时内通知保险人。被保险人或其允许的合法驾驶人根据有关法律法规规定选择自行协商方式处理交通事故的，应当立即通知保险人。

特别提示：

这里事故发生后48小时内通知保险人是被保险人的义务，由于外界原因无法报案的除外。在无法报案原因解除后的48小时内必须报案，否则保险公司可以拒赔。

2）被保险人或其允许的合法驾驶人根据有关法律法规的规定选择自行协商方式处理交通事故的，应当协助保险人勘验事故各方车辆、核实事故责任，并依照《道路交通事故处理程序规定》，签订记录交通事故情况的协议书。

3）被保险人索赔时，应当向保险人提供与确认保险事故的性质、原因、损失程度等有关的证明和资料。

被保险人应当提供保险单、损失清单、有关费用的单据、被保险机动车行驶证和发生事故时驾驶人的驾驶证。

特别提示：

属于道路交通事故的，被保险人应当提供公安机关交通管理部门或法院等机构出具的事故证明、有关的法律文书（判决书、调解书、裁定书、裁决书等）及其他证明。被保险人或其允许的合法驾驶人根据有关法律法规规定，选择自行协商方式处理交通事故的，被保险人应当提供依照《道路交通事故处理程序规定》所签订的记录交通事故情况的协议书。

4）因保险事故损坏的被保险机动车，应当尽量修复。修理前被保险人应当会同保险人检验，协商确定修理项目、方式和费用。对未协商确定的，保险人可以重新核定。

5）被保险机动车遭受损失后的残余部分由保险人和被保险人协商处理。如折归被保险人的，由双方协商确定其价值并在赔款中扣除。

6）因第三方对被保险机动车的损害而造成保险事故，被保险人向第三方索赔的，保险人应积极协助；被保险人也可以直接向保险人索赔，保险人在保险金额内先行赔付被保险人，并在赔偿金额内代为行使被保险人对第三方请求赔偿的权利。

被保险人已经从第三方取得损害赔偿的，保险人进行赔偿时，需相应扣减被保险人从第三方已取得的赔偿金额。

保险人未赔偿之前，被保险人放弃对第三方请求赔偿权利的，保险人不承担赔偿责任。

被保险人故意或者因重大过失致使保险人不能行使代位请求赔偿的权利的，保险人可以扣减或者要求被保险人返还相应的赔款。

保险人向被保险人先行赔付的，保险人向第三方行使代位请求赔偿权利时，被保险人应当向保险人提供必要的文件和所知道的有关情况。

特别提示：

上述规定的主要目的是防止被保险人通过保险获得额外收益，即从致害人那里得到赔偿后，又得到保险公司的赔偿金。

7）保险人受理报案、现场查勘、核定损失、参与诉讼、进行抗辩、要求被保险人提供证明和资料、向被保险人提供专业建议等行为，均不构成保险人对赔偿责任的承诺。

8）被保险机动车发生保险事故，导致全部损失，或一次赔款金额与免赔金额之和（不含施救费）达到保险金额，保险人按本保险合同约定支付赔款后，本保险责任终止，保险人不退还机动车损失保险及其附加险的保险费。

特别提示：

【全部损失】 指被保险机动车发生事故后灭失，或者受到严重损坏后完全失去原有形体和效用，或者不能再归被保险人所拥有的，为实际全损；或被保险机动车发生事故后，认为实际全损已经不可避免，或者为避免发生实际全损所需支付的费用超过实际价值的，为推定全损。

机动车损失赔款计算方法见本教材项目三中的赔款计算。

案例：

案例一：2012年1月31日下午，温州的朱小姐驾驶广州本田雅阁撞上了前方的劳斯莱斯。雅阁车头变形、保险杠脱落；劳斯莱斯轮毂有点儿破损、右侧车门刮花。“2月1日，事故认定出来，雅阁车主负全责。”温州交警一大队事故处理中队警员李晓称。后经上海劳斯莱斯厂家初步估损：被剐蹭劳斯莱斯的维修费用可能在39万元左右。据了解：肇事雅阁只投保了交强险和20万元三者险。这意味着朱小姐将承担额外的19万元巨额赔偿。

案例二：2012年2月14日，南京国际机场迎宾路的VIP通道上，一辆东南菱悦轿车与一辆价值1200万元的劳斯莱斯发生碰撞，劳斯莱斯车损初定为110万元。经交警初步判定，菱悦车主负全责。菱悦车主是90后小伙，没有能力支付这110万元的巨额修理费。

案例解析：

上面的案例都涉及了“无责免赔”条款。所谓“无责免赔”条款又称“按责任理赔”条款，该条款几乎在所有保险公司提供的商业车辆损失保险合同中都存在。该条款通常表述为“保险车辆发生道路交通事故，保险公司根据驾驶人在交通事故中所负事故责任比例相应承担责任。其中，保险车辆方无事故责任的，保险公司不承担赔偿责任。”那么，假如上述事故中的豪车车主向自己投保的保险公司提出理赔的话，保险公司可否依据“无责免赔”条款进行拒赔呢？当前有很多保险公司以“无责免赔”条款为依据不承担赔偿，但这种做法是不正确的，理由如下：

1.《中华人民共和国保险法》中规定：“保险事故发生后，保险人未赔偿保险金之前，被保险人放弃对第三者请求赔偿的权利的，保险人不承担赔偿保险金的责任；因第三者对保险标的的损害而造成保险事故的，保险人自向被保险人赔偿保险金之日起，在赔偿金额范围内代位行使被保险人对第三者请求赔偿的权利。”由此可见，《保险法》赋予被保险人在保险标的遭受第三者损失的情况下具有选择权：(1) 向侵权的第三者索赔；(2) 向保险人要求保险金，但被保险人放弃对第三者请求赔偿的权利除外。而保险公司提供的“无责免赔”条款在事实上取消了被保险人的选择权。可见“无责免赔”条款与《保险法》的规定相违背，将应当由保险公司承担的风险转嫁给了被保险人，该约定不符合《保险法》的立法目的，应当属于无效条款。

2. 根据《中华人民共和国合同法》规定：“无责免赔”条款属于格式条款，保险公司应当采取合理的方式提请对方注意该条款，并按照对方的要求对该条款予以说明。而“无责免赔”条款的内容为单方面免除己方责任，根据《合同法》第四十条规定：提供格式条款一方免除其责任、加重对方责任、排除对方主要权利的，该条款无效。由此可见，如果保险公司未能尽到提示及明确说明的义务，“无责免赔”条款也应属于无效条款。

3.“无责免赔”条款不利于防止道德危险的产生。在社会出现“诚信危机”的当下，此条款不利于社会的诚信建设。

单元四 机动车第三者责任保险

一、保险责任

保险责任是保险期间内，被保险人或其允许的合法驾驶人在使用被保险机动车过程中发生意外事故，致使第三者遭受人身伤亡或财产直接损毁的，依法应当对第三者承担的损害赔偿责任。保险人依照本保险合同的约定，对于超过机动车交通事故责任强制保险各分项赔偿限额的部分负责赔偿。

保险人依据被保险机动车一方在事故中所负的事故责任比例，承担相应的赔偿责任。

被保险人或被保险机动车一方根据有关法律法规规定选择自行协商或由公安机关交通管理部门处理事故但未确定事故责任比例的，按照下列规定确定事故责任比例：

被保险机动车一方负主要事故责任的，事故责任比例为70%；

被保险机动车一方负同等事故责任的，事故责任比例为50%；

被保险机动车一方负次要事故责任的，事故责任比例为30%。

特别提示：

涉及司法或仲裁程序的，以法院或仲裁机构最终生效的法律文书为准。

二、责任免除

1）事故发生后，被保险人或其允许的驾驶人在未依法采取措施的情况下驾驶被保险机动车或者遗弃被保险机动车逃离事故现场，或故意破坏、伪造现场，或毁灭证据。

2）驾驶人有下列情形之一者，保险人不负责赔偿。

① 饮酒、吸食或注射毒品、服用国家管制的精神药品或者麻醉药品。

② 无驾驶证或驾驶证被依法扣留、暂扣、吊销、注销期间。

③ 驾驶与驾驶证载明的准驾车型不相符合的机动车。

④ 实习期内驾驶公共汽车、营运客车、执行任务的警车、载有危险物品的机动车或牵引挂车的机动车。

⑤ 驾驶出租机动车或营业性机动车无交通运输管理部门核发的许可证书或其他必备证书。

⑥ 学习驾驶时无合法教练员随车指导。

⑦ 非被保险人允许的驾驶人。

3）被保险机动车有下列情形之一者，保险人不负责赔偿。

① 发生保险事故时被保险机动车的行驶证和号牌被注销的，或未按规定检验或检验不合格的。

② 处于被扣押、收缴、没收、政府征用期间。

③ 在竞赛、测试期间，或在营业性场所维修、保养、改装期间。

④ 在全车被盗窃、被抢劫、被抢夺、下落不明期间。

4）下列原因导致的人身伤亡、财产损失和费用，保险人不负责赔偿。

① 地震及其次生灾害、战争、军事冲突、恐怖活动、暴乱、污染（含放射性污染）、核反应、核辐射。

② 被保险机动车在行驶过程中翻斗突然升起，或没有放下翻斗，或自卸系统（含机件）失灵。

③ 第三者、被保险人或其允许的驾驶人的故意行为、犯罪行为，第三者与被保险人或其他致害人恶意串通的行为。

④ 被保险机动车被转让、改装、加装或改变使用性质等，导致被保险机动车危险程度显著增加，且被保险人、受让人未及时通知保险人。

5）下列人身伤亡、财产损失和费用，保险人不负责赔偿。

① 被保险机动车发生意外事故，致使任何单位或个人停业、停驶、停电、停水、停气、停产、通信或网络中断、电压变化、数据丢失造成的损失以及其他各种间接损失。

② 第三者财产因市场价格变动造成的贬值，修理后因价值降低而引起的减值损失。

③ 被保险人及其家庭成员、被保险人允许的驾驶人及其家庭成员所有、承租、使用、管理、运输或代管的财产的损失，以及本车上财产的损失。例如，司机开车撞了被保险人（例如车主）的财产，保险公司是不承担赔偿的，如图 2-5 所示。

④ 本车车上人员的人身伤亡。

特别提示：
【家庭成员】 指配偶、子女、父母。

图 2-5 撞了自家人

⑤ 停车费、保管费、扣车费、罚款、罚金或惩罚性赔款。

⑥ 超出《道路交通事故受伤人员临床诊疗指南》和国家基本医疗保险标准的医疗费用。

⑦ 精神损害抚慰金。

⑧ 律师费，未经保险人事先书面同意的诉讼费、仲裁费。

⑨ 投保人、被保险人或其允许的驾驶人知道保险事故发生后，故意或者因重大过失未及时通知保险人，致使保险事故的性质、原因、损失程度等难以确定的，保险人对无法确定的部分，不承担赔偿责任，但保险人通过其他途径已经及时知道或者应当及时知道保险事故发生的除外。

⑩ 因保险事故损坏的第三者财产，应当尽量修复。修理前被保险人应当会同保险人进行检验，协商确定修理项目、方式和费用。对未协商确定的，保险人可以重新核定，导致无法确定的损失，保险公司不承担赔偿。

保险事故发生时，被保险机动车未投保机动车交通事故责任强制保险或机动车交通事故责任强制保险合同已经失效的，对于机动车交通事故责任强制保险责任限额以内的损失和费用，保险人不负责赔偿。

6）保险人在依据保险合同约定计算赔款的基础上，在保险单载明的责任限额内，按照下列方式免赔。

① 被保险机动车一方负次要事故责任的，实行5%的事故责任免赔率；负同等事故责任的，实行10%的事故责任免赔率；负主要事故责任的，实行15%的事故责任免赔率；负全部事故责任的，实行20%的事故责任免赔率。

② 违反安全装载规定的，实行10%的绝对免赔率。

三、责任限额

每次事故的责任限额，由投保人和保险人在签订保险合同时协商确定。

特别提示：

主车和挂车连接使用时视为一体，发生保险事故时，在主车和挂车责任限额之和内承担赔偿责任。

主车保险人和挂车保险人按照保险单上载明的机动车第三者责任保险责任限额的比例分摊赔款。

四、赔偿处理

1）发生保险事故时，被保险人或其允许的合法驾驶人应当及时采取合理的、必要的施救和保护措施，防止或者减少损失，并在保险事故发生后48小时内通知保险人。被保险人或其允许的合法驾驶人根据有关法律法规规定选择自行协商方式处理交通事故的，应当立即通知保险人。

2）被保险人或其允许的合法驾驶人根据有关法律法规规定，选择自行协商方式处理交通事故的，应当协助保险人勘验事故各方车辆、核实事故责任，并依照《道路交通事故处理程序规定》，签订记录交通事故情况的协议书。

3）被保险人索赔时，应当向保险人提供与确认保险事故的性质、原因、损失程度等有关的证明和资料。

被保险人应当提供保险单、损失清单、有关费用的单据、被保险机动车行驶证和发生事故时驾驶人的驾驶证。

属于道路交通事故的，被保险人应当提供公安机关交通管理部门或法院等机构出具的事故证明、有关的法律文书（判决书、调解书、裁定书、裁决书等）及其他证明。被保险人或其允许的合法驾驶人根据有关法律法规规定选择自行协商方式处理交通事故的，被保险人应当提供依照《道路交通事故处理程序规定》所签订的记录交通事故情况的协议书。

4）对于被保险人给第三者造成的损害，保险人可以直接向该第三者赔偿。

被保险人给第三者造成损害，被保险人对第三者应负的赔偿责任确定的，根据被保险人的请求，保险人应当直接向该第三者赔偿。被保险人怠于请求的，第三者有权就其应获赔偿部分直接向保险人请求赔偿。

被保险人给第三者造成损害，被保险人未向该第三者赔偿的，保险人不得向被保险人赔偿。

5）对于因保险事故损坏的第三者财产，应当尽量修复。修理前被保险人应当会同保险人检验，协商确定修理项目、方式和费用。对未协商确定的，保险人可以重新核定。

6）保险人按照《道路交通事故受伤人员临床诊疗指南》和国家基本医疗保险的同类医疗费用标准核定医疗费用的赔偿金额。

未经保险人书面同意，被保险人自行承诺或支付的赔偿金额，保险人有权重新核定。不属于保险人赔偿范围或超出保险人应赔偿金额的，保险人不承担赔偿责任。

7）保险人受理报案、现场查勘、核定损失、参与诉讼、进行抗辩、要求被保险人提供证明和资料、向被保险人提供专业建议等行为，均不构成保险人对赔偿责任的承诺。

第三者责任险责任限额分别是10万元、15万元、20万元、30万元、50万元和100万元。

案例：

2008年10月18日01时30分，李某驾驶挂重型全挂车沿邢清线由西向东行驶时，与对向行驶的韩某驾驶的拖拉机变形机相撞，造成李某、韩某皆受伤，双方车辆损坏。河北省威县交警大队作出交通事故认定书认定李某负此事故的主要责任，韩某负次要责任。挂重型全挂车的实际车主为钟某，李某系钟某雇佣的驾驶人。拖拉机变形机车主为韩某，该车在某保险公司投保机动车交通事故责任强制险一份，本次事故发生在保险期内。事故发生后，司机李某住院治疗16天，钟某为其垫付医疗费4807元。钟某因费用赔偿问题，一纸诉状把韩某和保险公司起诉到河北省威县人民法院，请求判处被告赔偿其车损及原告方司机医疗费等损失共计23701.88元。被告韩某辩称，原告方的损失应由保险公司在交强险限额内直接赔付。被告保险公司辩称，对原告方的损失，由于被告韩某的驾驶证已经过了有效期，故其不应赔偿。

案例解析：

保险公司以驾驶证过期为由拒赔，没有法律依据，其应在交强险责任范围内赔偿。理由有三：

首先，驾驶证过期不等于无证驾驶。无证驾驶是指驾驶人员驾驶机动车辆时，没有取得由公安机关交通管理部门核发的机动车辆驾驶证。若扩大范围，最多只可解释为取得机动车辆驾驶证后被吊销或者驾驶许可被依法撤销。驾驶证过期并不等于没有取得驾驶资格，驾驶员只要通过了公安机关车辆管理部门组织的驾驶证资格考试，便具有了驾驶资格，只要未被依法取消驾驶证，就一直具有合法的驾驶资格。

其次，驾驶员未按期办理换证手续，其驾驶证并不必然被吊销。机动车驾驶证审验换证属于行政管理范畴，是机动车管理部门准予驾驶员从事特定驾驶行为所实施的行政许可行为，驾照过期未按期换证应由交管部门依法进行处理。《中华人民共和国机动车驾驶证管理办法》规定：持证人未申请并超过有效期换证的，依法处罚后予以换证。也就是说，驾驶证过期在接受公安交管部门处罚后，仍可办理换证手续。在其证件被吊销前，不能认定其为无驾驶资格。韩某自初次领取驾驶证时起，至保险事故发生时止，并不存在驾驶证被吊销或者驾驶许可被撤销的情况。

最后，本案中的韩某投保的是交强险，不是商业险。交强险是指保险公司对被保险机动车发生道路交通事故造成本车人员、被保险人以外的受害人的人身伤亡、财产损失，在责任限额内予以赔偿的强制性责任保险。投保交强险是基于法律的强制性规定，主要目的在于使道路交通事故受害人能够获得基本保障，这种公益性体现在《中华人民共和国道路交通安全法》第七十六条规定的“保险公司对保险事故承担无过失赔偿责任”的基本原则，即投保交强险的机动车发生交通事故，致第三者人身伤亡及财产损失，由保险公司首先在责任限额内予以赔偿，不论交通事故当事人各方是否有过错以及过错程度如何。此条款体现了交强险保障受害人及社会大众利益的根本目的。即使驾驶员无证驾驶，其行为也不属于《中华人民共和国道路交通安全法》和《机动车交通事故责任强制保险条例》所规定的保险公司对受害人人身伤亡赔偿义务的免责事由。保险公司更不能以驾驶证过期为由拒赔，故在驾驶证过期后发生交通事故的情况下，保险公司依然要在交强险范围内承担赔偿责任。

单元五 机动车车上人员责任保险

一、保险责任

保险期间内，被保险人或其允许的合法驾驶人在使用被保险机动车过程中发生意外事故，致使车上人员遭受人身伤亡，依法应当对车上人员承担的损害赔偿责任，保险人依照本保险合同的约定负责赔偿。

保险人依据被保险机动车一方在事故中所负的事故责任比例，承担相应的赔偿责任。

被保险人或被保险机动车一方根据有关法律法规规定选择自行协商或由公安机关交通管理部门处理事故未确定事故责任比例的，按照下列规定确定事故责任比例：

被保险机动车一方负主要事故责任的，事故责任比例为70%；

被保险机动车一方负同等事故责任的，事故责任比例为50%；

被保险机动车一方负次要事故责任的，事故责任比例为30%。

特别提示：

此险种的保险责任和商业第三者责任险的要求一致，涉及司法或仲裁程序的，以法院或仲裁机构最终生效的法律文书为准。

二、责任免除

1）事故发生后，被保险人或其允许的驾驶人在未依法采取措施的情况下，驾驶被保险机动车或者遗弃被保险机动车逃离事故现场，或故意破坏、伪造现场、毁灭证据。

2）驾驶人有下列情形之一者，保险人不负责赔偿。

① 饮酒、吸食或注射毒品、服用国家管制的精神药品或者麻醉药品。

② 无驾驶证，驾驶证被依法扣留、暂扣、吊销、注销期间。

③ 驾驶与驾驶证载明的准驾车型不相符合的机动车。

④ 实习期内驾驶公共汽车、营运客车、执行任务的警车、载有危险物品的机动车或牵引挂车的机动车。

⑤ 驾驶出租机动车或营业性机动车无交通运输管理部门核发的许可证书或其他必备证书。

⑥ 学习驾驶时无合法教练员随车指导。

⑦ 非被保险人允许的驾驶人。

3）被保险机动车有下列情形之一者，保险人不负责赔偿。

① 发生保险事故时被保险机动车的行驶证、号牌被注销的，未按规定检验或检验不合格的。

② 被扣押、收缴、没收、政府征用期间。

③ 在竞赛、测试期间，在营业性场所维修、保养、改装期间。

④ 全车被盗窃、被抢劫、被抢夺、下落不明期间。

4）下列原因导致的人身伤亡，保险人不负责赔偿。

① 地震及其次生灾害、战争、军事冲突、恐怖活动、暴乱、污染（含放射性污染）、核反应、核辐射。

② 被保险机动车被转让、改装、加装或改变使用性质等，导致被保险机动车危险程度显著增加，且被保险人、受让人未及时通知保险人。

特别提示：

一定是危险程度显著增加，保险公司才可以不负责赔偿，否则根据《保险法》规定车辆转让不影响保险公司赔偿。

5）下列人身伤亡、损失和费用，保险人不负责赔偿。

① 被保险人或驾驶人的故意行为造成的人身伤亡。

② 被保险人及驾驶人以外的其他车上人员的故意、重大过失行为造成的自身伤亡。

③ 车上人员因疾病、分娩、自残、斗殴、自杀、犯罪行为造成的自身伤亡。

④ 违法、违章搭乘人员的人身伤亡。

⑤ 罚款、罚金或惩罚性赔款。

⑥ 超出《道路交通事故受伤人员临床诊疗指南》和国家基本医疗保险标准的医疗费用。

⑦ 精神损害抚慰金。

⑧ 律师费，未经保险人事先书面同意的诉讼费和仲裁费。

⑨ 投保人、被保险人或其允许的驾驶人知道保险事故发生后，故意或者因重大过失未及时通知，致使保险事故的性质、原因、损失程度等难以确定的，保险人对无法确定的部分，不承担赔偿责任，但保险人通过其他途径已经及时知道或者应当及时知道保险事故发生的除外。

⑩ 应当由机动车交通事故责任强制保险赔付的损失和费用。

6）保险人在依据保险合同约定计算赔款的基础上，在保险单载明的责任限额内，按照下列方式免赔。

被保险机动车一方负次要事故责任的，实行5%的事故责任免赔率；负同等事故责任的，实行10%的事故责任免赔率；负主要事故责任的，实行15%的事故责任免赔率；负全部事故责任或单方肇事事故的，实行20%的事故责任免赔率。

三、责任限额

驾驶人每次事故责任限额和乘客每次事故每人责任限额由投保人和保险人在投保时协商确定。投保乘客座位数按照被保险机动车的核定载客数（驾驶人座位除外）确定。车上人员责任险的责任限额可以确定为1万元、2万元、5万元、10万元。

四、赔偿处理

1）发生保险事故时，被保险人或其允许的合法驾驶人应当及时采取合理的、必要的施救和保护措施，防止或者减少损失，并在保险事故发生后48小时内通知保险人。被保险人或其允许的合法驾驶人根据有关法律法规规定选择自行协商方式处理交通事故的，应当立即通知保险人。

2）被保险人或其允许的合法驾驶人根据有关法律法规规定选择自行协商方式处理交通事故的，应当协助保险人勘验事故各方车辆、核实事故责任，并依照《道路交通事故处理程序规定》签订记录交通事故情况的协议书。

3）被保险人索赔时，应当向保险人提供与确认保险事故的性质、原因、损失程度等有关的证明和资料。

被保险人应当提供保险单、损失清单、有关费用的单据、被保险机动车行驶证和发生事故时驾驶人的驾驶证。

属于道路交通事故的，被保险人应当提供公安机关交通管理部门或法院等机构出具的事故证明、有关的法律文书（判决书、调解书、裁定书、裁决书等）和通过机动车交通事故责任强制保险获得赔偿金额的证明材料。被保险人或其允许的合法驾驶人根据有关法律法规规定选择自行协商方式处理交通事故的，被保险人应当提供依照《道路交通事故处理程序规定》所签订的记录交通事故情况的协议书和通过机动车交通事故责任强制保险获得赔偿金额的证明材料。

4）保险人按照《道路交通事故受伤人员临床诊疗指南》和国家基本医疗保险的同类医疗费用标准核定医疗费用的赔偿金额。

特别提示：

未经保险人书面同意，被保险人自行承诺或支付的赔偿金额，保险人有权重新核定。因被保险人原因导致损失金额无法确定的，保险人有权拒绝赔偿。

5）保险人受理报案、现场查勘、核定损失、参与诉讼、进行抗辩、要求被保险人提供证明和资料、向被保险人提供专业建议等行为，均不构成保险人对赔偿责任的承诺。

赔款计算将在项目三中加以介绍。

案例：

“车上人”还是“第三人”

2011年6月7日，福州的姚先生在沈海高速上驾驶一辆厢式货车，突遇右轮爆胎、车辆失控，乘员小林被甩出至车外的紧急停车带内。小货车侧翻后，砸压在小林的身上，造成小林当场死亡。小货车所有单位在履行对小林的死亡赔偿协议后，向保险公司提出理赔申请，但双方却因小林属于“车上人”还是保险合同中的“第三者”而争执不下打起了官司。

案例审理结果：

本案一审判决认定受害人是第三者，保险公司不服，提起上诉。

上诉人保险公司称，死者小林为肇事车辆的车上人员，不是保险合同中的第三者，一审法院判决保险公司在交强险和商业三者险的限额内承担赔偿责任没有法律依据；且本起交通事故已在车上人员责任险限额内赔偿完毕，货车所有单位再次要求保险公司承担赔偿责任也没有法律依据。

被上诉人货车所有单位辩称，事故发生时，死者小林已被甩出车外，摔在高速公路紧急停车带内，而后又被肇事车辆砸压致死，其死亡原因是被砸压，一审法院认定小林已由车上人员转为第三者是正确的；另外，保险公司通过银行转账的方式支付的12 673元保险金，是保险公司的单方行为，己方从未认可保险公司的理赔方案，也从未就保险纠纷签订过赔偿协议。

二审法院经审理认为，“车上人员”与作为车外人员的“第三者”之间的关系是相对的，两者可以因特定时空条件的变化而发生转化。死者小林在事故发生前系保险车辆即厢式货车的“车上人员”；事故发生时，小林已被甩出车外摔在高速公路紧急停车带内，而后又被投保车辆砸压致死。即在事故发生时，小林并未身处投保车辆之上，已由投保车辆的“车上人员”转化为“第三者”。因此，本案交通事故责任属于机动车辆第三者责任险（包括交强险和商业险）的理赔范围。保险公司虽已在车上人员责任险限额内以银行转账的方式向货车所有公司支付了12 673元保险金，但双方从未就本案保险纠纷签订过赔偿协议，保险公司没有证据证明对方认可了理赔方案，故保险公司关于厢式货车所有单位无权再次要求自己承担赔偿责任的上诉理由不能成立，法院不予支持。最终，二审法院驳回上诉，维持原判。

单元六 机动车全车盗抢保险

一、保险责任

保险期间内，被保险机动车的下列损失和费用，保险人依照本保险合同的约定负责赔偿。

1）被保险机动车被盗窃、抢劫、抢夺，经出险地县级以上公安刑侦部门立案证明，满60天未查明下落的全车损失。

2）被保险机动车全车被盗窃、抢劫、抢夺后受到损坏，或车上零部件、附属设备丢失需要修复的合理费用。

3）被保险机动车在被抢劫、抢夺的过程中，受到损坏需要修复的合理费用。

二、责任免除

1）上述保险责任范围内，在下列情况下，不论任何原因造成被保险机动车的任何损失和费用，保险人均不负责赔偿。

① 被保险人索赔时未能提供出险地县级以上公安刑侦部门出具的立案证明。

② 驾驶人、被保险人、投保人故意破坏现场、伪造现场、毁灭证据。

③ 被保险机动车被扣押、罚没、查封、政府征用期间。

④ 被保险机动车在竞赛、测试期间，在营业性场所维修、保养、改装期间，被运输期间。

2）下列损失和费用，保险人不负责赔偿。

① 地震及其次生灾害导致的损失和费用。

② 战争、军事冲突、恐怖活动、暴乱导致的损失和费用。

③ 因诈骗引起的任何损失；因投保人、被保险人与他人的民事、经济纠纷导致的任何损失。

④ 被保险人或其允许的驾驶人的故意行为、犯罪行为导致的损失和费用。

⑤ 非全车遭盗窃，仅车上零部件或附属设备被盗窃或损坏。

⑥ 新增设备的损失。

⑦ 遭受保险责任范围内的损失后，未经必要修理并检验合格而继续使用，致使损失扩大的部分。

⑧ 被保险机动车被转让、改装、加装或改变使用性质等，导致被保险机动车危险程度显著增加而发生保险事故，且被保险人、受让人未及时通知保险人。

⑨ 投保人、被保险人或其允许的驾驶人知道保险事故发生后，故意或者因重大过失未及时通知，致使保险事故的性质、原因、损失程度等难以确定的，保险人对无法确定的部分，不承担赔偿责任，但保险人通过其他途径已经及时知道或者应当及时知道保险事故发生的除外。

⑩ 因被保险人违反本条款相关规定，导致无法确定的损失。

3）保险人在依据保险合同约定计算赔款的基础上，按照下列方式免赔。

① 发生全车损失的，绝对免赔率为20%。

② 发生全车损失，被保险人未能提供机动车登记证书、机动车来历凭证的，每缺少一项，增加1%的绝对免赔率。

特别提示：

要注意的事项是，一般情况下保险公司都会有这样的规定：如果新车没上牌照，全车盗抢险不承担赔偿责任，如图2-6所示。

图2-6 保险人不赔偿无牌照汽车

三、保险金额

保险金额在投保时根据被保险机动车的实际价值协商确定。

投保时，被保险机动车的实际价值由投保人与保险人根据投保时的新车购置价减去折旧金额后的价格协商确定或根据其他市场公允价格协商确定。

折旧金额可根据保险合同列明的参考折旧系数表（表2-5）确定。

四、赔偿处理

1）被保险机动车全车被盗抢的，被保险人知道保险事故发生后，应在24小时内向出险地公安刑侦部门报案，并通知保险人。

2）被保险人索赔时，须提供保险单、损失清单、有关费用单据、机动车登记证书、机动车来历凭证以及出险地县级以上公安刑侦部门出具的立案证明。

3）因保险事故损坏的被保险机动车，应当尽量修复。修理前，被保险人应当会同保险人检验被保险车辆，协商确定修理项目、方式和费用。对未协商确定的，保险人可以重新核定。

4）保险人确认索赔单证齐全、有效后，被保险人签具权益转让书，保险人赔付结案。

5）被保险机动车发生保险事故，导致全部损失，或一次赔款金额与免赔金额之和达到保险金额，保险人按保险合同约定支付赔款后，保险责任终止，保险人不退还机动车全车盗抢保险及其附加险的保险费。

案例：

2010年1月的一天夜里，周先生发现停放在住宅外路边的自家轿车被砸碎了玻璃，前几天花5000元安装的高级音响被盗。周先生随后以投保了盗抢险为由向保险公司索赔。因其购买了玻璃单独破损险，保险公司对其玻璃损失进行了赔付，但却拒赔被盗音响，理由是车内物品被盗不在车辆盗抢险赔偿的范围内。

案例解析：

盗抢险的全称为“全车盗抢险”，其承保的范围其实仅是车辆本身，像现金、电脑、音响等经常被放置在车内的物品，现在保险公司多数都不予承保。保险公司可以通过其他的一些附加险对车内的特殊物品进行赔付。那么，盗抢险究竟保什么呢？盗抢险的保险责任一般包括：

① 被保险机动车被盗窃、抢劫、抢夺，经出险地县级以上公安刑侦部门立案证明，满60天未查明下落的全车损失。

② 被保险机动车全车被盗窃、抢劫、抢夺后，受到损坏或车上零部件、附属设备丢失需要修复的合理费用。

③ 被保险机动车在被抢劫、抢夺过程中，受到损坏需要修复的合理费用。与此相对应的是，诸如“非全车遭盗抢，仅车上零部件或附属设备被盗窃”等情形都是属于盗抢险的责任免除事项，保险人是不予赔偿的。

单元七 机动车保险的附加险

附加险条款的法律效力优于主险条款。附加险条款未尽事宜，以主险条款为准。除附加险条款另有约定外，主险中的责任免除、免赔规则、双方义务同样适用于附加险。

一、玻璃单独破碎险

投保了机动车损失保险的机动车，可投保本附加险。

1. 保险责任

保险期间内，若被保险机动车风窗玻璃或车窗玻璃单独破碎，保险人按实际损失金额赔偿。

2. 投保方式

投保人与保险人可协商选择按进口或国产玻璃投保。保险人根据协商选择的投保方式承担相应的赔偿责任。

3. 责任免除

安装、维修机动车过程中造成的玻璃单独破碎，保险人不承担赔偿。

> 特别提示：
> 本附加险不适用主险中的各项免赔规定。

二、自燃损失险

投保了机动车损失保险的机动车，可投保本附加险。

1. 保险责任

1）保险期间内，在没有外界火源的情况下，由于本车电器、线路、供油系统、供气系统等被保险机动车自身原因或所载货物自身原因起火燃烧，造成本车的损失。

2）发生保险事故时，被保险人为防止或者减少被保险机动车的损失所支付的必要的、合理的施救费用，由保险人承担；施救费用数额在被保险机动车损失赔偿金额以外另行计算，最高不超过本附加险的保险金额。

2. 责任免除

1）自燃仅造成电器、线路、油路、供油系统、供气系统的损失。

2）由于擅自改装、加装电器及设备导致被保险机动车起火造成的损失。

3）被保险人在使用被保险机动车过程中，因人工直接供油、高温烘烤等违反车辆安全操作规则造成的损失。

4）本附加险每次赔偿实行20%的绝对免赔率，不适用主险中的各项免赔规定。

3. 保险金额

保险金额由投保人和保险人在投保时根据被保险机动车的实际价值协商确定。

4. 赔偿处理

全部损失，在保险金额内计算赔偿；部分损失，在保险金额内按实际修理费用计算赔偿。

三、新增加设备损失险

投保了机动车损失保险的机动车，可投保本附加险。

1. 保险责任

保险期间内，投保了本附加险的被保险机动车因发生机动车损失保险责任范围内的事故，造成车上新增加设备的直接损毁，保险人在保险单载明的本附加险的保险金额内，按照实际损失计算赔偿。

2. 责任免除

本附加险每次赔偿的免赔规定以机动车损失保险条款的规定为准。

3. 保险金额

保险金额根据新增加设备投保时的实际价格确定。新增加设备的实际价格是指新增加设备的购置价减去折旧金额后的价格。

> 特别提示：
> 本险种中的实际价格的计算方法和车损险中车辆实际价格的计算方法相同。

四、车身划痕损失险

投保了机动车损失保险的机动车，可投保本附加险。

1. 保险责任

保险期间内，投保了本附加险的机动车在被保险人或其允许的合法驾驶人使用过程中，发生无明显碰撞痕迹的车身划痕损失，保险人按照保险合同的约定负责赔偿。

2. 责任免除

1）被保险人及其家庭成员、驾驶人及其家庭成员的故意行为造成的损失。

2）因投保人、被保险人与他人的民事、经济纠纷导致的任何损失。

3）因车身表面自然老化、损坏、腐蚀造成的任何损失。

4）本附加险每次赔偿实行15%的绝对免赔率，不适用主险中的各项免赔规定。

> 特别提示：
> 这里的家庭成员的定义同车辆第三者责任保险中的解释。

3. 保险金额

保险金额为2 000元、5 000元、1万元或2万元，由投保人和保险人在投保时协商确定。

4. 赔偿处理

1）在保险金额内，按实际修理费用计算赔偿。

2）在保险期间内，累计赔款金额达到保险金额，本附加险保险责任终止。

五、发动机涉水损失险

本附加险仅适用于家庭自用汽车、党政机关及事业团体用车、企业非营业用车，且只有在投保了机动车损失保险后，才可投保本附加险。

1. 保险责任

保险期间内，投保了本附加险的被保险机动车在使用过程中，因发动机进水而导致的发动机的直接损毁，保险人负责赔偿。

发生保险事故时，被保险人为防止或者减少被保险机动车的损失所支付的必要的、合理的施救费用，由保险人承担；施救费用数额在被保险机动车损失赔偿金额以外另行计算，最高不超过保险金额。

2. 责任免除

本附加险每次赔偿均实行15%的绝对免赔率，不适用主险中的各项免赔规定。

3. 赔偿处理

在发生保险事故时被保险机动车的实际价值内计算赔偿。

六、修理期间费用补偿险

只有在投保了机动车损失保险的基础上才可投保本附加险，机动车损失保险责任终止时，本保险责任同时终止。

1. 保险责任

保险期间内，特约了本条款的机动车在使用过程中，发生机动车损失保险责任范围内的事故，造成车身损毁，致使被保险机动车停驶，保险人按保险合同约定，在保险金额内向被保险人补偿修理期间的费用，作为代步车费用或弥补停驶损失。

2. 责任免除

下列情况下，保险人不承担修理期间的费用补偿。

1）因机动车损失保险责任范围以外的事故而致被保险机动车的损毁或修理。

2）在非保险人指定的修理厂修理时，因车辆修理质量不合要求造成返修。

3）被保险人或驾驶人拖延车辆送修期间。

4）本保险每次事故的绝对免赔额为1天的赔偿金额，不适用主险中的各项免赔规定。

3. 保险金额

本附加险保险金额 = 补偿天数 × 日补偿金额

补偿天数及日补偿金额由投保人与保险人协商确定并在保险合同中载明，保险期间内约定的补偿天数最高不超过90天。

4. 赔偿处理

全车损失，按保险单载明的保险金额计算赔偿；部分损失，在保险金额内按约定的日赔偿金额乘以从送修之日起至修复之日止的实际天数计算赔偿；实际天数超过双方约定修理天数的，以双方约定的修理天数为准。

特别提示：

保险期间内，累计赔款金额达到保险单载明的保险金额，本附加险保险责任终止。

七、车上货物责任险

投保了机动车第三者责任保险的机动车，可投保本附加险。

1. 保险责任

保险期间内，发生意外事故致使被保险机动车所载货物遭受直接损毁，依法应由被保险人承担的损害赔偿责任，保险人负责赔偿。

2. 责任免除

1）偷盗、哄抢、自然损耗、本身缺陷、短少、死亡、腐烂、变质、串味、生锈，动物走失或飞失、货物自身起火燃烧或爆炸造成的货物损失。

2）违法、违章载运造成的损失。

3）因包装、紧固不善，装载、遮盖不当导致的任何损失。

4）车上人员携带的私人物品的损失。

5）保险事故导致的货物减值、运输延迟、营业损失及其他各种间接损失。

6）法律、行政法规禁止运输的货物的损失。

7）本附加险每次赔偿实行20%的绝对免赔率，不适用主险中的各项免赔规定。

3. 责任限额

责任限额由投保人和保险人在投保时协商确定。

4. 赔偿处理

被保险人索赔时，应提供运单、起运地货物价格证明等相关单据。保险人在责任限额内按起运地价格计算赔偿。

八、精神损害抚慰金责任险

只有在投保了机动车第三者责任保险或机动车车上人员责任保险的基础上才可投保本附加险。

在投保人仅投保机动车第三者责任保险的基础上附加本附加险时，保险人只负责赔偿第三者的精神损害抚慰金；在投保人仅投保机动车车上人员责任保险的基础上附加本附加险时，保险人只负责赔偿车上人员的精神损害抚慰金。

1. 保险责任

保险期间内，被保险人或其允许的合法驾驶人在使用被保险机动车的过程中，发生投保的主险约定的保险责任内的事故，造成第三者或车上人员的人身伤亡，受害人据此提出精神损害赔偿的请求后，保险人依据法院判决及保险合同约定，对应由被保险人或被保险机动车驾驶人支付的精神损害抚慰金，在扣除机动车交通事故责任强制保险应当支付的赔款后，在本保险赔偿限额内负责赔偿。

2. 责任免除

1）根据被保险人与他人的合同协议，应由他人承担的精神损害抚慰金。

2）未发生交通事故，仅因第三者或本车人员的惊恐而引起的损害。

3）怀孕妇女的流产发生在交通事故发生之日起30天以外的。

4）本附加险每次赔偿实行20%的绝对免赔率，不适用主险中的各项免赔规定。

3. 赔偿限额

本保险每次事故赔偿限额由保险人和投保人在投保时协商确定。

4. 赔偿处理

本附加险赔偿金额依据人民法院的判决在保险单所载明的赔偿限额内计算赔偿。

九、不计免赔险

投保了任一主险及其他设置了免赔率的附加险后，均可投保本附加险。

1. 保险责任

经特别约定，保险事故发生后，按照对应投保的险种规定的免赔率计算的、应当由被保险人自行承担的免赔金额部分，保险人负责赔偿。

2. 责任免除

下列情况下，应当由被保险人自行承担的免赔金额，保险人不负责赔偿。

1）机动车损失保险中应当由第三方负责赔偿而无法找到第三方的。

2）因违反安全装载规定而超载的。

3）投保时指定驾驶人，保险事故发生时为非指定驾驶人使用被保险机动车而增加的。

4）投保时约定行驶区域，保险事故发生在约定行驶区域以外而增加的。

5）发生机动车全车盗抢保险规定的全车损失保险事故时，被保险人未能提供《机动车登记证书》、机动车来历凭证的，每缺少一项而增加的。

6）机动车损失保险中约定的每次事故的绝对免赔额。

7）可附加本条款但未选择附加本条款的险种规定的。

8）不可附加本条款的险种规定的。

十、机动车损失保险无法找到第三方特约险

投保了机动车损失保险后，可投保本附加险。

投保了本附加险后，对于机动车损失保险条款列明的被保险机动车损失，应当由第三方负责赔偿，但因无法找到第三方而增加的由被保险人自行承担的免赔金额，保险人负责赔偿。

十一、指定修理厂险

投保了机动车损失保险的机动车，可投保本附加险。

投保人在投保时选择本附加险，并增加支付了本附加险保险费的，机动车损失保险事故发生后，被保险人可指定修理厂进行修理。

【任务实施】

学生分组

以6~8人为1组，其中每两人再为1小组，1人扮演车主张先生，1人扮演汽车保险销售人员，进行即兴表演。

训练方式

要求每组设计一份汽车保险的险种方案，内容包括投保哪些险种，为什么要投保这些险种。然后每组派一名学生代表本组进行展示，其他小组对其方案和发言代表的表现进行点评和打分。

考核要点

1. 每组成员是否能结合上次给张先生分析的风险和各个汽车保险险种的保障范围为张先生设计合适的险种方案。

2. 小组代表是否能够比较清晰地表述本组的险种方案，特别是能够说出投保各险种的理由。

考核方式

情景模拟，小组互评，教师点评。

汽车保险险种方案考核。

任务三 制订汽车保险投保方案

【知识目标】

1. 交通事故发生的原因。
2. 选择保险公司时需考虑的因素。
3. 汽车保险方案的内容。

【能力目标】

1. 能够帮助客户分析其机动车面临的风险大小。
2. 能够为客户设计汽车保险方案。

【任务描述】

通过汽车保险销售人员的讲解，张先生知道了自己应该投保哪些险种，但他仍很迷茫，不知道到哪家保险公司去投保，更不知道应该通过什么途径投保，这就是需要汽车保险销售人员为他设计一份合理的汽车保险投保方案。

【任务分析】

作为一名汽车保险销售人员，要想较好地帮助张先生设计一份合理的汽车保险方案，必须掌握张先生的具体需求，掌握各家保险公司的优势和特点，了解各种投保途径的优、缺点。解决上述问题所需的知识和技能可以通过对以下各单元的学习而获得。

单元一 分析机动车面临的风险

一、道路交通事故分析

1. 主要的交通事故类型

主要的交通事故类型如图 3-1 所示。

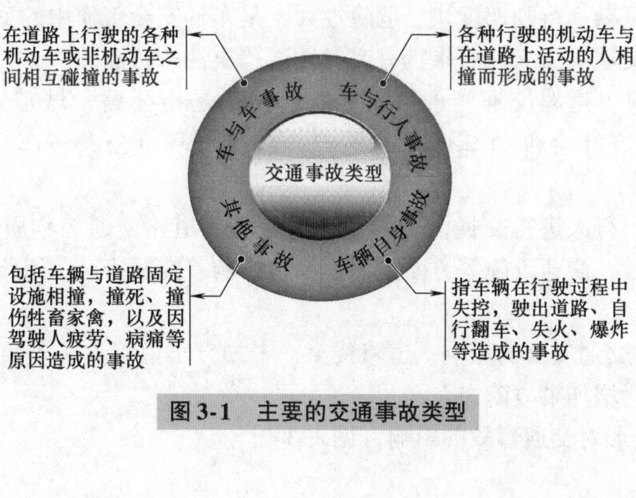

图 3-1 主要的交通事故类型

2. 交通事故发生的原因

（1）交通参与者的原因 交通参与者是指在道路上进行与交通有关活动的车辆、行人。在交通事故中，交通参与者主要包括机动车驾驶人、非机动车驾驶人、行人、乘车人和道路占用者。

根据人们参与交通的方式及其交通特性的异同，不同的交通参与者有各自的特点，可能造成不同的交通事故。不同参与人引发的交通事故见表3-1。

表3-1 不同参与人引发的交通事故

机动车驾驶人	驾驶人直接操作机动车，其驾驶技能的好坏、安全意识的强弱、应变能力的高低都直接影响着行车安全。在当前的交通事故中，机动车驾驶人仍然是造成事故的主要群体
非机动车驾驶人员	在我国的道路交通方式中，由于自行车出行所占比例很大，所以骑车人对道路交通安全的影响也很大。很多骑车人不遵守交通规则，缺乏交通安全意识和自我保护意识，经常发生乱闯红灯、抢行猛拐、骑车带人等行为。这不仅扰乱交通秩序，还危及自身安全。此外，还有人力三轮、畜力车等驾驶人，这些出行方式虽在整体中所占比重较小，但也是交通事故隐患，需要预防
行人	行人交通是我国交通中的重要组成部分。行人交通安全的问题，往往是因其自身交通行为不当，与其他交通方式发生冲突而产生的。行人在道路上行进或停留时，如果违反道路交通法规，就会干扰交通秩序，引起交通混乱，甚至引发交通事故。这与有关部门的法律宣传不到位有关，应当加大针对行人的交通安全预防工作，通过采取一系列的行人安全对策措施，改善行人通行条件，引导行人养成自觉遵守道路交通法规的良好习惯，努力减少和消除行人事故隐患

（2）车辆原因 车辆包括机动车和非机动车，机动车是指以动力装置驱动或者牵引，上道路行驶的供人员乘用或者用于运送物品以及进行工程专项作业的轮式车辆。非机动车是指以人力或者畜力驱动，上道路行驶的交通工具，以及虽有动力装置驱动，但设计最高时速、空车质量、外形尺寸符合有关国家标准的残疾人机动轮椅车、电动自行车等交通工具。

车辆作为道路交通的主要工具和重要载体，其性能、质量、状况等方面对交通安全影响极大。机动车构造复杂、行驶速度快、危险性大，是车辆安全工作中的重点。若机动车辆机件失灵，极易造成交通事故，其后果具有突发性、严重性的特点。

（3）道路原因 道路交通管理中所称的道路，是指公路、城市道路以及虽在单位管辖范围内，但允许社会机动车通行的地方，包括广场、公共停车场等用于公共通行的场所。

道路是供车辆、行人进行交通活动的基础设施，是道路交通的物质基础之一。道路宽度、线形、路面质量及交通设施等方面不同程度地影响着交通安全，道路问题是造成交通事故的又一隐患。

1）道路宽度对交通安全的影响。道路狭窄、未划分车道、人与车及机动车与非机动车间的混合交通，都会增加事故隐患。

2）道路几何线形对交通事故的影响，见表3-2。

表 3-2 道路几何线形对交通事故的影响

平曲线（即弯道）	纵坡	视距	平面交叉
车辆驶入弯道，因离心运动会产生离心力，当行车速度快而转弯半径小时，如不相应设置弯道超高，就会发生横向滑移或侧向翻车	道路纵坡坡度很大时，不仅会影响行车速度，而且还可能导致陡坡行车时停驶下滑，酿成交通事故	包括停车视距，超车视距等。停车视距是指行驶中从车辆发现障碍物到安全停车的最短距离。超车视距是指后车超越前车过程中，从开始驶离原车道之处起，至可见逆行车并能超车后安全驶回原车道所需的最短距离	当路口锐角相交时，交叉口的面积增大，通视条件恶化。车流交叉（冲突点）、汇合（交织点）过于分散，是不安全的

3）路面质量对交通安全的影响，见表 3-3。

表 3-3 路面质量对交通安全的影响

粗糙度和病害	路面强度	路面稳定性	路面平整度
道路粗糙度低于标准值时，附着系数降低，车辆制动距离延长，行驶时易发生侧滑。路面病害如沥青路面泛油、壅包、裂缝等，都会使行车安全性降低	如果路面强度高，抗弯性好，就能适应大流量行车和复杂的车辆吨位构成	路基、路面受温度、湿度的作用会发生变化。如在高温季节，易出现轮辙、路面推移；而低温季节，易出现路面开裂、不均匀冻胀，形成高低不平的路况；春季还会出现路面翻浆等。这些都会影响安全行车	路面平整度不好，会增大行车阻力，车辆颠簸振动使部件、轮胎损坏加快，行车安全性降低，甚至直接引发交通事故

（4）**交通行为** 交通行为是人们参与道路交通活动时，按照自身生理、心理条件以及文化素养、精神文明状态和交通科学知识水平等，综合表现出来的外在反应。根据行为科学理论分析，人在道路交通活动中的行为过程，是以 S（刺激）—O（生理及心理因素）—R（行为反应）的规律体现的。由于人的行为总是受一定的动机支配的，因此，交通行为是道路交通活动中的“活”的因素，也是造成交通事故发生的不确定因素。在交通行为中，人的交通心理反应过程、交通情绪状态等受到不良影响，会表现出交通行为的失当和反常，往往会直接造成交通事故。

二、自然灾害和地理环境风险分析

1. 自然灾害风险因素分析

自然界的自然现象会引起机动车的损害，并由此造成驾乘者的人身伤害，如洪水、大风、泥石流、冰雹、暴雪、大雨、雷击、地震、海啸、塌方、滑坡等自然现象引起车辆碰撞、倾覆、火灾、爆炸等损害，继而引发人身伤害。

2. 地理环境风险因素分析

由于车辆是流动的标的，因此地理环境对车辆具有相当大的影响。对车辆有影响的地理环境因素包括气候、地形、地貌等。

（1）**气候** 我国地域广阔，各地气候差异很大。东部与南部的气候温暖湿润，雨水较多，雨季较长；西部与北部的气候寒冷干燥，雨水较少，但降雪较多。气候的差异对车辆造成的影响也有很大的区别。东部与南部雨水多，因此车辆的锈损较严重；同时，因雨季路面较滑，事故也会增多；此外，车辆水浸的现象较多。而西部与北部则因冬季气候寒冷，降雪较多，路面较滑，在冬季事故会明显增多；同时，个别地区因异常寒冷，有车内生火取暖的情况，容易导致车辆燃烧。

(2) ***地形和地貌*** 由于地域广阔，因此我国地形地貌的差异非常大，有平原、丘陵、山地等各种复杂的地形、地貌。不同的地形、地貌对车辆的行驶也有不同的影响。平原地区地势平缓、视野开阔，行车相对安全。山地则因地势高低不平、道路曲折、路面狭窄而容易导致事故，而且容易导致恶性事故。

综合上述，在车险核保时，一般会考虑本地区所处的地理位置、地理环境，针对不同的地理环境因素，制订不同的承保政策和措施。

三、社会环境风险因素分析

车辆的运行不仅仅涉及车辆本身及自然环境，更重要的还涉及周围的社会环境。社会环境因素对车辆有很大影响，具体体现在以下几个方面。

1. 法制环境

保险企业是一种经营风险的企业，对被保险人承担着意外事故发生后的补偿责任；而车辆保险是一种高事故率、高频度补偿的保险业务；同时，事故的原因、补偿的对象及补偿的依据均有相当大的差异。在这种情况下，如果法制比较健全，在事故发生后，责任的鉴定、补偿的处理就会有法可依，从而使保险人与被保险人的利益均受到比较全面的保障。否则，便会产生很多法律纠纷，为社会带来许多不良影响。

2. 治安情况

车辆所面临的一个最明显的风险就是盗窃、抢劫或抢夺，而这一风险同社会治安状况的联系最为密切。我国各地的社会治安状况有很大的差别，社会治安状况好的地方，盗窃、抢劫或抢夺的发生率就会很低。如就华东地区整体而言，由于社会治安情况较好，所以车辆的盗窃、抢劫或抢夺的发生率较低。而华南地区由于社会治安情况较差，因此车辆的盗窃、抢劫或抢夺的发生率较高。从目前的统计分析的情况来看，华南地区车险的赔付率较高，主要是由于社会治安情况较差导致车辆的盗窃、抢劫或抢夺现象严重所致。因此，保险人在这一地区承保盗窃、抢劫或抢夺责任时，应当采取一定的措施来控制该风险。

四、驾驶人员风险因素分析

1. 年龄

根据驾驶人的年龄，通常将驾驶人划分为三组，每组的风险系数是不一样的。保险公司针对这种情况，对不同年龄组的人设定不同的系数，并按不同的系数收取保险费。根据国外保险公司的统计数据显示，车辆保险的风险同驾驶人的年龄和性别有相当直接的关系，见表3-4。

表3-4 车辆保险的风险同驾驶人年龄和性别的关系

组别	第一组	第二组	第三组
年龄段	24岁以下	24～54岁	54岁以上
风险程度	高风险人群	低风险人群	次高风险人群
特点	年轻人初学驾驶，性格不稳定，缺乏责任感。他们因年轻气盛，往往喜欢开快车，因而容易出现交通事故，而且容易出现恶性交通事故	中年人具有一定的驾驶经验，生理和心理条件均较为成熟，有家庭和社会责任感，这些人驾驶时会相对安全些	54岁以上的人驾车速度相对较慢，但因为他们反应相对迟缓，也容易导致交通事故

2. 性别

研究表明，女性群体在驾驶时较为谨慎。因此，相对于男性，她们为低风险人群。国外保险公司根据统计数据分析还发现，交通肇事记录同性别也有密切关系，整体而言，男性驾驶人的肇事率比女性驾驶人高，这主要同男性驾车整体速度较快有关。因此，国外保险公司根据驾驶人的性别设定不同的系数，并按不同的系数收取保险费。

3. 经验、职业、婚姻状况

国外保险公司还对驾驶人员的经验、职业及婚姻状况进行了详细的分析统计。统计结果显示，驾驶经验丰富、白领职业及已婚的驾驶人员的肇事记录较少；而驾驶经验少、非白领职业及未婚的驾驶人员的肇事记录则较多。因此，国外保险公司又根据驾驶人员的经验、职业及婚姻状况，设定不同的系数，并按不同的系数收取保险费。

4. 肇事记录、品行

安全记录可以反映驾驶人在驾驶时的心理素质和对待风险的态度，经常发生交通事故的驾驶人可能存在某一方面的缺陷。被保险人及其允许的驾驶人的出险记录是指他们过去的索赔记录。国外的一项研究表明，被保险人及其允许的驾驶人的过去的索赔记录是对他们未来索赔次数的最优预测变量，能比驾驶人员的年龄、性别和驾龄等因素更好地反映驾驶人员的实际风险情况。依据被保险人过去的索赔记录来调整续期保费，能更客观地评估被保险人的风险，使投保人支付的保费与其实际风险的大小相对应。

5. 驾驶人的驾龄

驾龄的长短可以从一个侧面反映驾驶人员的驾驶经验，通常认为初次领证后的 1～3 年为事故多发期。

五、机动车自身风险因素分析

1. 厂牌车型

由于世界各国汽车厂家众多，不同厂家生产的车辆的特点不同，安全性能也不同。

美国、西北欧的车辆首先注重的是安全性；日本车的综合性价比较高，但安全性要低于美国及西北欧车；韩国汽车目前在世界上也有一席之地，但在安全性能上均弱于美国、西北欧及日本的车辆，整体上与我国的国产车和合资车相当；东欧车及其他类车次之。所以，不同厂家生产的车辆，所面临的风险不尽相同，其出险频率也不大相同。

2. 车辆种类

目前，国内保险界将机动车辆主要分成以下 5 种：客车、货车、专用车、摩托车和拖拉机。不同种类的机动车辆的风险状况也有所差异，见表 3-5。

表 3-5 车辆种类与风险状况

车辆种类	种类细化	风险状况
客车	座位数指车辆拥有的可供乘客乘坐的标准座位的数量，反映的是车辆的客运能力	座位数的多少直接关系到两方面的风险： ① 承保乘客责任险的风险。一般情况下，座位数越多，运载的乘客数也越多，对于乘客的责任险而言，其风险就会加大。因此，在承保乘客责任险时，要充分考虑车辆的座位数量 ② 承保第三者责任险的风险。座位数多的车辆，车体较大，方向也就较不好控制。因此在承保第三者责任险时，要予以适当考虑

（续）

车辆种类	种类细化	风险状况
货车	货车主要是指那些用来运送货物的车辆，其货运能力主要以吨位数来衡量。目前，国内的货车主要分三类：第一类：载重 2t 以下的货车；第二类：载重 2t ~ 10t 的货车；第三类：载重 10t 及以上的货车	吨位数与座位数的特点较为相似，一个是针对人，一个是针对货物。因此，在承保车上货物责任险时，要充分考虑吨位数
专用车	专用车主要指具有专门用途的车辆，如油罐车、气罐车、液罐车、冷藏车、起重车、装卸车、工程车、监测车、邮政车、消防车、清洁车、医疗车、救护车等	各种专用车由于具有特殊的使用性能，也就具有特殊的风险性。所以，在承保此类车时，应考虑到其特殊性
摩托车	摩托车包括二轮摩托车与三轮摩托车	摩托车操纵灵活，但适应性和安全性较差，一旦发生事故造成损失的可能性也较大，所以在承保时要考虑到这一特点
拖拉机	拖拉机主要分三类，即手扶拖拉机、小型四轮拖拉机及大中型拖拉机	拖拉机的风险除与其设计和使用功能有关外，还与驾驶人的技术水平有关

3. 排气量

这里所提及的排气量主要是针对 14 座以下的客车而言，其他车辆则未予以细分。

排气量所体现的是汽车的动力性能，排气量越大，汽车的动力性能也越好；对于同一类汽车而言，也意味着损失程度越大，风险也就越高。因此，在核保时，要考虑排气量的因素，尤其对大排气量车辆，在承保时要做好风险评估工作。

4. 车龄

车龄是指车辆购置的年限，即从最初新车购置之日起至投保之日止期间的年限。

车龄同车辆状况有直接关系，车龄越大，车辆的磨损与老化程度越高，车况越差，车辆出事故的概率及道德风险概率也同步上升，车辆本身的风险状况也越高。因此，在核保时，必须认真考虑车龄的因素。

5. 行驶区域

车辆行驶区域指车辆行驶的地域范围。根据目前我国的地理情况，可将车辆行驶区域分为三类，即省内（含直辖市、自治区）行驶、国内行驶和出入国境行驶。

特别提示：

省内行驶：指在省、直辖市或自治区所辖的地域范围内行驶。

国内行驶：指在中华人民共和国（不含港、澳、台地区）境内行驶，其范围已包括省内行驶。

出入国境行驶：指车辆不仅在中华人民共和国（不含港、澳、台地区）境内行驶，而且还跨越国境在其他国境行驶。

由于车辆行驶范围不同，驾驶人对不同地区的交通规则、地形、地貌等熟悉程度不同，在不同地区造成损失所承担的赔偿责任也不同。因此，车辆的风险状况也不同。整体而言，随着行驶地域的扩大，风险程度也会提高。即省内行驶风险 < 国内行驶风险 < 出入境行驶风险。

6. 使用性质

不同的车辆有不同的用途，不同的使用性质具有不同的风险。根据车辆的使用性质，我国目前将车辆分为：营运车辆和非营运车辆。

由于车辆的使用性质不同，导致车辆所面临风险也不同。整体而言，营运车辆长时间运转，其车辆磨损率及事故概率要比非营运车辆高，因此，营运车辆风险比非营运车辆风险要高。

7. 所属性质

由于车辆保险极容易引发道德风险。因此，在车险核保时，除意外事故的风险因素要考虑外，道德风险也是要认真考虑的一个因素，而道德风险主要由车辆所属性质决定。因此，即使同样是营运车辆，由于其所有人的不同，风险情况也会不同。首先，营运车辆往往是以车队的形式出现，且归国有企业或集体企业所有，投保时也往往是将所有车辆投保于一家保险公司，因而，其投保的目的比较明确，就是为意外事故的发生提供保障，因此道德风险因素相对较低。

承保时除了对上述风险进行分析外，还要考虑其他一些因素，如机动车被盗抢风险、高空坠物风险以及交通事故精神损害风险等。

单元二 选择汽车保险投保途径

购买车险的渠道并非只有通过保险代理人这一种。现在，汽车保险的投保途径很多，主要有柜台投保、兼业代理机构投保、专业代理机构代理投保、经纪人投保、电话投保和网上投保。根据数据显示，以一年时间为限，大多数车主的出险九成为覆盖件擦剐之类的小事故，另有一成左右为损伤严重的大型事故，而五花八门的车险订购渠道所产生的保费、理赔、其他服务成本以及个人成本各不相同。在上述投保途径中，现在最常用的是柜台投保、兼业代理机构投保和专业代理机构代理投保。随着我国保险业的发展，电话投保和网上投保将是未来的发展趋势。现在有不少保险公司推出了电话销售、网上销售、银行代理等投保新渠道，以方便客户投保。但目前我国通过经纪人投保汽车保险的还很少。

一、柜台投保

柜台投保是指投保人直接到保险企业投保。

投保程序：车主携带相关资料前往保险公司营业网点，当场填写保单并缴费投保。

通过柜台投保的优缺点见表 3-6。

表 3-6 通过柜台投保的优缺点

优 缺 点	具体表现
通过柜台投保优点	车主亲自到保险公司投保，有保险公司的业务人员对每个保险险种及保险条款进行详细的介绍和讲解，并根据投保人的实际情况提出保险建议供参考，车主能选择到更适合自己的保险产品，使自己的利益得到更充分的保障。投保人直接到保险公司投保，降低了营业成本，商业车险费率可能还可以优惠。投保人在保险服务方面也可以获得更多的信息和服务。最重要的一点就是车主可以避免被一些非法中介误导和欺骗
通过柜台投保缺点	车主亲自到保险企业投保，可能会耽误时间，给车主带来不便。另外，在发生保险事故时候，如果保险企业没有为客户指定保险服务人员，也需要客户自己进行索赔，也会给客户带来麻烦

二、兼业代理机构投保（即在4S店投保）

现在的汽车4S店在销售汽车产品的同时，也为客户提供延伸服务，如在店内指定专人办理汽车保险销售业务。

投保程序：车主购车后在经销商处直接投保。

通过兼业代理机构投保（即在4S店投保）的优缺点见表3-7。

表3-7　通过兼业代理机构投保（4S店投保）的优缺点

优缺点	具体表现
通过兼业代理机构投保的优点	在4S店投保可称为“扫盲型”。对于新车主来说，4S店投保也许是首选。4S店一般承担着新车主的车险知识扫盲任务。在车主买车的同时，4S店可帮助车主联系保险公司，解决新车主对车险一无所知的问题。新车主通过4S店购买车辆商业保险，日后如果出现意外，需要保险公司出险、赔偿时，不仅可以通过拨打保险公司的出险电话报险，还可以通过4S店的保险顾问进行报险。除此之外，通过4S店的保险顾问报险，车主还可以享受“一对一”的直线服务。目前，在4S店购买新车的车主在店办理投保的大致占汽车保险销量的20%
通过兼业代理机构投保的缺点	相对而言，在4S店投保价格偏高，因为保险公司与4S店签有相关协议，在4S店内投保，车主可获得保险公司根据4S店维修所需费用而计算出的相对较高的赔付金额，而不是根据一般汽车维修厂所计算出的“二、三类”赔付金额，所以保险费可能会高一些。保险费高的另一个原因是4S店是代理机构，车主只能在4S店代理的保险公司范围内进行选择，而可供选择的保险公司往往并不多

三、专业代理机构投保

专业代理机构投保更适合那些多次通过一个业务员投保的车主。业务员为了维护老客户，会为车主提供额外的人工服务，如代理续保、缴费、对账等。

投保程序：车主将相关资料交给中介公司，由其代为购买。

通过专业代理机构投保的优缺点见表3-8。

表3-8　通过专业代理机构投保的优缺点

优缺点	具体表现
通过专业代理机构投保的优点	由于目前各保险中介竞争比较激烈，为争抢客户，他们给予的保险折扣会比较大，相对而言价格会比较低廉。同时，保险中介可以上门服务或代客户办理各种投保、理赔所需的手续，对于客户而言会比较便捷
通过专业代理机构投保的缺点	保险代理人为促成车主购买保险，对车主进行的口头承诺很多，但之后在出险理赔时却无法兑现。由于客户很容易相信个人承诺，尤其是所谓的朋友、熟人介绍的保险代理人，会直接向其个人递交保费。一些非法的保险中介的保险代理人则会私自拖欠和挪用客户的保费，使保费无法及时、顺畅、安全地到达保险公司，使得客户在后期无法正常享受保险公司的赔偿。此种投保方式最大的缺点是各保险代理商常常违规报价，最常见的违规报价行为是乱打折，如图3-2所示

图 3-2 各代理商打折现象

四、电话投保

近年来，选择电话投保方式为爱车投保的车主越来越多，消费者大多被电话车险的便捷性和性价比所深深吸引。随着近年来电话投保方式的成熟和火热，直接通过打电话到保险公司投保已经成为与通过兼业代理机构或专业代理机构投保并驾齐驱的投保方式。

投保程序：车主拨打保险公司公布的车险销售电话即可，保险公司会派专业人员上门服务。

通过电话投保的优缺点见表 3-9。

表 3-9 通过电话投保的优缺点

优缺点	具体表现
通过电话投保的优点	① 费用便宜。国家保监会规定，电话车险在 7 折限折令的基础上，费率可再降 15% ② 办理方便。车主如果通过电话直销途径购买车险，只需致电相关保险公司的电话销售中心，相关投保信息就会进入投保人所在地区分支机构的系统。随后，电话车险销售中心的工作人员就可根据车主的要求予以报价。如果车主决定投保，保险公司会派人上门提供保单，并通过现金支付或移动 POS 机刷卡方式缴费，保费到账后会有专人再上门递送保单。整个电话直销业务过程中，无论是缴纳投保资料、审核，还是进行缴费，都是由保险公司派人上门服务，客户足不出户就可办理 ③ 价格透明、公开。电话车险运营商均是保监会审核通过的优质企业，投保方式公正、透明，服务承诺有保障。以起步最早的平安电话车险的运营模式为例，在报价方面，平安电话车险直接按照保监会规定的折扣比例统一报价。同时，各家保险公司车险的投保电话均有录音，车主可随时要求复查自己投保时的电话录音
通过电话投保的缺点	① 日常保单事宜和理赔需亲自办理 ② 电话投保易上当受骗。投保人需提防假冒投保电话，及遭遇假保单的危险

五、网上投保

网上投保是近几年发展起来的一种投保途径，并在未来的汽车保险销售中起着举足轻重的作用。

网上投保的优缺点见表3-10。

表3-10 网上投保的优缺点

优缺点	具体表现
网上投保的优点	网上投保简单、快捷，直接上网就可以操作，可在线直接支付保费。大大降低沟通成本，并且网上购买保险会有一定的优惠。目前，很多网上投保站点都会有相当不错的优惠折扣提供给客户，而且有部分站点允许投保人利用自己手头上的积分换取相当丰厚的礼品
网上投保的缺点	网上投保是人与机器的对话，不是人与人的沟通，所以需提防冒牌网站伪装成保险公司电子商务网站；并且，客户需要对保险条款很熟悉，否则需要采取其他方式来进行咨询

单元三 选择保险公司

随着我国金融业的发展，各种保险公司如雨后春笋般地现身市场，其中既有国有保险公司，又有股份制保险公司和外资保险公司。这使得投保人有了很大的选择余地，但同时也面临着更多的困惑。同时，各家保险公司都有自己的特点，如何选择一个经济实惠、信誉好、手续简单、理赔方便的保险公司，对车主来说至关重要。于是，各家保险公司纷纷向客户介绍自己的强势之处，突出自己的优势，如图3-3所示。

图3-3 保险公司突出自己的优势

消费者在选择保险公司的时候可以参考以下标准。

一、偿付能力

偿付能力是保险公司的经营是否值得信任的最重要的指标。一般来讲，公司的资本金越多，偿付能力越强，因为资金的运用能力和投资回报率与偿付能力成正比。另外，公司股东的实力越强，经营状况越好，偿付能力越强。保险公司的偿付能力是一种支付保险金的能力，表现为实际资产减去实际负债后的数额。保险公司的偿付能力是影响公司经营的最重要因素，具备良好的偿付能力，保险公司就可以保证在发生保险事故的情况下，有足够的资金向被保险人支付保险金，保证保险公司的正常经营。近些年就曾有几家保险公司因偿付能力不足而被保监会禁止开办新的分公司。所以，投保人在选择保险公司时要考虑其偿付能力。

二、汽车保险的具体险种

车主应当选择能为客户量身打造人性化产品的保险公司。不同的保险公司，同样产品的价格可能不同，同等保费的保障范围和保障时间也会有所不同。投保人在投保时要看清楚这些细节，更需特别注意不赔偿的范围，应当选择不赔偿范围小的保险公司。

三、售后服务质量

选择保险公司时，要从两个方面注意其服务质量：一是从保险公司代理人那里所能获得的服务，二是从保险公司那里所能获得的服务。能否提供便捷的售后服务是选择保险公司的关键。保险公司服务质量的高低直接决定了投保人在理赔时获得的权益，所以咨询、预约、报案、投诉、救援和回访等多种服务项目质量的好坏也是选择保险公司时需要考虑的。很多客户投保时往往比较倾向于选择老牌公司，而根据市场情况显示，许多新兴公司往往更注重品牌建设与服务品质。所以车主朋友在选择保险公司时，可多渠道询问，并注意了解当地保险监管机构的信息公示，这样将更有利于做出正确的选择。

四、保险公司的规模

汽车保险比较特殊，因为车辆的流动性大，出险地点也很难确定，所以要想随时得到最快的理赔服务，就要求承保的公司覆盖面广，能实现异地索赔和异地定损赔偿。因此，投保人要选择规模比较大的公司，确保其能实现全国联网服务。我国现在有很多较大型的保险公司均可提供广泛的全国服务。

单元四　制订汽车保险险种方案

汽车保险的险种很多，在选择险种的时候，投保人要看看哪一个险种更适合自己。五花八门的险种常常会让新购车的车主眼花缭乱，无所适从，如图 3-4 所示。按规定，在汽车保险的诸多险种中，机动车交通事故责任强制保险任何车辆都必须投保。其他险种则在很大程度上依赖于车主的自身情况，车主可根据自己的经济实力与实际需求有选择地进行投保。

图 3-4　汽车保险的众多险种

汽车保险的险种较多，消费者可以根据自己的实际情况来确定投保哪些险种，并设计出适合自身需求的险种方案。本单元特别推荐以下 5 个机动车辆保险方案。

一、最低保障方案

最低保障方案见表 3-11。

表 3-11　最低保障方案

险种组合	机动车交通事故责任强制保险
保障范围	只对第三者的损失负赔偿责任
适用对象	急于上牌照或通过年检的车主，适用于那些怀有侥幸心理、认为上保险没用的车主或急于拿保险单去上牌照或验车的车主
优点	车辆投保该险后，才可以上牌照或验车
缺点	一旦撞车或撞人，对方的损失能得到保险公司的一些赔偿，但是自己的损失只能自己负担

二、基本保障方案

基本保障方案见表 3-12。

表 3-12　基本保障方案

险种组合	机动车交通事故责任强制保险 + 车辆损失险 + 第三者责任险
保障范围	只投保基本险，不投保任何附加险
适用对象	有一定经济压力的个人或单位
优点	必要性最高
缺点	不是最佳组合，最好加入不计免赔特约条款

三、经济保险方案

经济保险方案见表 3-13。

表 3-13　经济保障方案

险种组合	机动车交通事故责任强制保险 + 车辆损失险 + 第三者责任险 + 不计免赔特约条款 + 全车盗抢险
适用对象	个人，是精打细算的最佳选择
优点	最有价值的险种，保险性价比最高；人们最担心的丢失和 100% 赔付等大风险都有保障，保费不高但包含了比较实用的不计免赔特约条款
缺点	仍不是最佳组合，不能得到全面保障

四、最佳保障方案

最佳保障方案见表 3-14。

表 3-14　最佳保障方案

险种组合	机动车交通事故责任强制保险 + 车辆损失险 + 第三者责任险 + 车上人员责任险 + 风窗玻璃险 + 不计免赔特约条款 + 全车盗抢险
适用对象	一般公司或个人
优点	在经济投保方案的基础上，此组合加入了车上人员责任险和风窗玻璃险，使乘客及车辆易损部分得到了安全保障。此组合投保了价值大的险种，不花冤枉钱，物有所值
缺点	不是最全面的组合，不能得到全面保障

五、完全保障方案

完全保障方案见表 3-15。

表 3-15 完全保障方案

险种组合	机动车交通事故责任强制保险＋车辆损失险＋第三者责任险＋车上人员责任险＋风窗玻璃险＋不免赔特约险＋新增加设备损失险＋自燃损失险＋全车盗抢险
适用对象	一般公司或个人
优点	投保全险，居安思危方才有备无患。能保的险种全部投保，可从容上路，不必担心交通所带来的种种风险。投保的人员不会因为少投保某一个险种而得不到赔偿，承担投保决策失误的损失
缺点	投保全险的保费较高，某些险种出险的概率非常小

单元五　制订汽车保险投保方案

投保方案的设计要有一定的顺序，一步一步地进行，具体投保方案设计流程如图 3-5 所示。

一、确定保险需求

投保人在投保前，确定保险需求是非常重要的事情。根据车辆自身以及使用的特点，量身打造投保组合，既能省钱又能提供足够的保障。

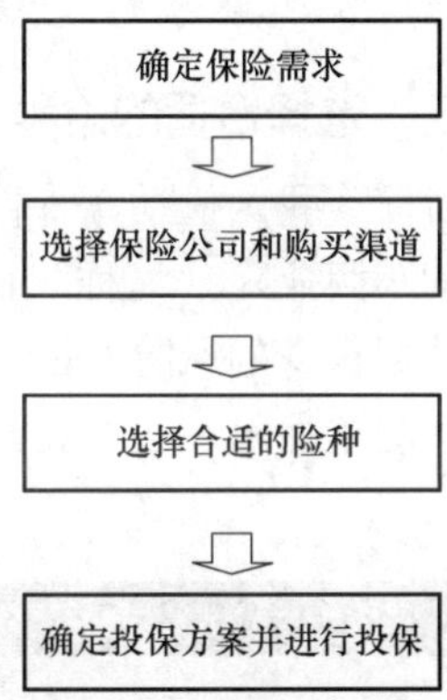

图 3-5　投保方案设计流程图

1. 车辆本身的特点

车主确定保险需求时要结合车辆自身的特点。例如，某车系的车丢失率高；新上市车型、保有量较小、车型维修成本较高；老旧车型因长期使用，电路老化，自燃风险较大；是否在原车上加装、改装过配置，比如改装氙气大灯，加装原厂配置以外的设备等，因为这些加装或改装设备在车辆损失险中是不赔付的。

2. 用车习惯

要考虑车主是规范驾车，还是经常并线、超车，或者酒后驾车；平时是否注意车辆的保养、维修。要知道，车况不佳的车辆发生交通事故的风险会增加。还要考虑开车的主要用途是什么。仅用于上下班代步的车辆，发生事故的风险要远远小于常常出外郊游的车辆。良好的用车习惯可以降低风险，减少事故的发生，从而节省保险费。

3. 停车区域

停放在小区收费的固定车位的车辆丢失及被划伤的可能性较小。并且，如果发生上述事故，小区会负责赔偿。而在无人看管的停车场，发生车身被划伤的可能性较大。

> 特别提示：
> 通过对车辆停放期间的风险分析，以及对风险一旦发生是否有人承担责任等因素的综合考虑，车主可确定是否需要投保全车盗抢险、车身划痕损失险等相关险种。

4. 车主不愿意承担哪些风险

由于存在发生车辆或者车辆使用给他人造成损失的风险，车主应该考虑哪些风险本人不愿意承担，是否愿意去转嫁这个风险，以及能够承受多少转嫁成本。

车主根据本人的风险承受能力，再综合转嫁风险需要支出的费用，最后确定需要投保哪些险种、保险金额和责任限额等问题。

二、选择保险公司和购买渠道

1）选择自己认可的保险公司。

> **特别提示：**
> 选择保险公司时考虑的要素见本任务中单元三所介绍的知识。

2）结合自己的实际情况，选择投保途径。

> **特别提示：**
> 选择哪种投保途径见本任务中单元二所介绍的知识。

三、选择合适的险种

目前，我国机动车保险分为两大类，即机动车交通事故责任强制保险（简称交强险）和机动车商业险（简称“商业险”）。交强险是强制投保的，商业险则可自由选择投保。车主可根据自身的风险特征，如机动车种类、使用特点、驾驶习惯、安全意识等，选择个人所需的机动车保险。各种类机动车保险的保障范围见表 3-16。

表 3-16 各种类机动车保险的保障范围

<table>
<tr><th colspan="2">主要险种及险别名称</th><th>保障范围</th></tr>
<tr><td colspan="2">机动车交通事故责任强制保险</td><td>被保险人（一般为车主）在使用被保险机动车的过程中发生交通事故，致使受害人遭受人身伤亡或者财产损失，依法应当由被保险人承担的损害赔偿责任，保险公司按照交强险合同的约定在赔偿限额内负责赔偿。本险种具有“无责赔付”的保障功能</td></tr>
<tr><td rowspan="4">机动车商业保险</td><td>商业机动车第三者责任险</td><td>在使用被保险机动车的过程中发生意外事故，致使第三者遭受人身伤亡或者财产直接损毁，依法应当由被保险人承担的损害赔偿责任，保险公司依照保险合同的约定，对于超出机动车交通事故责任强制保险各分项赔偿限额以上的部分负责赔偿。本险种可以单独进行投保</td></tr>
<tr><td>车辆损失险</td><td>在使用被保险机动车的过程中，因碰撞、倾覆、坠落、火灾、爆炸等原因造成被保险机动车的损失，保险公司依照保险合同的约定负责赔偿。本险种可单独进行投保</td></tr>
<tr><td>车上人员责任险</td><td>在使用被保险机动车的过程中发生意外事故，致使车上人员遭受人身伤亡，依法应当由被保险人承担的损害赔偿责任，保险公司依照保险合同的约定负责赔偿。本险种可以单独投保</td></tr>
<tr><td>盗抢险</td><td>被保险机动车被盗抢、抢劫、抢夺的全车损失，以及全车被盗抢、抢劫、抢夺后，受到损坏或车上零部件、附属设备丢失需要修复的合理费用由保险公司依照保险合同的约定负责赔偿。本险种可单独投保</td></tr>
</table>

（续）

主要险种及险别名称		保障范围
机动车商业保险	自燃损失险	本险种是车辆损失险附加险，被保险机动车因电器、线路、供油系统、供气系统故障或所载货物自身原因起火燃烧造成本车的损失以及施救费由保险公司依照保险合同负责赔偿
	玻璃单独破碎险	本险种是车辆损失险附加险，若被保险机动车风窗玻璃或车窗玻璃单独破碎，由保险公司依照保险合同负责赔偿
	车身划痕险	本险种是车辆损失险附加险，指被保险无明显碰撞痕迹的车身划痕损失，由保险公司依照保险合同负责赔偿
	发动机特别约定险（涉水险）	本险种是车辆损失险附加险，被保险机动车因雨天行驶造成发动机进水损坏，由保险公司依照保险合同的约定负责赔偿
	不计免赔率特约条款	经特别约定，保险事故发生后，按照对应投保的险种规定的免赔率计算的、应当由被保险人自行承担的免赔金额部分，保险公司负责赔偿

如果能保的险种全部保齐，那么被保险人得到的保障就最全面。但因为保险是按险种及保额的不同收费，所以投保的险种越多，所需的保险费也越多。因此，车主根据车型的不同，结合自身的需要，选择部分需要的险种投保也是一种合理的方式。对于私家车车主来讲，最好根据自身情况有选择地投保必要的险种，以达到花最少的钱买到最大的保障的目的。

四、确定险种组合方案

车主可以结合自身需求，确定险种组合；也可以参照单元四中的机动车辆保险方案，认为哪个方案符合自己要求就选哪一个。

【任务实施】

学生分组

以6~8人为1组，再由2人构成1小组，1人扮演车主张先生，1人扮演汽车保险销售人员。

训练方式

要求每组设计一份汽车保险方案，然后每组派一名学生代表本组进行展示，其他小组对其方案和代表的表现进行点评和打分。

考核要点

1. 能否结合客户实际情况分析客户及其车辆所面临的损失。
2. 能否为客户选择正确的投保途径。
3. 对各家保险公司的分析是否客观和准确。
4. 所选的险种方案是否具有可实施性。
5. 保险方案的设计是否合理，是否符合被保险人的要求。

考核方式

情景模拟，小组互评，教师点评。

汽车保险投保方案考核。

汽车保险投保小常识

投保的四大注意事项

注意事项一：保障要充分

有些车主为了节省保费，在投保了交强险之后，想少投保几项保险，或只投保车损险，不投保商业机动车第三者责任险；或者只投保主险，不投保附加险等。其实，各险种都有各自的保险责任，如果保障不全，当车辆出险时，保险公司只能依据当初订立的保险合同承担保险责任并给予赔付，而车主的其他损失就得不到赔偿。例如：商业机动车第三者责任险10万的保险费金额只比三者责任险5万的保险费金额多交100多元，可赔付金额就翻了一倍。

注意事项二：注意及时续保

有些车主在保险合同到期后未能及时续保，这样会导致不好的后果——万一车辆就在这几天出了事故，保险公司是不负责赔偿的。

注意事项三：认真审验保险单证

当接到保险单证时，一定要认真审验保险单证的真伪和信息是否正确。

1）查看单证是否采用无碳复写纸打印并加盖保险公司业务专用章。

2）比对车辆行驶证上面的信息是否与保险单证相符，重点查看被保险人、车型、车号、发动机号、车架号、险种和保险期限，如有错漏应立即提出并更正，以免后期在理赔过程中产生不必要的麻烦。

3）可以拨打各保险公司的客户服务电话进行保单验真。

注意事项四：保险卡或保险单应随车携带

一旦车辆发生保险事故，报案时需要提供车牌号、保单号等信息，因此保险单证应随车携带。需特别注意，根据交管部门规定，交强险的保险标志要贴在车辆风窗玻璃的右上角。

购买车险的五大优先原则

原则一：优先购买足额的第三者责任保险

在所有的汽车保险险种中，第三者责任保险最为重要。毕竟，汽车毁了可以不再开车，但是，对他人的赔偿是免除不了的。因此，购买汽车保险时应该将保持赔偿他人损失的能力放在第一位。要把第三者险保足。

原则二：第三者责任保险的责任金额要参考所在地的赔偿标准

全国各个地方对事故第三者的赔偿标准是不一样的，按汽车保险赔偿的最高标准计算，如果在交通事故中死亡1人，深圳的最高赔偿可达到150万元，而北京的最高赔偿可能也有80万元。举例来说：如果在2008年，车主在一次交通事故中负全部责任，因事故死亡1人，死者30岁，北京城市户口，其赔偿计算如下：

1）死亡赔偿金约40万元。计算方法：死亡赔偿金按照受诉法院所在地上一年度城镇居民人均可支配收入或者农村居民人均纯收入标准，按20年计算。2007年，北京城市居民人均年可支配收入达到19 978元；农村居民人均纯收入8 620元。死亡补偿金为19 978×20＝约40万元。

2）如果死者有一名1岁的小孩，其抚养费需支付到18岁。

3）如果死者有需要赡养的老人，需要支付赡养费。

上述三项加起来大致为60万左右。

原则三：买足车上人员险后，再购买车损险

建议没有投保过其他意外保险和医疗保险的车主，给自己投保一个10万元的司机险，可作为医疗费用。

如果乘客乘坐机会多，乘客险可以投保车上人员险金额多些，例如5万～10万/座，是对家人和乘客负责。如果乘客乘坐机会少，每座投保1万元就比较经济。

原则四：购买三者险、司机和乘客座位责任险和车损险的免赔险

此项只是多交一点保险费，但出险时可得到更全面的保障。

原则五：其他险种（盗抢险、玻璃险、自燃险、划痕险）**可结合自己的需求购买**

在汽车风险中，盗抢险、玻璃险、自燃险、划痕险等其他险种，相对于上述四项原则中提及的风险，不会对家庭和财务导致过于严重的影响。因此，建议车主根据需求来购买。应该在保证前四项原则情况下，再考虑其他险种。

投保车险的六大误区

误区一："全险"即什么都保

关于"全险"，目前在行业中尚未有规范化的定义。首先，目前与汽车相关的保险全部加起来共30多种，而保险范围越广意味着保费越高。对于大部分车主来说，这么高的保费是很难承受的。其次，就汽车保险来说，不同车型、车辆种类、车价、驾龄等因素，都影响着保险公司是否承保。因此，即使是说"全险"，也是视具体情况而定的。

误区二：重复保险可以获得多重保障

《保险法》中对重复保险是这样定义的："重复保险是指投保人对同一保险标的、同一保险利益、同一保险事故分别向两个以上保险人订立保险合同的保险。"保险的最基本原则之一是补偿原则，这决定了保险只是对未来风险的一种经济补偿，并非营利手段。被保险人（车主）所获得的赔偿不会超过其所受的损失，不会因保险而获得额外的利益。机动车发生损失后，保险公司只能在损失范围内给予赔偿。因此对于机动车投保人来说，并不是投保越多越好，重复投保是无效的。

误区三：投保不计免赔特约险什么都赔

投保了不计免赔特约险以后，发生保险事故时，保险公司会根据车主所购买的不同险种，按规定取消部分的免赔额度。但仍有部分例外情况，无论是否投保了不计免赔险种，保险公司仍会保留免赔的额度，如：违反载客规定、超出行驶区域等情况。

误区四：车辆超额投保可以获得更多赔偿

超额投保是指保险金额高于新车购置价。有些车主，明明车辆价值10万元，却投保了15万元的保险，认为多花钱就能多赔付；而有的车价值20万元，车主却只投保了10万元。这两种投保都不能得到有效的保障。依据《保险法》规定：保险金额不得超过保险价值，超过保险价值的，超过部分无效。保险金额低于保险价值的，除合同另有约定外，保险公司按照保险金额与保险价值的比例承担赔偿责任。所以，超额投保或不足额投保都不能获得额外的利益。

误区五：买了自燃损失险，车辆着火一定赔

自燃损失险是负责赔偿保险车辆因本车电器、线路、供油系统发生故障及运载货物自身原因起火燃烧，造成保险车辆损失；而由于外界火灾导致车辆着火的，不属于自燃损失险责任范围。虽然车辆发生自燃的概率相对较小，但却往往导致严重的经济损失。因此，在条件许可的情况下，建议车主投保自燃损失险。

误区六：买了车辆损失险，有任何损坏都能赔

保险公司的车损险条款一般在责任免除中都会明确：对标准配置以外新增设备的损失，保险公司不负责赔偿。例如，车内的真皮座椅、CD机等不是随车产品，是属于另装的新增设备，所以不在车辆损失险的保障范围之内。如果车主希望在爱车中的新增设备发生损失后得到赔偿，就要加保附加新增设备损失保险。

项目二 汽车保险承保

学习引导

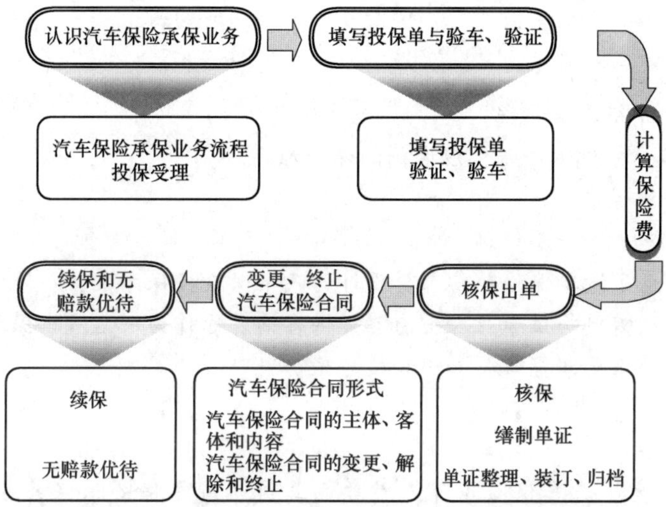

任务四 认识汽车保险承保业务

【知识目标】

1. 理解汽车保险承保的流程。
2. 了解承保受理业务的内容。
3. 掌握最大诚信原则的内容。
4. 掌握保险利益原则的要求。

【能力目标】

1. 能够为客户介绍承保流程。
2. 能够帮助客户分析承保时候应遵循的保险原则。

【任务描述】

客户张先生同意了汽车保险销售人员设计的汽车保险投保方案，但他对投保的一些要求还不是特别懂，特别需要一位专业人士为其提供咨询。你作为一名汽车保险承保人员，要想为张先生提供服务，需要掌握哪些知识和技能呢？

【任务分析】

要想帮助张先生，汽车保险承保人员要向其讲解汽车保险承保的业务流程，让张先生对保险业务有更多的了解，以增加他对保险公司的信任。特别值得注意的是，承保人员要告知张先生投保时必须遵守的最大诚信原则和保险利益原则，并说明其投保时需要携带的单证。解决上述问题所需要的知识和技能可以通过对以下各单元的学习而获得。

单元一 汽车保险承保业务流程

汽车保险是通过业务承保、收取保费、建立保险基金进行的。保险公司雄厚的保险基金的建立和给付能力的加强，有赖于高质量的业务承保。因此，业务承保是汽车保险经营中的首要问题。这里所说的业务承保其实是一个广义的概念，它包括业务争取——营销、业务选择——核保、做出承保决策及缮制保单以及收取保险费的全过程。

重要知识：

汽车承保是指投保人提出投保请求，保险人经审核认为符合承保条件，即同意接受投保人的申请，承担保险合同规定的保险责任的行为。

一、汽车保险承保工作的具体流程

汽车保险承保工作的具体流程包括以下步骤，如图4-1所示。

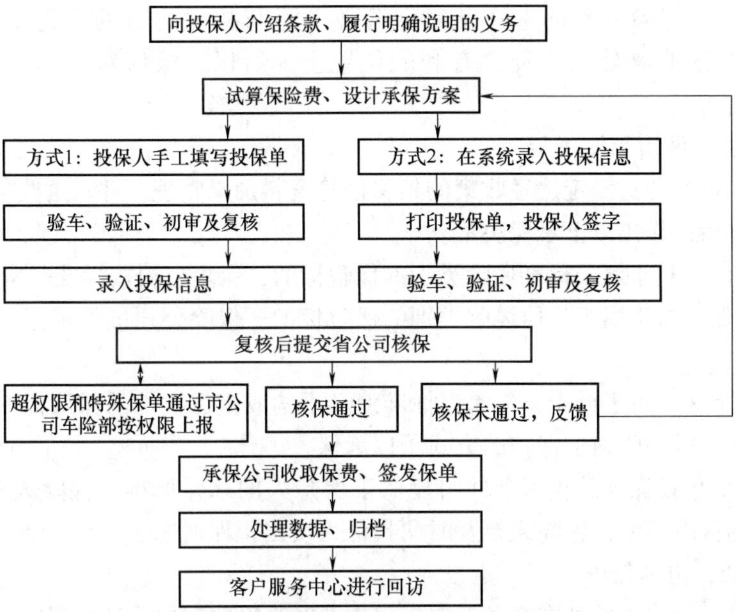

图 4-1 汽车保险承保工作的具体流程

上图是汽车保险的承保业务流程，用文字可以概括为以下几点：

① 承保人员向投保人介绍条款、履行明确说明的义务。

② 承保人员协助投保人计算保险费、制定保险方案。

③ 承保人员提醒投保人履行如实告知的义务。

④ 投保人填写投保单。

⑤ 承保人员验车、验证，确保保险标的的真实性。

⑥ 承保人员将投保信息录入业务系统（系统即产生投保单号），复核后通过业务系统提交给核保人员核保。

⑦ 核保人员根据公司的核保规定，并通过业务系统将核保意见反馈给承保公司。核保通过后，业务人员收取保费、出具保险单，若需要送单，则由送单人员递送保险单及相关单证。

⑧ 承保完成后，承保人员需进行数据处理，客服人员需进行客户回访。

二、汽车保险承保的内容及基本要求

1. 业务争取，指导投保人填写投保单

争取汽车保险业务，不断扩大承保面，是每一个汽车商业保险企业经营的客观要求，也是发挥保险企业的作用、为社会提供安全保障的必要条件。根据“大数法则”要求，承保面越大，危险就越分散，经济也就越趋于稳定。因此，汽车保险人要重视业务的争取，认真指导投保人填写投保单。

2. 业务选择，对业务进行核保

在汽车保险人通过各种努力，不断提高业务“量”的同时，也要重视业务“质”的选择。提高承保质量、保持经营稳定、追求经济效益是商业保险公司经营的要点。只承保那些“只收取保费，不必履行给付义务”的保险是不现实的想法，也不是保险

企业经营的宗旨。保险业务的选择及对保险业务进行核保的目的是为了使保险人在承担危险责任的时候能够处于主动、有利的位置上。所以，核保对汽车保险业务来说是至关重要的环节。

3. 接受业务，做出承保决策

保险承保人员对通过一定途径收集的核保信息资料加以整理，并对这些信息经过承保选择和承保控制之后，作出以下承保决策：

1）正常承保。对于属于标准风险类别的保险标的，保险公司按标准费率予以承保。

2）优惠承保。对于属于优质风险类别的保险标的，保险公司按低于标准费率的优惠费率予以承保。

3）有条件承保。对于低于正常承保标准但又不构成拒保条件的保险标的，保险公司通过增加限制性条件或加收附加保费的方式予以承保。

4）拒保。如果投保人的投保条件明显低于保险人的承保标准，保险人就会拒绝承保。对于拒绝承保的保险标的，保险人要及时向投保人发出拒保通知。

4. 收取保费，出具保单

交付保险费是投保人的基本义务，向投保人及时足额收取保险费是保险承保中的一个重要环节。为了防止保险事故发生后的纠纷，在签订的保险合同中要对保险费交纳的相关事宜予以明确，包括保险费的金额、交付时间以及未按时交费的责任。

承保人做出承保决策后，对于同意承保的投保申请，由签单人员缮制保险单或保险凭证，并及时送达投保人手中。

单元二 投保受理

保险企业的承保业务是相对投保人的投保业务而言的。车险投保是指投保人就标的车辆向保险人请求签订机动车保险合同的意愿。在投保人申请投保后，保险人要受理投保业务。在受理投保业务时要注意保险人和投保人应遵循最大诚信原则，并要求投保遵循保险利益原则。

一、投保人和保险人应遵循最大诚信原则

1. 最大诚信原则的含义

诚信就是指诚实、守信用。诚实是指当事人一方不得对另一方隐瞒与合同有关的事实，不得欺骗对方；守信用是指任何一方当事人都应全面、善意地履行合同规定的义务。任何一项民事活动都要求当事人应当遵循诚信原则，而在保险活动中，对当事人的诚信要求比一般的民事活动更高，因此被称为最大诚信原则。

重要知识：

最大诚信原则的含义：保险合同当事人订立合同及在合同有效期内，应依法向对方提供足以影响对方做出订约与履约决定的全部实质性重要事实，同时绝对信守合同订立的约定与承诺。否则，受到损害的一方，按民事立法规定可以此为由宣布合同无效，或解除合同，或不履行合同约定的义务或责任，甚至对因此而受到的损害还可要求对方予以赔偿。

2. 最大诚信原则的内容

(1) *履行如实告知义务* 最大诚信原则要求投保人如实地履行告知义务。投保人在投保时，应当将足以影响保险人决定是否承保、足以影响保险人确定保险费率或增加特别条款的重要情况，如实告知保险人。

告知的方式分为无限告知和询问告知两种。采用无限告知的方式时，只要事实上与保险标的有关的任何重要事项，不论保险人是否询问，投保人都有告知义务。美国、英国等国家有类似的规定。

我国《保险法》规定：订立保险合同，保险人就保险标的或者被保险人的有关情况提出询问的，投保人应当如实告知。

明确了保险人所询问的事项为重要事项，对询问以外的事项，投保人或者被保险人不必告知，此种方式即询问告知。我国汽车保险实务中一般以投保单为限，即投保单中询问的内容，投保人必须如实填写，告知的内容通常包括车辆情况、使用情况、驾驶人情况等，除此之外，投保人不必告知。

《保险法》第十六条规定：投保人故意或者因重大过失未履行前款规定的如实告知义务，足以影响保险人决定是否同意承保或者提高保险费率的，保险人有权解除合同。

自保险人知道有解除事由之日起，超过30日不行使而消灭。自合同成立之日起超过两年的，保险人不得解除合同；发生保险事故的，保险人应当承担赔偿或者给付保险金的责任。

投保人故意不履行如实告知义务的，保险人对于合同解除前发生的保险事故，不承担赔偿或者给付保险金的责任，并不退还保险费。

投保人因重大过失未履行如实告知义务，对保险事故的发生有严重影响的，保险人对于合同解除前发生的保险事故，不承担赔偿或者给付保险金的责任，但应当退还保险费。

保险人在合同订立时已经知道投保人未如实告知的，保险人不得解除合同；如发生保险事故，保险人应当承担赔偿或者给付保险金的责任。

保险事故是指保险合同约定的保险责任范围内的事故。

(2) *履行说明义务* 最大诚信原则要求保险人认真地履行说明义务。保险人格式条款的提醒义务是保险最大诚信原则的要求。保险人应当就保险合同利害关系条款，特别是免责条款向投保人明确说明。保险人的说明义务是由保险合同的性质决定的。保险合同为附和合同，其内容由保险人单方拟订，而投保人或被保险人几乎没有参与的机会，只能对保险条款表示同意与不同意，也无修改的权利，投保人在订立保险合同时处于弱势地位。同时，保险条款集专业性、技术性及科学性为一体，未经专门研究和学习是难以理解的。合同既然是双方当事人意思表示一致的结果，如果一方不明白合同内容就作出承诺，应视为合同当事人意见未达成一致，未达成合意的条款不能产生法律效力，如果构成重大误解或显失公平，当事人可以请求撤销合同。所以，在订立合同时，保险人应就保险合同的内容向投保人进行明确的说明和必要的解释。如果保险人在订立保险合同时，没有就一些条款进行明确的说明和必要的解释，保险人应承担一定的法律后果。

《保险法》第十七条规定：订立保险合同，采用保险人提供的格式条款的，保险人向投保人提供的投保单应当附格式条款，保险人应当向投保人说明合同的内容。对保险合同中免除保险人责任的条款，保险人在订立合同时应当在投保单、保险单或者其他保险凭证上作出足以引起投保人注意的提示，并对该条款的内容以书面或者口头的形式向投保人做出明确说明；未作提示或者明确说明的，该条款不产生效力。

（3）*履行保证义务* 这里的保证，是指投保人向保险人作出承诺，保证在保险期间遵守作为或不作为的某些规则，或保证某一事项的真实性。这也是最大诚信原则对投保人的要求。

保证是人对事情的作为或不作为所作的承诺。在保险合同中，作为合同生效先决条件的保证，指被保险人承诺不因他的作为或不作为使保险标的的危险程度增加。保证事项一般都是重要事项。例如，配备ABS[㊀]的汽车发生保险事故的概率有所降低，从而享受较优惠的费率。因此，被保险人应该保证在保险期内被保险车辆ABS处于良好状态，否则就是违反了保证。被保险人也不得在驾驶车辆内携带易爆物品，如果携带易爆物品就是违反了保证。

保证按照是否把保证条款写于合同中可以分为明示保证和默示保证，二者的具体区别见表4-1。

表4-1 明示保证和默示保证的区别

明示保证	明示保证一般以特约条款或附贴条款载于保险单内，或者以口头方式承诺。明示保证又分为承诺保证和确认保证两类。如果被保险人保证的事情现在如此，将来也必须如此，那么这种保证称为承诺保证。比如，机动车辆保险条款中列明："被保险人及其驾驶员应当做好保险车辆的维护、保养工作，保险车辆装载必须符合规定，使其保持安全行驶技术状态。"承诺保证一般在保险单中以条款的形式出现。如果被保险人保证的事情现在如此，将来不一定如此，则称为确认保证。这种保证有时以书面形式出现在保险单中，有时仅仅以口头形式表示确认
默示保证	默示保证是根据习惯或惯例认为被保险人应该采取或不应该采取某种行为的事实。默示保证是在保险单内虽无文字规定，但一般按国际惯例必须遵循的准则，被保险人应在保险实践中遵守的习惯上或社会公认的规则，如要求被保险的车辆必须能够正常行驶。默示保证一般适用于海上保险

无论是明示保证还是默示保证，都对被保险人有约束作用，其法律效力是完全相同的。违反保证的行为可以导致的后果有两种情况：一是保险人不承担赔偿或给付保险金的责任；二是保险人解除保险合同。

例如，某家银行投保火险附加盗窃险，并在投保单上写明24小时有警卫值班，保险公司予以承保并以此作为减少保费的条件。后银行被窃。经调查，某日的24小时内，有半小时警卫不在岗。因此，保险公司拒绝承担赔偿责任，理由是该银行违反了保证，而保证是保险合同的一部分，违反了保证，就意味着违约，保险人可以解除保险合同，或宣布保险合同无效，在发生保险事故时不承担赔偿保险金的责任。

（4）*弃权和禁止抗辩* 所谓弃权，是指保险人放弃法律或保险合同中规定的某项权利，如拒绝承保的权利、解除保险合同的权利等。构成弃权须具备两个条件：一是保险人必须知悉权利的存在，而知悉权利的存在，原则上要以保险人确切知情为准，如果保险人不知道有违背约定义务的情况以及因此享有的权利，其作为或不作为不能视为弃权；二是保险人必须有明示或默示弃权的意思表示。保险人弃权的意思表示，可以从其行为中推定。例如，投保人没有按期缴纳保险费，或违背其他约定义务，保险人即获得了解除合同的权利。如果

㊀ ABS的英文全称为Anti-lock Braking System，中文译为防抱死制动系统。

保险人继续收取投保人逾期缴纳的保险费，即足以证明保险人有继续维持合同效力的意思表示，保险人本享有的合同解除权和抗辩权视为抛弃。其他常见的弃权行为包括：保险人明知投保人和被保险人不符合承保条件而接受保险费的；知晓投保人和被保险人违反保险合同后，保险人没有声明保留权利或订立非弃权协议，而要求被保险人提供损失证明的；保险人在理赔过程中延误超过了合理时间的；保险人在知悉存在导致保险合同无效的条件后，仍将保险单送达投保人的。

禁止抗辩也称禁止反言，是指保险合同一方既然已经放弃他在合同中的某种权利，将来也不得再向他方主张这种权利。在保险实践中，禁止抗辩主要约束保险人。当投保人有明显的违约行为时，保险人有权解除保险合同，或者行使其他权利。若保险人放弃这些权利，就是一种弃权行为，以后保险人不能再就此行为主张权利，因为保险人受禁止抗辩的限制。

在保险实务中，弃权和禁止抗辩一般是针对保险人的权利而言，是对保险人及其代理人的行为进行限制。在相关司法实践中，法院也经常采用弃权和禁止抗辩规则处理保险合同纠纷。

《保险法》第十六条规定：前款规定的合同解除权，自保险人知道有解除事由之日起，超过30日不行使而消灭。自合同成立之日起超过两年的，保险人不得解除合同；发生保险事故的，保险人应当承担赔偿或者给付保险金的责任。

例如，在美国汽车保险中，行驶区域限制为美国和加拿大。如果投保人告诉了保险公司的代理人：被保险人将在投保后驾车到南美洲，且该代理人为了招揽业务，认为这个告知不影响合同的签订和费率。那么在合同订立后，被保险人驾车到南美洲并发生了意外，根据弃权和禁止抗辩规则，保险人当初放弃了对行驶区域的规定，不能抗辩以被保险人违反合同中关于行驶区域的规定而行使保险合同解除权，保险人必须偿付保险金。

3. 最大诚信原则在汽车保险实务中的运用

在目前的保险市场中，尤其在汽车保险业务中，保险骗赔的现象日益严重，违背最大诚信原则进行恶意违法的行为也很多。保险人在经营汽车保险时，要对车辆的风险因素有足够的认识，加强经营中的风险防范措施，最大限度地限制和打击保险欺诈活动。同时，投保人也应认真遵守最大诚信原则，以免给自己带来不必要的损失。

（1）承保时最大诚信原则对保险人的要求 保险人应向投保人介绍条款、履行明确说明义务，见表4-2。

表4-2 最大诚信原则对保险人的要求

交强险和商业险对保险人遵循最大诚信原则要求的共同规定	交强险要求保险人应重点告知的内容
依照《保险法》及监管部门的有关要求，保险销售人员要严格按照双方选择确定的保险条款（包括主险和附加险）向投保人说明投保险种的保障范围、赔偿处理、合同变更与终止等内容，特别要对责任免除、条款中容易发生歧义的内容及投保人、被保险人义务等条文进行明确说明。如需制定特别约定，对于特别约定的内容必须向投保人进行明确说明	向投保人明确说明，交强险各分项赔偿限额 向投保人明确说明，保险公司有关实行交强险的费率浮动规定 向投保人明确说明，保险人按照国务院卫生主管部门组织制定交通事故人员创伤临床诊疗指南和国家基本医疗保险标准审核医疗费用 告知投保人不要重复投保交强险，即使投保多份也只能获得一份保险保障 告知有风窗玻璃的车辆投保人应将保险标志贴在车内风窗玻璃的右上角；告知无挡风玻璃的车辆驾驶人应将保险标志随车携带 有条件地区，可告知投保人如何查询交通安全违法行为和交通事故记录

（续）

交强险和商业险对保险人遵循最大诚信原则要求的共同规定	交强险要求保险人应重点告知的内容
保险条款发生变更时，要向投保人解释清楚新旧条款的区别，主要说明增加了哪些保险保障、责任免除等 销售人员不得为了争取业务而有意对投保人进行误导，不得妨碍投保人履行如实告知的义务 签订机动车交通事故责任强制险合同时，业务人员不得强制投保人订立商业保险合同以及提出附加其他条件的要求 提醒投保人在保险合同有效期间内，若被保险机动车所有权发生转移，投保人应当及时通知保险人，并办理保险合同变更手续	告知投保人在投保交强险同时缴纳车船税，法定免税或有完税、免税证明的除外 告知投保人在签订保险合同时必须一次全额支付保险费，否则，不能够出具保险单及保险标志，保险人也不承担赔偿责任 告知投保人交强险与商业第三者责任保险在性质、保险责任、责任限额、赔偿处理、赔偿原则以及赔偿、承保顺序等方面的区别与联系 告知投保人，在其向保险人提出投保要求并如实告知重要事项后，因投保人不支付保险费造成保险人无法出具保险单的情况，不属于拒保行为 告知投保人签订机动车交通事故责任强制险合同时，不得在保险条款和保险费率之外，向保险公司提出附加其他条件的要求 告知投保人若发生投保机动车改装、加装、使用性质改变等导致危险程度增加而影响费率的事项变更时，投保人或被保险人应在5个工作日内告知保险人并办理批改手续，否则，保险人按照保单年度重新核定保险费 告知投保人交强险应准时续保，否则，公安交通管理部门将扣留机动车，并处罚投保人应缴纳保险费的两倍罚款，并将罚款交给救助基金管理，且断保期间不受保险保障

（2）***承保时最大诚信原则对投保人的要求*** 投保人也要遵循最大诚信原则，同时也要求保险人提醒投保人履行如实告知的义务并提供相关资料。

1）交强险和商业险的共同规定。为了确保投保单的内容真实、可靠，投保人在申请投保时，应提供一些资料，具体见表4-3。同时要求投保人准确提供联系电话、通信地址、邮政编码等联系方式，以便于保险人提供保险服务。

表4-3 投保人投保时应提供的资料

新保业务 需要提供的资料	续保业务 需要提供的资料
投保人为法人或其他组织的，需提供投保机动车行驶证、机动车登记证书、投保人的组织机构代码证和投保经办人身份证明 投保人为自然人的，需提供投保机动车行驶证和机动车登记证书 新车尚未取得行驶证的，需提供新车购置发票或出厂合格证，待车辆获得牌照号码办理批改手续时，再提供行驶证复印件 新车无行驶证和出厂合格证的，需提供机动车种类、厂牌型号、识别代码、发动机号、牌照号码（临时移动证编码或临时牌照号码）、使用性质 无车险信息平台地区的转保业务须提供机动车交通安全违法行为、交通事故记录等影响费率水平的资料 保监会规定的其他资料	投保人仅需提供投保机动车上年的违法记录

表4-3中的新保业务指首次在某公司投保交强险及商业保险的业务。若上年已在某公司投保商业保险，今年投保交强险不属于新保业务；上年已在某公司投保交强险，今年投保商

业保险也不属于新保业务。

表4-3中的续保业务指上年已在某公司投保交强险或商业保险的业务，今年再次在同一公司投保交强险或商业保险的业务。

2）交强险和商业险的特殊规定见表4-4。

表4-4 交强险和商业险的特殊规定

交强险的特殊规定	商业险的特殊规定
已经建立车险信息平台的地区，投保人按当地保监局以及行业协会制定的单证简化方法提交相关单证 尚未建立车险信息平台的地区，对于非新车新保强制保险的业务，需要提供上期交强险保险单原件或其他能证明上年已投保交强险的书面文件。“非新车新保”指机动车已使用，对投保人是续保，对承保公司是新保的业务 尚未建立车险信息平台的地区，投保人不能提供机动车上年交通安全违法行为、交通事故记录的，保险人不给予相应的费率优惠；已建立交通事故责任交强险信息平台的地区，根据信息平台记录的信息相应浮动费率 保险人应主动提示投保人：交强险合同解除时，应将保险单等相关单证交还保险人进行核销	约定驾驶人员时，需要提供约定驾驶人员的机动车驾驶证复印件 被保险人与车主不一致时，应提供由车主出具的、能够证明被保险人与投保机动车关系的证明或契约 对于未上牌照的机动车，要求投保人提供购车发票或固定资产入账凭证

二、投保人应遵循保险利益原则

1. 保险利益的定义及确立条件

（1）保险利益的定义 保险利益是指投保人对保险标的所具有的法律上承认的利益。它体现了投保人与保险标的之间存在的利害关系，倘若保险标的安全，投保人可以从中获益；倘若保险标的受损，投保人必然会蒙受经济损失。

例如，某人拥有一处房屋，如果房屋安全存在，他就可以居住，或者出租、出售来获得利益；如房屋损毁，他就无法居住，更谈不上出租、出售，经济上就要受到损失。正是因为他对自己拥有的房屋具有利害关系，他才会考虑房屋的安危，将房屋投保；而保险人也正因为他对这处房屋具有利害关系，才允许他投保。这就说明房屋的所有人对其所拥有的房屋具有保险利益。

（2）保险利益的确立条件 保险利益是保险合同是否有效的必要条件。确认某一项利益是否构成保险利益必须具备三个条件，具体见表4-5。

表4-5 保险利益的确立条件

确立条件	条件详解
保险利益必须是合法的利益	保险利益必须是被法律认可并受到法律保护的利益，它必须符合法律规定，符合社会公共利益。它产生于国家制定的相关法律、法规以及法律所承认的有效合同。对于不法利益，如盗窃、诈骗、走私等非法手段取得的财产或不当得利而取得的财产，均无保险利益，即使签订了保险合同，保险合同也无效

（续）

确立条件	条件详解
保险利益必须是确定的利益	保险利益必须是已经确定或者可以确定的利益，包括现有利益和期待利益。已经确定的利益或者利害关系为现有利益，如投保人对已经拥有的财产的所有权、占有权、使用权等而享有的利益即为现有利益。尚未确定但可以确定的利益或者利害关系为期待利益，这种期待利益必须建立在客观物质基础上，而不是主观臆断、凭空想象的利益如预期的营业利润、预期的租金等属于合理的期待利益，可以作为保险利益
保险利益必须是经济利益	保险利益应为经济上有价的利益。由于保险保障是通过货币形式的经济补偿或给付来实现的，如果投保人或被保险人的利益不能用货币来反映，则保险人的承保和补偿就难以进行。因此，投保人对保险标的的保险利益在数量上应该可以用货币来计量，无法以货币计量的利益不能成为可保利益。财产保险中，保险利益一般可以精确计量，对那些像纪念品、日记、账册等不能用货币计量其价值的财产，虽然对投保人有利益，但一般不作为可保财产。在人身保险中，一般情况下，人身保险合同的保险利益有一定的特殊性，只要求投保人与被保险人具有利害关系，就认为投保人对被保险人具有保险利益；在个别情况下，人身保险的保险利益也可以计量和限定，比如债权人对债务人生命的保险利益可以确定为债务的金额加上利息及保险费

2. 保险利益原则的含义

保险利益原则是指在签订并履行保险合同的过程中，投保人对保险标的必须具有保险利益。投保人以不具有保险利益的标的投保，保险人可单方面宣布合同无效；保险合同生效后，投保人失去对保险标的的保险利益，保险合同随之失效（人身保险合同除外）；保险标的发生保险责任事故，只有对该标的具有保险利益的人才具有索赔资格，但是所得到的赔偿或给付的保险金不得超过其保险利益额度，不得因保险而获得额外利益。

3. 各类保险中的保险利益

（1）财产损失保险的保险利益 财产保险中，凡因财产及其有关利益受损而遭受损失的投保人，对其财产及有关利益具有保险利益。财产损失保险的保险利益可以归纳为几种情形，见表4-6。

表4-6 财产损失保险的保险利益

投保人种类	保险利益
财产所有人、经营管理人	财产所有人、经营管理人对其所有的或经营管理的财产具有保险利益。例如，公司法定代表对公司财产具有保险利益；房主对其所有的房屋具有保险利益；货物所有人对其货物具有保险利益等
财产的抵押权人	财产的抵押权人对抵押财产具有保险利益。对财产享有抵押权的人，对抵押财产具有保险利益。抵押是债权的一种担保，当债权不能得以清偿时，抵押权人有从抵押的财产价值中优先受偿的权利。但是，在抵押贷款中，抵押权人对抵押财产所具有的保险利益只限于他所贷出款项的额度，而且，在债务人清偿债务后，抵押权人对抵押财产的权益消失，其保险利益也就随之消失

（续）

投保人种类	保险利益
财产保管人、货物承运人、承包人及承租人	财产保管人、货物承运人、各种承包人和承租人等对其保管、占用、使用的财产，在负有经济责任的条件下具有保险利益
经营者	经营者对其合法的预期利益具有保险利益，如因营业中断导致预期的利润损失、租金收入减少、票房收入减少等，经营者对这些预期利益都具有保险利益

（2）**人身保险的保险利益** 人身保险的保险标的是人的生命或身体。只有当投保人对被保险人的生命或身体具有某种利害关系时，才对被保险人具有保险利益。即，当被保险人生存及身体健康时才能保证其投保人应有的经济利益；反之，如果被保险人死亡或伤残，将使其投保人遭受经济损失。

重要知识：

我国2009年出台了新的《保险法》，其中第三十一条规定，投保人对下列人员具有保险利益：

1. 本人。
2. 配偶、子女、父母。
3. 前项以外与投保人有抚养、赡养或者扶养关系的家庭其他成员、近亲属。
4. 与投保人有劳动关系的劳动者。

除前款规定外，被保险人同意投保人为其订立合同的，视为投保人对被保险人具有保险利益。订立合同时，投保人对被保险人不具有保险利益的，合同无效。

（3）**责任保险的保险利益** 责任保险的保险标的是被保险人对他人的财产损失或人身伤亡依法（或依合同）应承担的民事损害的经济赔偿责任。因而，投保人与其所应负的民事损害赔偿责任之间的法律关系便构成了责任保险的保险利益。即，凡是法律、行政法规或合同所规定的应对他人的财产损失或人身伤亡负有经济赔偿责任者，都可以投保责任保险。责任保险主要有公众责任保险、产品责任保险、职业责任保险和雇主责任保险，具体见表4-7。

表4-7 责任保险的险种及说明

责任保险的险种	险种说明
公众责任保险	各种固定场所，如饭店、旅馆、影剧院、体育场馆等场所的所有人、管理人，对因固定场所的缺陷或管理上的过失及其他意外事件而导致的消费者等群体的人身伤害或财产损失，依法应承担的经济赔偿责任具有保险利益，可以投保公众责任保险
产品责任保险	产品的制造商、销售商和修理商对因其制造、销售和修理的产品有缺陷，而导致的用户或消费者的财产损失或人身伤害依法应承担的经济赔偿责任具有保险利益，可以投保产品责任保险

（续）

责任保险的险种	险种说明
职业责任保险	各类专业技术人员，如医师、药剂师、美容师、会计师、律师、建筑师等，对因其工作上的疏忽或过失造成他人财产损失或人身伤害的依法应承担的经济赔偿责任，具有保险利益，可以投保职业责任保险
雇主责任保险	雇主对其雇员在受雇期间因从事与职业行为有关的工作而患职业病或伤、残、亡等依法应承担医疗费、工伤补贴、家属抚恤等责任具有保险利益，可以投保雇主责任保险

(4) 信用保险的保险利益 信用保险的保险标的是各种信用行为。在经济交往中，权利人与义务人之间基于各类经济合同而存在经济上的利益关系。当义务人因种种原因不能履约时，会使权利人遭受经济损失。因此，权利人对义务人的信用具有保险利益，而义务人对自身的信用也具有保险利益。当权利人对义务人的信用有担心时，可以以义务人的信用为标的购买信用保险；权利人也可以要求由义务人以自己的信用为标的购买信用保险。一般而言，义务人大多是应权利人的要求而以其自己的信用为标的购买保险。如在债权债务关系中，债权人对债务人的信用具有保险利益，可以投保信用保险；而债务人对自身的信用也具有保险利益，如果债权人有要求，可以投保信用保险。再比如，制造商（卖方）对批发商（买方）的信用具有保险利益，雇主对雇员的信用具有保险利益，业主对承包商的信用具有保险利益，他们都可以投保信用保险。

4. 保险利益的时效

案例：

张某和李某签订了一个汽车转让合同，张某在转让汽车前为该车购买了商业保险，李某受让该车后还未通知保险人即发生了车祸导致该车报废，根据新保险法的规定，李某完全可以以自己对该车辆享有保险利益为由索赔，这样就很明确地保护了李某的合法权益。但这里要注意的是，李某购买这辆车后危险程度不能增加，对于危险程度增加造成的损失，保险公司是不承担赔偿的。

5. 保险利益原则在汽车保险实务中的运用

从保险利益角度出发，机动车辆主要有下列的保险利益关系，如图4-2所示。

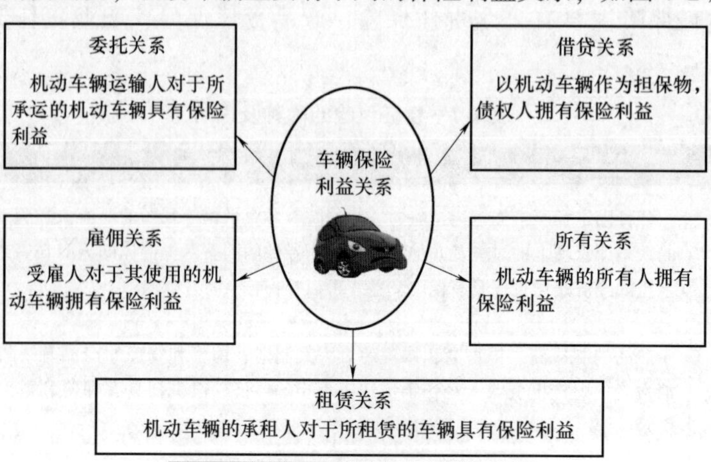

图4-2 机动车辆保险利益关系图

以上这些人可以为机动车投保车损险、道路交通事故责任强制险以及各种附加险。这种客观存在的确定利益包括现有利益和期待利益。已经确定的利益或者利害关系为现有利益，如投保人对已经拥有车辆的所有权、占有权、使用权等而享有的利益即为现有利益。尚未确定但可以确定的利益或者利害关系为期待利益，这种利益必须建立在客观物质基础上，而不是主观臆断、凭空想象的利益，例如，预期的营业利润。车辆停驶损失险、预期的租金等属于合理的期待利益，可以作为保险利益。

在汽车保险实务中，针对以前较为常见和突出的涉及可保利益的问题，2009 年的新《保险法》做了更加具体的规定。新《保险法》第 12 条第 1 款规定：人身保险的投保人在保险合同订立时，对被保险人应当具有保险利益。新《保险法》第 12 条第 2 款规定：财产保险的被保险人在保险事故发生时，对保险标的应当具有保险利益。新《保险法》第 48 条对财产险的规定：保险事故发生时，被保险人对保险标的不具有保险利益的，不得向保险人请求赔偿保险金。也就是说：只要发生事故时有保险利益，就可以索赔，没有保险利益就不能索赔。但它不强调在订立合同时有没有保险利益，合同是否有效。

同时，2009 年的新《保险法》对保险标的转让也做了具体的规定。

重要知识：

新《保险法》规定，转让保险标的，无须保险人同意，保险合同继续有效，被保险人的权利和义务由保险标的的受让人承继。但在保险标的的转让时，被保险人或者受益人仍有义务通知保险人，但这种通知义务通常不影响保险合同的效力，保险公司仍应该给予赔偿，保险标的的转让导致危险程度增加的情形除外。

这项规定强调的是保险标的转让导致危险程度增加的，被保险人或者受益人未及时通知保险人的，因转让导致保险标的危险程度显著增加而发生的保险事故，保险人不承担赔偿保险金的责任。

这样就解决了发生事故时被保险人与车辆所有人不吻合的问题。只要车辆的风险程度没有增加，汽车保险合同就有效，保险公司就应该承担赔偿责任。

【任务实施】

学生分组

以 6 ~ 8 人为 1 组，其中每两人再为 1 小组，1 人扮演车主张先生，1 人扮演汽车保险承保人员，进行即兴表演。

训练方式

每组选择一名优秀人员，代表本组和其他组代表进行 PK。

考核要点

1. 能够详细地为张先生介绍汽车保险承保流程。
2. 能够准确地告知张先生投保时需要携带的证件。
3. 能够帮助张先生分析最大诚信原则对投保人和保险人的要求。
4. 能够告知张先生哪些人对车辆有保险利益。

考核方式

情景模拟，小组互评，教师点评。

任务五 填写投保单与验证、验车

【知识目标】

1. 了解投保单填写方式。
2. 掌握投保单内容填写要求。
3. 掌握投保单录入规定。
4. 掌握验证、验车具体要求。

【能力目标】

1. 能够指导客户填写投保单。
2. 能够完成汽车保险验车、验证工作。

【任务描述】

张先生了解承保流程后，按照要求带全各种证件，并填写交强险和商业车险的投保单，但是在填写的过程中遇到了许多问题。你作为汽车保险承保工作人员应该指导张先生正确填写投保单，并对其车辆和各种单证进行审验，要想更好地完成上述任务，应该掌握哪些知识和技能呢?

【任务分析】

要想正确指导张先生填写投保单并对其车辆和单证进行审验，汽车保险承保工作人员必须掌握投保单填写方式；掌握投保单内容填写要求和投保单录入规定；掌握验证、验车具体要求。上述知识和技能可以通过对以下各单元的学习而获得。

单元一 填写投保单

投保人在投保过程中要填写投保单，而保险公司的业务人员（含代理人员）应指导投保人真实、准确地填写投保单的各项信息，并由投保人在投保单上签字或签章，不得空缺或代签。

一、投保单填写方式

1）投保人口述，由公司业务人员或代理人员录入业务处理系统，打印后由投保人签字或签章；投保人提供的资料复印件附贴于投保单背面。

2）投保人利用保险公司的电子商务投保系统、触摸屏等工具自助录入，打印后由投保人签字。

3）投保人手工填写后，签字并签章。业务人员或代理人员将投保人提供的资料复印件应附贴于投保单背面并加盖骑缝章。对于投保单上所列的项目，如果复印件上已载明，投保人就无需再填写。

4）对于在原承保公司续保的业务，如果车辆信息以及投保人、被保险人信息均未发生变更，投保单仅需填写上年保单号即可；信息发生变化的，仅需填写上年保单号和变更后的相关信息。

5）出具定额保险单和提车暂保单的投保人，无需填写“投保单”，但要求其必须在各联保险单上签字确认。填写商业险定额保险单和提车暂保单可不出具保险证。填写交强险定额保单要同时出具保险标志。

二、投保单使用要求

1）分散业务　投保单一般为“一车一单”。

2）多车业务　人工填写投保单可以使用附表形式（见表5-1）。填写时，投保人情况、被保险人情况、投保机动车种类、投保机动车使用性质及投保主险条款名称等共性的内容在投保单主页上填写，个性的内容填写《机动车辆保险投保单附表》，但填写规范与“一车一单”相同。如果上述共性的内容有一项有差别，均要另外启用一份投保单填写共性内容及其附表。

表5-1　中国人民财产保险股份有限公司机动车保险投保单附表

号牌号码	厂牌型号	VIN码	核定载客/核定	车辆初次登记日期	车辆种类	车辆损失险	第三者责任险	附加盗抢险	附加车上人员责任险	附加玻璃单独破碎险	不计免赔特约	
号牌底色	发动机号	车架号	载质量 排量/功率	已使用年限	是否投保新增设备	新车购置价/保险金额 保险费（元）	责任限额保险费（元）	保险金额保险费（元）	责任限额保险费（元）	国产/进口保险费（元）	特约险种名称保险费（元）	

例如，某企业投保20辆客车，投保人情况、被保险人情况、投保机动车种类及机动车使用性质均相同，但其中15辆车选择交强险、《非营业用汽车损失保险条款》和《第三者责任保险条款》投保，另外5辆车只选择交强险和《第三者责任保险条款》投保。此时，投保主险条款名称不同，要启用两份投保单，分别填写投保单主页和附表。但是在业务处理系统录入投保信息时，一定要“一车一单”。

三、投保单填写的特殊要求

1）填写投保单应仔细、认真，尽量避免出现涂改现象，保持投保单的清洁。

2）投保单在填写过程中出现错误必须改动时，应首先将错误内容用双横线划掉，然后紧接其后继续填写；如果在投保单填写完毕后发现错误，应首先用双横线将错误内容划掉，然后在上方空白处填写正确内容。投保人为个人的，应在改写处签字确认。投保人为单位的，应在改写处签章确认。

> **特别提示：**
>
> 一张投保单改写超过3处的，应作废重新填写。

3）保险人在向投保人提供投保单时，必须同时提供与投保车辆相对应的保险条款。

4）投保人为自然人，但不是由投保人办理投保手续时，或投保人为法人或其他组织时，应由投保人出具“办理投保委托书”，并载明“授权委托×××以本投保人名义办理××××××车辆的所有投保事宜”。投保人为法人或其他组织时，应在委托书上加盖单位公章；投保人为自然人时，应由投保人在委托书上签名并提供身份证明原件。办理投保的经办人应同时提供本人的身份证明原件。办理投保委托书、投保人身份证明复印件（为自然人时）及办理投保的经办人的身份证明复印件均要附贴在投保单背面。投保人为法人或其他组织时，如能在投保单上加盖单位公章，可不用提供委托书。

四、投保单内容填写要求

人工填写投保单时，投保单无阴影的部分由投保人填写，阴影的部分由业务人员填写。

1. 投保人情况

投保人是指与保险人订立保险合同，并按照保险合同负有支付保险费义务的人。投保人可以与被保险人不同。投保人情况需要填写的内容和要求见表5-2。

表5-2　投保人情况的填写内容和要求

填写内容	具体要求
投保人名称/姓名	投保人为法人或其他组织时，填写其全称（与公章名称一致）；投保人为自然人时，填写个人姓名（与投保人有效身份证明一致）。投保人名称一律填写全称，必须完整、准确，不得使用简称
投保机动车数	填写该投保人本次投保的所有机动车的辆数
联系人姓名	填写投保人或投保经办人的姓名
固定电话	填写投保人或投保经办人的固定电话号码；投保人为法人或其他组织时，应填写其常用联系电话，严禁用代理人的电话号码代替
移动电话	填写投保人或投保经办人的手机号码
投保人住所	投保人为法人或其他组织时填写其主要办事机构所在地；投保人为自然人时填写其常住地址，需要精确到门牌号码
邮政编码	填写投保人住所的邮政编码

2. 被保险人情况

被保险人是指其财产或者人身受保险合同保障，享有保险金请求权的人，被保险人可以为投保人。被保险人情况需要填写的内容和要求见表5-3。

表5-3　被保险人情况需要填写的内容和要求

填写内容	填写要求
“法人或其他组织”和“自然人”选项	只可选择一项。被保险人是单位时选择“法人或其他组织”，被保险人是个人时选择“自然人”。选择“法人或其他组织”时，应在其后的“名称”后填写其全称（与公章名称一致）；选择“自然人”时，应在其后的“姓名”后，填写个人姓名（与被保险人有效身份证明一致）。被保险人名称一律填写全称，必须完整、准确，不得使用简称
“组织机构代码”和“身份证号码”	被保险人为法人或其他组织时应填写被保险人的组织机构代码。被保险人为自然人时应填写被保险人的居民身份证号码。被保险人无居民身份证时，如：被保险人为军官、外国籍人员，应在投保单特别约定栏内注明被保险人的有效身份证明名称、证件号码及被保险人的性别和年龄

（续）

填写内容	填写要求
被保险人单位性质	被保险人为法人或其他组织时，投保人应填写被保险人的单位性质，只可选择其中一项
联系人姓名	为便于保险人与被保险人及时取得联系，被保险人为法人或其他组织时，应填写被保险人指定的联系人姓名；被保险人为自然人时，应填写被保险人的姓名
固定电话	填写被保险人常用的固定电话号码，严禁用代理人的电话代替
移动电话	被保险人为法人或其他组织时，应填写被保险人指定联系人的手机号码；被保险人为自然人时，应填写被保险人的手机号码
被保险人住所	被保险人为法人或其他组织时，应填写其主要办事机构所在地；被保险人为自然人时，应填写投保人常住地址，详细至门牌号码
邮政编码	填写被保险人住所的邮政编码

3. 投保机动车情况

（1）**被保险人与机动车的关系** 被保险人与投保机动车《机动车行驶证》上载明的车主相同时，选择“所有”；被保险人与车主不相符时，根据实际情况选择“使用”或“管理”。

特别提示：

租赁车辆的承租人投保所租赁车辆，被保险人为承租人，其投保的机动车的车主为租赁公司，此时被保险人与机动车的关系应为“使用”。集团公司为其下属公司的机动车统一投保并交付保费时，投保机动车的车主为其下属公司，此种情况下被保险人与机动车的关系则应为“管理”。

（2）**车主** 被保险人与机动车的关系为“所有”时，本项可省略不填写；被保险人不是车主时，需填写投保机动车机动车行驶证上载明的车主名称或姓名。

（3）**号牌号码** 此项应填写车辆管理机关核发的号牌号码，即按照投保机动车的机动车行驶证填写。

重要知识：

号牌号码由汉字、大写字母、阿拉伯数字组成，录入时一律不允许添加点、杠、斜杠或其他任何符号。投保时还未上牌的新车，若当地交管部门对号牌号码的录入规则有特殊要求的，可按交管部门的要求进行录入；没有要求的，不作统一规定，允许为空。核发正式号牌后，投保人应书面通知保险人办理批改手续。

（4）**号牌底色** 根据投保机动车号牌的底色，在5种颜色中选择一种，不可多选。“二○○二”式号牌为白色间蓝的底色，应选“白蓝”。

（5）**厂牌型号** 投保机动车的厂牌名称和车辆型号，应与其机动车行驶证一致。机动车行驶证上的厂牌型号不详细的，应在厂牌型号后注明具体型号。进口车按商品检验单、国产车按合格证填写，应尽量写出具体配置说明，特别是同一型号多种配置的。如：丰田海狮RZH105L-BMNRS、广州本田雅阁HG7230、一汽解放CA1032PL。

(6) **发动机号** 此号码是机动车的身份证明之一，是生产厂在汽车发动机缸体上打印的号码。此栏可根据投保机动车的机动车行驶证填写。

(7) **VIN码** 即车辆识别代号。VIN码是表明车辆身份的代码。有VIN码的车辆必须填写VIN码。

投保人应根据新版行驶证填写车辆识别代码；若仍使用旧版行驶证，应在本栏填写车架号（含挂车）。填写的内容应完整，如“LBEXDAEB26X342937”，不应仅填写“342937”。

> 特别提示：
> 有VIN码的车辆必须填写VIN码。9座或9座以下的车辆和最大总质量小于或等于3500千克的载货汽车的VIN码一般位于仪表板上；也可能固定在车辆门铰链柱、门锁柱或与门锁柱接合的门边之一的柱子上，即接近于驾驶人座位的地方；大型客车、货车则可能位于整车底盘等地方。车架号是机动车辆的身份证明之一，是生产厂在车架上打印的号码。此栏应根据投保车辆的机动车行驶证填写。无VIN码的车辆必须填写车架号。

(8) **车架号** 车架号是机动车的身份证明之一，是生产厂在车架上打印的号码。此栏可根据投保机动车的《机动车行驶证》填写。无VIN码的机动车必须填写车架号。

(9) **核定载客** 此栏按投保机动车的机动车行驶证上载明的核定载客人数填写。

(10) **核定载质量** 此栏按投保机动车的机动车行驶证上载明的核定载质量填写，单位：千克（kg）。

(11) **排量/功率** 排量的单位为升（L）或毫升（mL或CC），在投保单上需统一换算为升（L）填写，换算公式：1000mL＝1L，1000CC＝1L。如摩托车排量为125CC的应填写0.125L；拖拉机功率的单位一般为千瓦（kW）或马力（hp），投保单上统一换算为千瓦（kW）填写，换算公式：1hp＝0.75kW。

(12) **初次登记日期** 填写投保机动车在车辆管理部门进行初次登记的日期，可参照机动车行驶证上的“登记日期”填写。如果行驶证上的“登记日期”与初次登记日期不相符时，此栏要追溯到真正的初次登记日期再填写。如果确实无法提供初次登记日期，要如实填写“已使用年限”。

(13) **已使用年限** 指车辆自上路行驶到保险期间起期时已使用的年数。不足一年的不计算。例：某车初次登记日期为2013年5月，如果保险期间起期为2015年4月20日，已使用年限就按一年计算；如果保险期间起期为2015年6月5日，已使用年限就按两年计算。

> 特别提示：
> 费率表中所称的“车龄”即为“已使用年限”。

(14) **年平均行驶里程** 投保机动车自出厂到投保单填写日的实际已行驶的总里程除以已使用年份（不足一年的按照一年计算）。

(15) **车身颜色** 按照投保机动车车身颜色的主色系，在“黑、白、红、灰、蓝、黄、绿、紫、粉、棕”这10种颜色中归类选择一种颜色；多颜色车辆，应按面积较大的一种颜色选择；有机动车登记证书的车辆，按照登记证书中的“车身颜色”栏目填写。如实在无法归入上述色系中，才可选择“其他颜色”。

(16) **机动车种类** 共10种，包括客车、货车、客货两用车、挂车、低速货车和三轮汽车、特种车、摩托车（不含侧三轮）、侧三轮、兼用型拖拉机和运输型拖拉机，填写时，只可选择其中一项。车辆种类的确定以行驶证为依据，各车辆种类所适用的条款见表5-4。

表5-4 车辆种类适用条款对照表

<table>
<tr><th colspan="2">车辆种类</th><th>适用条款</th></tr>
<tr><td colspan="2">客车</td><td>营业、非营业、家庭自用</td></tr>
<tr><td colspan="2">货车</td><td>营业、非营业</td></tr>
<tr><td colspan="2">客货两用车</td><td>营业、非营业</td></tr>
<tr><td colspan="2">挂车</td><td>营业、非营业</td></tr>
<tr><td colspan="2">摩托车</td><td>摩托车</td></tr>
<tr><td rowspan="3">拖拉机</td><td>农用型拖拉机</td><td>拖拉机</td></tr>
<tr><td>运输型拖拉机
（由农机部门核发号牌的）</td><td>拖拉机</td></tr>
<tr><td>运输型拖拉机
（由公安交管部门核发牌照的）</td><td>拖拉机、营业、非营业</td></tr>
<tr><td colspan="2">低速载货汽车</td><td>拖拉机、营业、非营业</td></tr>
<tr><td rowspan="2">特种车</td><td>非集装箱拖头或货车牵引</td><td>特种车、营业、非营业</td></tr>
<tr><td>其他特种车</td><td>特种车</td></tr>
</table>

(17) **机动车使用性质** 根据机动车的具体使用情况选择其中一项，如果兼有两种使用性质的车辆，按照费率高的使用性质选择。

(18) **上年是否在本公司投保商业机动车保险** 指投保机动车上年是否在同一保险公司投保，若选择了“是”，如果在业务系统中无法查询到上年的承保记录，需要投保人提供上年的保险单或保险证的复印件。

(19) **行驶区域** 如果只在省内行驶或有固定的行驶路线，投保人可选择录入。如选择有固定行驶路线的，需注明具体行驶路线，不可以同时选择既在省内行驶，又有固定行驶路线。

(20) **上年赔款次数** 本项目需要分别填写投保机动车上年发生的交强险赔款次数及商业机动车保险赔款次数。本公司的续保车辆无须填写。

(21) **是否为未还清贷款的车辆** 向投保人了解投保机动车是否属于按揭购车，投保当时是否属于未还清贷款。如选择“是”，要增加相应的特别约定内容。

(22) **上一年度交通违法行为** 此项指投保机动车或投保人或约定的驾驶人在上一年度发生的交通违法行为。对于数据信息能提供支持的地区，由业务员在填写投保单时通过公安交管部门的信息共享平台获取数据，并告知投保人；对于数据信息不能提供支持的地区，应提醒投保人如实告知。

4. 投保主险条款名称

由投保人根据投保险种填写所适用的主险条款名称，如“机动车第三者责任保险”、

“家庭自用汽车损失保险条款” 等。

但摩托车、拖拉机和特种车投保三者险，应当适用自己的综合条款中的三者险条款，不能使用机动车第三者责任保险条款，即按车辆种类相应地填写摩托车、拖拉机条款或特种车条款。

5. 指定驾驶人员

此项只适用于家用车，需分别填写指定驾驶人员的姓名、机动车驾驶证的证号（即与居民身份证编号相同的号码，而不是机动车驾驶证的档案编号）和初次领取驾驶证的日期。如指定驾驶人员的机动车驾驶证的证号与居民身份证号码不同，则应该在特别约定栏中注明该驾驶人员的性别。

6. 保险期间

此项填写保险责任的有效期限。定额保险单的保险期间必须按一年期确定。

交强险和商业保险的保险期间原则上为 1 年，但有下列情形之一的，投保人可以投保短期保险。

① 境外机动车临时入境的。

② 机动车距报废期限不足一年的。

③ 机动车临时上道路行驶的（例如：领取临时牌照的机动车、临时提车、到异地办理注册登记的新购机动车等）。

④ 保监会规定的其他情形。

⑤ 经公安车辆管理部门检验合格延期使用的机动车。

⑥ 规模较大的单位为统一机动车的保险期间。

交强险原则上只有上述 1 ~4 项可以投保短期保险，而且不予承保多年期保险。如果受当地公安车辆管理部门干预必须承保的，由当地保险行业协会确定承保规定。商业险原则上不允许承保短期保险，对于规模较大的单位为统一不同机动车的保期，或统一交强险、商业险的保期，或符合上述 1 ~5 项，方可投保短期保险。

投保人确有即时起保要求的，允许新车及脱保车辆在签单当日即时生效起保。但保单起保时间不得早于保险人接受投保人投保申请的时间及确认全额保费入账的时间。

7. 投保险种

根据各条款与险种的对应关系，由投保人选择确定。

8. 保险金额/责任限额

（1） **主险** 主险中各险种的保险金额/责任限额各不相同，其具体内容如下：

1） 交强险。交强险在全国范围内实行统一的每次事故责任限额，无需填写各分项的责任限额。

2） 机动车损失保险。投保本险种时需要填写新车购置价。机动车损失保险的保险金额可采取 3 种方式确定：按照新车购置价确定；按照被保险机动车投保时的实际价值确定；在被保险机动车的新车购置价内协商确定。

3） 商业第三者责任保险。可根据费率表的限额档次选择一种责任限额填写：5 万元、10 万元、15 万元、20 万元、30 万元、50 万元、100 万元和 100 万元以上。选择 100 万元以上的，限额档次必须是 50 万元的整倍数。

4） 车上人员责任保险。按驾驶人每次事故责任限额和乘客每次事故每人责任限额分别填写。乘客每次事故每人责任限额可以不同，但最多只能是两种。投保人可以只投保驾驶人或乘客，也可以同时投保驾驶人和乘客。投保乘客时，座位数按照被保险机动车的核定载客数（驾驶人座位除外）确定。每次事故每人责任限额最低为1000元，并以1000元的整倍数增加。

5）机动车盗抢险。保险金额不得超过投保时车辆的实际价值。本主险不承保无正式号牌的车辆，但正在办理正式号牌的车辆可以采取以下方式投保：一是在领取正式号牌后投保；二是投保人要求在出具保险单时同时投保本主险的，则必须在投保单、保险单的特别约定中注明“全车盗抢险保险责任自本被保险机动车领取正式号牌之日开始，至本保险合同所载保险期间的终止之日24时终止”。

（2）**附加险** 根据各条款与险种的对应关系，由投保人选择确定后，按要求填写。

9. 保险费

填写各险种的实交保费。

10. 保险费合计

填写本车实交保费的合计金额。

11. 特别约定

有需要特别约定的事项，按要求填写。

12. 保险合同争议解决方式

由投保人和保险人协商约定一种方式，如果选择“提交××××仲裁委员会仲裁”时，必须要在投保单和保险单上约定仲裁委员会的名称。

13. 投保人签名/签章

投保人对投保单各项内容核对无误，并对所投保险种对应的保险条款（包括责任免除和投保人义务及被保险人义务）明白理解后，须在“投保人签名/签章”处签名或签章。

特别提示：

投保人为自然人时必须由投保人亲笔签字；投保人为“法人或其他组织”时必须加盖公章，有委托书的可不必签章，投保人签章必须与投保人名称一致。

14. 验车、验证情况

由负责验车、验证的业务人员（代理人员）根据验车、验证情况选择，并在“查验人员签名”处签署本人姓名，在时间处填写验车、验证的时间。

15. 初审情况

由保险公司业务人员填写。“业务来源”指此单业务来自何种渠道。业务来源为“传统直销业务”的，应填写“员工姓名”和“人员代码”；为“新渠道直销业务”的，应填写“电销员工姓名”和“人员代码”；为“个人代理业务”的，应填写“代理人姓名”和“人员代码”；为“专业代理、兼业代理、经纪业务”的，应填写“机构名称”和“渠道码”。此外，所有业务来源都需填写“归属单位”和“归属机构代码”。“上年度是否在本公司承保”指本投保机动车上年度是否是在本分支机构投保，主要目的是为统计该分支机构的续保率。保险公司业务人员对投保单进行初步审核，同意承保的在“业务员签字”处签字。

16. 复核意见

由保险公司复核人员填写。复核人员审核投保单所填写内容，并对投保单录入内容与投保单填写内容进行核对，选择填写复核意见并签字。不同意承保的，必须注明原因。

复核人员填写意见时可采用以下表述："同意按投保单约定项目和条件承保，投保单录入内容与投保单内容相符。""不同意按投保单约定项目承保，原因：________。"

五、投保单录入规定

在录入投保单前，有关人员必须审核投保要素是否齐全、投保人是否签字盖章，要素不齐的，一律不得录入系统。投保单审核完毕后，由录入人员负责按照客户填写的投保单准确录入业务系统。信誉良好且获得监管部门批准、具有签单资格的代理机构，经培训、考核后可授权其负责投保单录入工作。

1）基础数据录入人员必须对数据的真实性、准确性、完整性、及时性、规范性和一致性负责。

2）属于续保机动车的必须在续保操作界面完成信息录入工作，以确保续保情况分析准确。

3）关于投保单的重点信息审核和录入要求的几项信息见表5-5。

表5-5 投保单的重要信息审核和录入要求

投保单的重点信息	录入要求
投保人、被保险人	录入时采用代码管理形式，操作员必须在被保险人代码库中选择被保险人代码，不得随意录入。如代码库中无该投保人、被保险人的代码，必须及时由代码维护管理人员按照编码规则登记有关资料（私人车辆可以暂时输入统一编码）
车型代码	录入时采用代码管理形式，操作员必须在车型代码库中选择对应车型，不得随意录入。如代码库中无该车型的代码，必须及时由代码维护管理人员按照编码规则登记有关资料
号牌号码	号牌号码由汉字、大写字母和阿拉伯数字组成，录入时一律不允许添加点、杠、斜杠、空格或其他任何符号。投保时还未上牌的新车，若当地交管部门对号牌号码的录入规则有特殊要求的，可按交管部门的要求进行录入；没有要求的，可录入发动机的后6位字母或数字，但不作统一规定，允许为空。核发正式号牌后，投保人应书面通知保险人办理批改手续
发动机号	此栏目为必录入栏目。必须严格按行驶证载明的发动机号录入，不得自行编制或截取部分号码代替

4）同时投保交强险与商业保险时，可共用一张投保单，系统自动分别生成交强险及商业保险的保险单号码，录入不同监制单证的印刷流水号。

5）投保人一次投保多辆车时，业务系统中产生一个合同号，一个合同号的投保人必须一致，但各保险单的被保险人可与投保人不一致。交强险与商业保险同时投保时，使用相同的合同号码。

6）特种车辆录入规定。业务人员在系统录入时，需根据投保人填写的特种车种类及用途进行选择，由计算机自动归类，具体归类办法见表5-6。在录入时，对于代码库中没有的，属于二类车辆用途的选择“二类其他”录入，属于三类车辆用途的选择“三类其他”录入。

表 5-6 录入时的归类选项表

类　别	录入时的归类选项
一类	油罐车、气罐车、液罐车
二类	专用净水车、特种车一以外的罐式货车，以及用于清障、清扫、清洁、起重、装卸、升降、搅拌、挖掘、推土、冷藏、保温等的各种专用机动车、二类其他（代码库中未列明，属于工程类的其他车辆选择本项）
三类	装有固定专用仪器设备、从事专业工作的、用于监测、消防、运钞、医疗、电视转播等用途的各种专用机动车、三类其他（代码库中未列明，属于加装特殊器材、用于特殊用途的其他车辆选择本项）
四类	集装箱拖头

7）保险期间的起期不得提前于投保单录入日期。对于允许手工出具的“定额保险单”补录，必须指定专人在规定的时间内完成补录工作。

① 定额保单补录时效的规定。直接业务的定额保单补录必须在出具保险单后的 3 个工作日内；交强险的定额保单补录必须在出具保单后的 7 个工作日内；代理业务的定额保单补录不迟于签发保险单后的 15 个工作日或根据代理协议约定在收回保险单后的 5 个工作日内。

② 提车暂保单可以手工出单，但要及时收回已使用的单证，并将有关资料补录到业务处理系统。电脑补录工作比照定额保单的规定时间完成。

8）录入投保险种时，必须录入相应的代码，系统会自动带出相关资料。

9）录入业务归属部门、经办人、代理机构（人）和业务性质时必须输入代码，以确保业务分析的准确性。

单元二　验证、验车

验证、验车工作由业务人员负责。信誉良好的代理机构，经考核可授权其负责验证、验车工作。

一、验证、验车工作的内容

1. 验证

投保人投保时，业务人员应检验机动车行驶证、有效移动证（临时号牌）是否真实、有效；是否经公安车辆管理机关办理了年检；各种证件是否与投保标的相符，以核实投保机动车的合法性，并确定使用性质和车辆初次登记日期、已使用年限、已行驶里程。新保车辆均应在验证后承保。对于未上牌照的机动车，可以通过购车发票或固定资产入账凭证等进行检验。对于约定驾驶人员的，应检验约定驾驶人员的机动车驾驶证，并对照投保单核实驾驶人员信息。

2. 验车

投保人投保时，工作人员应检验车辆号牌号码、发动机及车架号码等是否与《机动车行驶证》的记录一致；机动车技术状况是否符合运行条件；机动车是否配备了消防设备；机动车内外有无破损。

（1）可免验的机动车　符合以下条件的机动车可以免验。

记住：可以免验的车不多呀！

① 仅投保交强险的机动车。

② 购置时间一个月以内的新车投保。

③ 按期续保且续保时未加保机动车损失保险及其附加险、盗抢险及其附加险的机动车。

④ 新保商业第三者责任保险及其附加险的机动车。

⑤ 同一投保人投保多辆机动车的（具体多车免验标准各分公司可以根据本公司的人员数量、人员素质、风险管理等情况自行确定。确定标准时，党政机关、企事业单位车队投保机动车的数量应大于10辆；营运车队投保机动车的数量应大于20辆）。

（2）**重点检验的车辆** 免验范围以外的机动车均需验车后承保，尤其是以下情况应严格检验。

① 第一次投保机动车损失保险及其附加险和盗抢险及其附加险的机动车。

② 未按期续保的机动车。

③ 续保时增加投保机动车损失保险及其附加险和盗抢险及其附加险的机动车。

④ 中途申请增加投保机动车损失保险及其附加险和盗抢险及其附加险的机动车。

⑤ 营运车辆使用超过6年、非营运车辆使用超过10年投保机动车损失保险的。

⑥ 特种车或发生重大车损事故后修复的机动车。

⑦ 出险事故率较高的机动车（具体标准各分公司可以根据本公司的风险管理等情况自行确定）。

⑧ 新车购置价较高的机动车（具体标准各分公司可以根据本公司的风险管理等情况自行确定。原则上对新车购置价超过100万元的机动车进行重点检验）。

⑨ 本地区稀有车型。

⑩ 挂军牌、武警牌和外地号牌的机动车。

（3）**核保人认为有必要验车的机动车** 必须按核保人的要求验车。

二、验车、验证工作的具体要求

1. 规范验车照片

1）验车照片不少于两张 两张照片的侧重点及具体要求：一张为车前方45度角全车照片，另一张为前照片对角位置的车后方45度角全车照片。

2）验车照片必须能清晰地反映被验车辆的牌照号码 没有牌照的车辆，如新车、部分特种车，应拍摄临时牌照或移动证。

3）验车照片必须能真实反应验车日期。

4）验车照片必须能真实反应被验车辆的实际情况。

2. 签字

验车、验证后，负责验车、验证的人员应在投保单“验车验证情况”栏内签字确认。对于第一次投保机动车损失保险或第三者责任保险的车辆，必须复印行驶证；对于个别未上牌照的特种车、拖拉机、摩托车等，须复印购车发票或固定资产入账凭证；对于第一次投保或加保机动车损失保险或全车盗抢险或自燃损失险或火灾、爆炸、自燃损失险的车辆，验车人员必须拓印发动机号或车架号，并拍摄照片，拓印件及照片须附贴于投保单背面。

3. 出具保险单或拒绝承保

验车、验证结果与投保人提交信息不符时，应按照检验结果出具保险单或拒绝承保。对电话预约、网上投保等特殊业务，在未完成验车、验证工作前，可根据投保人提交的信息，先行出具保险单，但必须在保险单送达投保人时，完成验车、验证工作。

4. 规范填制验车单

验车后，负责人员要把验车情况做以说明。如现在很多保险公司都规定要填写验车单，每个公司的验车单不完全相同，但是包括的项目大致相似，见表5-7。

表5-7 机动车保险验车单

<table>
<tr><td colspan="2">被保险人</td><td></td><td>行驶证车主</td><td></td></tr>
<tr><td colspan="2">车牌号码</td><td></td><td>投保单号</td><td></td></tr>
<tr><td colspan="2">发动机号码拓印</td><td colspan="3">粘贴处</td></tr>
<tr><td colspan="2">车架号码拓印</td><td colspan="3">粘贴处</td></tr>
<tr><td rowspan="8">验标内容</td><td colspan="4">牌照号、汽车型号、发动机号、车架号和行驶证记载的是否相符：　是□　否□</td></tr>
<tr><td colspan="4">牌照号、车身颜色、VIN码等车辆信息是否和投保单相符：　是□　否□</td></tr>
<tr><td colspan="4">行驶证记载和投保单填写是否相符，年检是否合格：　是□　否□</td></tr>
<tr><td colspan="4">车身外观是否完好无损：　是□　否□</td></tr>
<tr><td colspan="4">车辆是否配有防盗设备：　有□　无□</td></tr>
<tr><td colspan="4">转向、制动、灯光、喇叭、刮雨器、轮胎等部分的工作是否正常：　是□　否□</td></tr>
<tr><td>其他需注明的情况</td><td colspan="3"></td></tr>
<tr><td>验车人意见</td><td colspan="3">验车人签字＿＿＿＿＿＿
验车日期＿＿＿年＿＿月＿＿日＿＿时　　投保人签字栏</td></tr>
<tr><td>承保建议</td><td colspan="4"></td></tr>
<tr><td>备注</td><td colspan="4">行驶证、验车照片粘贴在本报告单后面</td></tr>
</table>

1）验车单必须按实际情况如实填写。

2）必要时必须把发动机号码、车架号拓印粘贴在验车单相应位置。

3）必须将验车照片、行驶证复印件粘贴于验车单背面。

4）验车人必须在验车单上签字或签章，并根据验车结果提出验车建议。

【任务实施】

学生分组

以6~8人为1组，其中每两人再为1小组，1人扮演车主张先生，1人扮演汽车保险承保人员，进行即兴表演训练。

训练方式：

每小组选出优秀的人员代表本组和其他组进行 PK。

考核要点：

1. 指导投保人填写的投保单是否正确。
2. 是否能正确验车。
3. 在正确验车后，是否能留下照片并正确填写机动车保险验车单。

考核方式：

每组各填一份验车单（表 5-7）和投保单（表 5-8）。

表 5-8 汽车保险投保单

投保人	投保人名称/姓名				投保车辆数	辆
	联系人姓名		固定电话		移动电话	
	投保人住所				邮政编码	
被保险人	自然人 姓名		身份证号			
	法人或其他组织 名称		组织机构代码			
	被保险人单位性质	党政机关、团体 事业单位 军队（武警） 使（领）馆 个体、私营企业 其他企业 其他				
	联系人姓名		固定电话		移动电话	
	被保险人住所			邮政编码		
投保车辆情况	被保险人与车辆的关系	所有 使用 管理		车主		
	号牌号码		号牌底色	蓝 黑 黄 白 白蓝 其他颜色		
	厂牌型号			发动机号		
	VIN 码			车架号		
	核定载客	人	核定载质量	千克	排量/功率	L/kW
	初次登记日期	年 月	已使用年限	年	年平均行驶里程	公里
	车身颜色	黑色 白色 红色 灰色 蓝色 黄色 绿色 紫色 粉色 棕色 其他颜色				
	机动车种类	客车 货车 客货两用车 挂车 摩托车（不含侧三轮） 侧三轮 农用拖拉机 运输型拖拉机 低速载货汽车 特种车（请填用途）________				
	机动车使用性质	家庭自用 非营业用（不含家庭自用） 出租/租赁 城市公交 公路客用 旅游客用 营业性货用				
	上年是否在本公司投保商业机动车保险			是		否
	行驶区域	省内和邻省 市内 省内和邻省固定路线 市内固定路线 具体路线：________				
	是否为未还清贷款的车辆		是 否	车损险与车身划痕险选择汽车专修厂	是	否
	上次赔偿次数	交强险赔款次数________次 商业机动车保险赔款次数________次				
	上一年度交通违法行为	有 无				

（续）

投保主险条款名称				
指定驾驶人	姓名	驾驶证号码		初次领证日期
驾驶人 1				___年___月___日
驾驶人 2				___年___月___日
保险期间	___年________月________日零时起至________年________月________日 24 时止			
投保险种		保险金额/责任限额（元）	保险费（元）	备注
机动车交通事故责任强制保险		死残，医疗费，财产损失		
机动车损失险：新车购置价________元				
商业第三者责任险				
车上人员责任险	投保人数________人	/人		
	投保人数________人	/人		
附加车上货物责任险				
附加盗抢险				
附加玻璃单独破碎险	国产玻璃			
	进口玻璃			
附加停驶损失险：日赔偿金额________元 ×________天				
附加自燃损失险				
附加火灾、爆炸、自燃损失险				
附加不计免赔率特约	机动车损失险			
	第三者责任险			
附加车身划痕损失险		5000 元		
附加新增加设备损失险				
附加可选免赔额特约		免赔金额：		
保险费合计（人民币大写）：		（¥：		元）
特别约定				
保险合同争议解决方式选择		诉讼　　提交________仲裁委员会仲裁		

本保险合同由保险条款、投保单、保险单、批单和特别约定组成。

投保人声明：保险人已将投保险种对应的保险条款（包括责任免除部分）向本人做了明确说明，本人已充分理解，上述所填写的内容全部属实，同意以此投保单作为订立保险合同的依据。

投保人签名/签章：

________年________月________日

任务六 计算保险费

【知识目标】

1. 掌握交强险保险费的计算方法。
2. 掌握商业险中主险保险费的计算方法。
3. 掌握商业险中附加险保险费的计算方法。

【能力目标】

1. 能够为客户正确计算保险费。
2. 能够为客户讲解详细的计算过程和结果。

【任务描述】

张先生填写投保单的时候，对保险费计算这一项内容很不放心，怕自己花冤枉钱。你作为汽车保险承保人员，有必要为张先生讲解保险费详细的计算方法。为了更好地为张先生服务，汽车承保人员需要掌握哪些知识和技巧呢?

【任务分析】

要想为张先生讲解汽车保险费的计算方法，汽车承保人员必须掌握交强险保险费、商业险中主险和附加险的保险费的计算方法，了解车险保险费的优惠政策。其中需要的知识和技能可以通过对下面的学习而获得。

一、交强险和商业险的共同规定

机动车保险的保险费依据被保险人的单位性质、选择条款类别、被保险机动车的使用性质、车辆种类、新车购置价、车龄、主险和附加险的保险金额（责任限额）等因素确定，且须严格按照保监会批复的费率规定计算。

特别提示：

除保监会审批的费率规定中的优惠外，不得给予任何返还、折扣和额外优惠。摩托车和拖拉机不得进行费率调整。

二、交强险的规定

保险费计算：

1）保险人须按照保监会审批的《交强险费率方案》和《交强险费率浮动暂行办法》中的费率调整表，见表6-1，计算并收取保险费。

2）投保人投保保险期间小于7日的，计算公式为

$$短期费 = 基础保险费 \times 7/365$$

投保人投保保险期间大于或等于7日的，计算公式为

短期费 = 基础保险费 × n/365（n 为投保人的投保天数）

上述公式的最终计算结果如为小数，则四舍五入取整数。

表 6-1　交强险费率调整表

浮动因素			浮动率
与道路交通事故相联系的浮动 A	A1	上一个年度未发生有责任道路交通事故	-10%
	A2	上两个年度未发生有责任道路交通事故	-20%
	A3	上三个及以上年度未发生有责任道路交通事故	-30%
	A4	上一个年度发生一次有责任不涉及死亡的道路交通事故	0%
	A5	上一个年度发生两次及两次以上有责任道路交通事故	10%
	A6	上一个年度发生有责任道路交通死亡事故	30%

机动车临时上路行驶或境外机动车临时入境投保短期交强险的，交强险费率不浮动。机动车距报废期限不足一年的，根据交强险短期基准保险费并按照《交强险费率浮动暂行办法》浮动。短期险保险期限内未发生道路交通事故的，投保下一完整年度交强险时，交强险费率不下浮。

3）保险费必须一次全部收取，不得分期收费。

4）警车、普通囚车按照其行驶证上载明的核定载客数，适用对应的机关非营业客车的费率。

5）“半挂牵引车”的吨位按下列规则确定：

① 机动车行驶证中记载有“核定载质量”的，以“核定载质量”为准。

② 机动车行驶证中没有记载“核定载质量”的，以该车“准牵引总质量”为准。

③ 通过上述两种方式仍无法确定吨位的，视为 10 吨以上货车。

6）低速载货汽车与三轮汽车不执行费率浮动。

7）“挂车”按下列规则确定费率：

① 一般挂车根据其实际的使用性质并按照对应吨位货车费率的 30% 计算。

② 装置有油罐、气罐、液罐的挂车按特种车一费率的 30% 计算。

③ 装置有油罐、气罐、液罐以外罐体的挂车，按特种车二费率的 30% 计算。

④ 装置有冷藏、保温等设备的挂车，按特种车二费率的 30% 计算。

⑤ 装置有固定专业仪器设备从事专业工作的挂车，按特种车三费率的 30% 计算。

8）保险公司在签发保险单以前，应当向投保人出具《交强险费率浮动告知单》，经投保人签章（个人车辆签字即可）确认后，再出具保险单和保险标志。对于首次投保交强险的车辆，保险人不需要出具《交强险费率浮动告知单》。

三、商业险保险费计算

商业汽车保险保险费计算可以按照固定的公式加以计算，下面介绍几种常见险种的保险费计算公式：

车辆损失险保费 = 基本保险费 + 本险种保险金额 × 费率

第三者责任险保费 = 固定档次赔偿限额对应的固定保险费

全车盗抢险保费 = 基础保费 + 车辆实际价值 × 费率

新增加设备损失险保费 = 本险种保险金额 × 费率

玻璃单独破碎险保费 = 新车购置价 × 费率

自燃损失险保费 = 本险种保险金额 × 费率

车上责任险保费 = 本险种赔偿限额 × 费率

车载货物掉落责任险保费 = 本险种赔偿限额 × 费率

不计免赔特约险保费 = （车辆损失险保险费 + 第三者责任险保险费） × 费率

特别提示：

具体费率可以根据各家保险公司的费率表来确定，但是在计算保险费的时候要参照各家保险公司的商业险费率调整系数表（表6-2）、机动车月折旧率表（表6-3）及适用于盗抢险的月折旧率表（表6-4）中的相关规定。

表6-2 商业险费率调整系数表

序号	项目	具体情况	费率调整系数	适用范围
1	无赔款优待及上年赔款记录	连续3年没有发生赔款	0.7	所有车辆
		连续2年没有发生赔款	0.8	
		上年没有发生赔款	0.9	
		新保或上年赔款次数在3次以下	1.0	
		上年发生3次赔款	1.1	
		上年发生4次赔款	1.2	
		上年发生5次及以上赔款	1.3	
2	多险种同时投保	同时投保车损险、三者险	0.95~1.00	
3	约定行驶区域	省内	0.95	不适用于家庭自用车（停止使用）
		固定路线	0.92	
		场内	0.80	
4	承保数量	承保数量<5台	1.00	不适用于家庭自用车
		5台≤承保数量<20台	0.95	
		20台≤承保数量<50台	0.90	
		承保数量≥50台	0.80	
5	经验及预期赔付率	40%及以下	0.7~0.8	仅适用于车队
		40%~60%	0.8~0.9	
		60%~70%	1.00	
		70%~90%	1.1~1.3	
		90%以上	1.3以上	
6	管理水平	根据风险管理水平和业务类型	0.7以上	
7	车辆损失险车型	特异、稀有、古老车型	1.3~2.0	所有车辆
8	车辆盗抢险车型	省级公司规定的车型范围	1.3~2.0	

注：此费率调整系数表不适用于摩托车和拖拉机。

表 6-3 机动车月折旧率表

家庭自用车		
车辆种类	月折旧率	
9 座及以下客车	0.60%	
9 座以上客车	0.90%	
非营业用车		
车辆种类	月折旧率	
9 座及以下客车	0.60%	
低速载货汽车	1.10%	
其他车辆	0.90%	
营业用车		
车辆种类	月折旧率	
	出租	其他
客车	1.10%	0.90%
微型载货汽车	1.10%	1.10%
带拖挂的载货汽车	1.10%	1.10%
低速载货汽车	1.40%	1.40%
其他车辆	1.10%	0.90%
特种车		
车辆种类	月折旧率	
矿山专用车	1.10%	
其他特种车	0.90%	

表 6-4 适用于盗抢险的月折旧率

车辆种类	月折旧率				
	家庭自用	非营业	营业		特种车
			出租	其他	
9 座以下客车	0.60%	0.60%	1.10%	0.90%	—
10 座及以上客车	0.90%	0.90%	1.10%	0.90%	—
微型载货汽车	—	0.90%	1.10%	1.10%	—
带拖挂的载货汽车	—	0.90%	1.10%	1.10%	—
低速货车和三轮汽车	—	1.10%	1.40%	1.40%	—
矿山专用车	—	—	—	—	1.10%
其他车辆	—	0.90%	1.10%	0.90%	0.90%

【任务实施】

训练方式

每名学生都要为张先生计算保险费总和（费率表由教师提供），并以抽签的形式选择两名学生，一名是扮演汽车保险承保人员，另一名扮演张先生，并按角色表演汽车保险承保人员如何为张先生作保费计算的讲解。

考核要点

1. 学生计算的保险费是否正确。
2. 学生讲解得是否准确、清晰。

考核方式：

情景模拟，小组互评，教师点评。

考核保险费计算结果。

任务七 核保出单

【知识目标】

1. 了解核保的基本流程。
2. 掌握核保业务的内容。
3. 掌握缮制保单的注意事项。

【能力目标】

1. 能够为客户介绍核保流程。
2. 能够对客户的投保业务进行核保和出单。

【任务描述】

客户张先生填写投保单后，工作人员也为他完成了保险费的计算工作，现在进入保险核保出单环节。你作为一名汽车保险承保人员，需要为张先生提供哪些服务呢？

【任务分析】

要想为张先生提供此项服务，汽车保险承保人员要向其讲解汽车保险核保的业务流程，并对客户张先生的整个投保业务和车辆进行全面的审核，确定其是否符合公司的承保要求，并为张先生的投保缮制保险单证，初步完成承保业务。完成此项服务所需的知识和技能可以通过对以下各单元的学习而获得。

单元一 核 保

一、核保的含义

重要知识：

核保是保险公司的专业核保人员对投保申请进行风险审核与风险评估，以决定是否接受投保和以何条件投保的过程。

核保包括录单前的初审和核心业务系统的逐级审核。初审由基层营业机构的专业核保人员负责，主要审核投保要素是否齐全、投保附件资料是否真实；核心业务系统审核包括自动审核和人工审核，符合自动核保条件的经系统判断后自动审核通过，人工审核则根据系统内设定的核保权限逐级审核。一般情况下核保实行三级核保原则，每一级核保人对自己作为最终核保人的保单负责，对提交上一级核保人的投保单履行逐级审核的职责，其具体职责见表 7-1。

表 7-1 各级核保人职责

三级核保人职责	二级核保人职责	一级核保人职责
三级核保人主要负责常规业务的核保，即按照核保手册的有关规定对保险单的各个要素进行形式上的审核。但是，在核保过程中还可能会遇到一些核保手册中没有明确规定的问题。例如，高价值车辆的核保、特殊车型业务的核保、车队业务的核保、投保人特别要求的业务的核保以及下级核保人无法核保的业务。对于这些情况，应由二级核保人和一级核保人来核保。二级核保人和一级核保人应运用保险的基本原理、相关的法律法规和自己的经验，通过研究分析来解决这些特殊的问题，必要时应请示上级核保部门	① 审核保险单是否按照规定内容与要求填写，有无疏漏；审核保险价值与保险金额是否合理。对不符合要求的，退给业务人员指导投保人重新填写，进行相应的更正 ② 审核业务人员或代理人是否在核保时验证和查验了车辆，是否按照要求向投保人履行了告知义务，对特别约定的事项是否已在特约栏内注明 ③ 审核适用的费率标准和计收保险费是否正确 ④ 对于高保额和投保盗抢险的车辆，审核有关证件以及实际情况是否与投保单填写一致，是否按照规定拓印了牌照存档 ⑤ 对高发事故和风险集中的投保单位，提出公司的限制性承保条件。对费率表中没有列明的车辆，包括高档车和其他专用车辆，可视风险情况提出厘定费率的意见 审核其他相关情况。完毕后核保人应在投保单上签署意见。对超出本级核保权限的情况应上报上级公司核保	上级公司接到请示公司的核保申请以后，应有重点地开展核保工作 ① 根据掌握的情况，考虑是否接受投保人的投保 ②接受投保的险种、保险金额、赔偿限额是否需要作出限制和调整 ③ 是否需要增加特别的约定 ④ 协议投保的内容是否准确、完善，是否符合保险监管部门的有关规定 本级核保完毕后，应签署明确的意见并立即返回请示公司

二、核保的基本流程

核保是按照一定的流程进行的，具体如图 7-1 所示。

三、核保的内容

1. 审核投保单

业务人员在收到投保单以后，首先应根据保险公司内部制定的承保办法决定是否接受此业务。如果不属于拒保业务，应立即在投保单上加盖公章，并载明收件日期。审核投保单时，应首先审查投保单中所填写的各项内容是否完整、清楚和准确。核保所要审查投保单的项目和内容，见表 7-2。

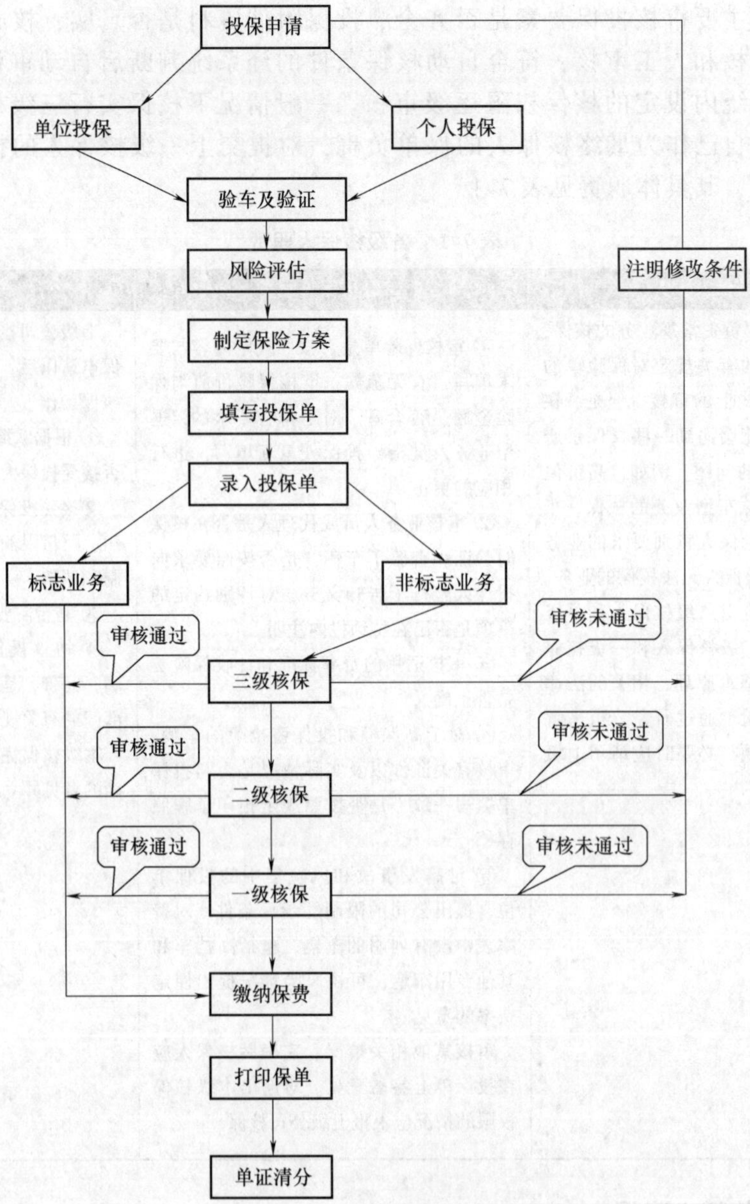

图 7-1 汽车保险核保流程图

表 7-2 审查投保单的项目和内容

审查项目	审查内容
投保人或被保险人资格	对投保人资格进行审查的核心是认定投保人或被保险人对保险标的拥有保险利益，在汽车保险业务中主要是通过核对行驶证来完成的
投保人或被保险人基本情况	审查投保人或被保险人的基本情况主要是针对车队业务的。核保人员通过了解企业的性质、是否设有安保部门、经营方式、运行的主要线路等，分析投保人或被保险人对车辆的管理状况

（续）

审查项目	审查内容
投保人或被保险人的信誉	投保人与被保险人的信誉是核保工作的重点之一。对投保人和被保险人的信誉调查和评估逐步成为汽车核保工作的重要内容。评估投保人与被保险人信誉的一个重要手段是对其以往的损失和赔付情况进行了解。对保险车辆应尽可能采用“验车承保”的方式，即对车辆进行实际的检验，包括了解车辆的使用和管理情况，复印行驶证和车辆购置的税费凭证、拓印发动机与车架号码，对于一些高档车辆还应当建立车辆档案
保险金额	在具体的核保工作中应当根据公司规定的汽车市场指导价格确定保险金额。对投保人要求低于这一价格投保的，核保人员应当尽量劝说并将理赔时可能出现的问题进行说明和解释。对于投保人坚持己见的，核保人员应当向投保人说明后果并要求其对自己的要求进行确认，同时在保险单的批注栏上注明
保险费	核保人员对于保险费的审核主要分为费率适用的审核和计算的审核
附加条款	主险和标准条款提供的是适应汽车风险共性的保障，但作为风险的个体是有其特性的。一个完善的保险方案不仅要解决共性的问题，更重要的是要解决个性的问题，附加条款就适用于风险的个性问题。特殊性往往意味着高风险，所以，在对附加条款的适用问题上应当更注意对风险的特别评估和分析，谨慎接受和制订条件

2. 查验证件与车辆

（1）查验证件 对投保人提供的有关证件，如车辆行驶证、介绍信等，进行详细审核。首先应审核投保人称谓与其签章是否一致，如果投保人称谓与投保车辆的行驶证明不符合，须要求投保人提供其对投保车辆拥有可保利益的书面证明。其次，应检验投保车辆的行驶证与车辆本身是否吻合，投保车辆是否年检合格，并核实投保车辆的合法性，确定其使用性质。最后应检验车辆的牌照号码、发动机号码是否与行驶证一致。

（2）查验车辆 根据投保单、投保单附表和车辆行驶证，对投保车辆进行实际的查验。车辆查验的具体内容如图7-2所示。

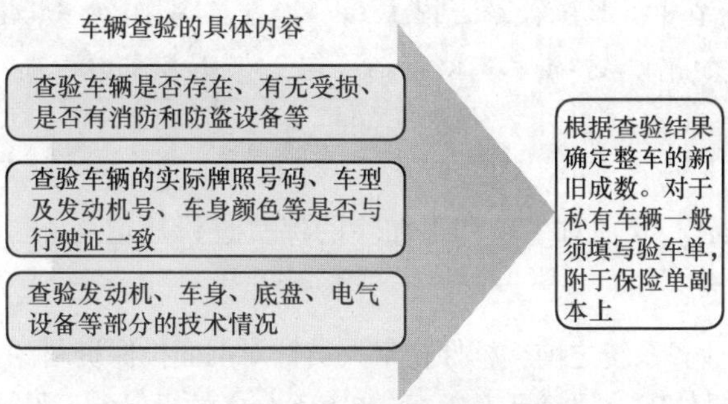

图7-2 车辆查验的具体内容

3. 核定保险费率

应根据投保单上所列的车辆情况和保险公司的机动车辆保险费率规定，来确定投保车辆所适用的保险费率。

1）确定车辆的使用性质。

2）分清车辆种类，见表7-3。

表7-3 车辆种类及详细说明

车辆种类	详细说明
国产和进口车	从中国境外直接进口的或经中国的香港、澳门和台湾地区转口的整车以及全部由进口零配件组装的车辆，按进口车辆计费；其余车辆按国产车辆计费。在承保主险时，国产车辆与进口车辆的划分已经失去实际意义。但在计算风窗玻璃单独破碎险时，还是要考虑到国产车辆与进口车辆的划分标准
客车	客车的座位（包括驾驶人座位）以交通管理部门核发的行驶证载明的座位为准，不足标准座位的客车按同型号客车的标准座位计算
货车	指的是所有通用载货车辆、厢式货车、集装箱牵引车、电瓶运输车、简易农用车、装有起重机械但以载重为主的起重运输车等，均按其载质量分档计费。客货两用车按客车或货车中相应高的费率计费
挂车	适用于没有机动性能，需用机动车拖带的载重车、平板车、专用机械设备车、超长悬挂车等
油罐车、气罐车、液罐车和冷藏车	适用于各类装载油料、气体和液体的专用罐车；同时适用于装有冷冻或加温设备的厢式车辆。普通载重货车加装罐体也按此档计费
起重车、装卸车、工程车、监测车、邮电车、消防车、清洁车、医疗车、救护车等	适用于各种有起重、装卸、升降、搅拌等工程设备或功能的专用车辆；同时适用于车内固定装有专用仪器设备，从事专业工作的监测、消防、清洁、医疗、救护、电视转播、雷达、X光检查等车辆；邮政车辆也按此档计费

3）其他说明如下：

不要忽视这几点呀！

①对基本险和附加险的保险期限不足一年的按短期费率表计算，不足一个月的按一个月计算。

②对其他特种型车辆，在费率表中选择相应档次计费。例如，啤酒罐车按“罐车”档计费，大于0.5吨的载货三轮车按“二吨以下货车”档计费。

③对机动车辆提车暂保单承保的机动车辆，购置价在10万元以内的，固定保险费为300元；购置价在10万元以上30万元以内的，固定保险费为400元；购置价在30万元以上的，固定保险费为500元。

4）保费的具体核定。分别对主险和附加险的保费进行核定。

四、初审注意事项

初审是在录入核心业务系统之前，核保初审人员针对书面投保资料的审核，重点在于投保资料的真实性和完整性，具体审核项目见表7-4。初审不合格的投保单不得录入核心业务系统。

表7-4 初审注意事项

审核点	审核内容
投保资料的完整性	投保资料包括投保单、行驶证复印件、新车购置发票和出厂合格证复印件、上年保单复印件、验车资料、新增设备明细、机动车所有人证明材料等
投保资料的真实性	投保资料有无涂改痕迹、是否为审验合格的有效证件、是否有伪造痕迹

（续）

审 核 点	审核内容
投保单填写的完整性	投保单填写是否完整，修正是否符合要求，签章是否完整清楚、是否和投保人一致
内容逻辑性	投保单中填写的内容是否符合逻辑，如被保险人经营性质和车辆使用性质的选择是否合理、车辆登记座位数（吨位数）和车辆费率的选择是否合理等
是否符合保险公司的政策	投保标的是否符合公司的业务政策，对于突破公司业务政策、需要上级机构审核的团单业务，应及时填写业务联系单并上报，在获得上级机构批准后才可录入系统
是否需要上报上一级审核部门	对于车损险超过规定承保责任需要分保的业务，需填写机动车保险分保业务情况申报表并上报

单元二 缮制单证

一、缮制保单

1）保险公司业务内勤需及时将审核通过的投保单打印成正式保单，如图 7-3 所示，一张保单对应一台标的车辆。

特别提示：

商业车险保单必须通过核心业务系统生成，禁止手工填写或在核心业务系统外出具商业车险保单。

2）打印保单需选择客户所投保险种对应的保单，因为有的保险公司中的家庭自用汽车保险单、非营业汽车保险单、营业汽车保险单、特种汽车保险单、摩托车和拖拉机保险单是禁止混用的。

3）审核通过的投保单如果没有及时打印，系统将自动将其作废。

4）空白保单放入打印机需要定位准确，避免保单信息打印出现错位现象。

5）打印出的保险单不得涂改，若需要更改可使用批单更改或重新出具保险单。

6）保险单在送交客户之前要进行复核，发现错误应及时进行“作废”处理。

7）在缮制好保险单后，须将承保险种对应的所有保险条款附贴在保险单正本后，并统一加盖骑缝章。经认真复核无误后，与保险证/保险标志、保险费发票等单证一并装好以便交给投保人和公司存档。

8）多车投保业务打印保险单时应以“一车一单”为原则打印，打印方式与单一车辆保险单相同。

9）按规定，交强险必须单独出具保险单（见图 7-4）、保险标志和发票。保险单、保险标志必须使用保监会监制的交强险保险单和保险标志，不得使用商业保险单证或以其他形式代替。具体要求如下：

① 交强险保险单和交强险定额保险单由正本和副本组成。正本由投保人或被保险人留存；业务留存联和财务留存联由保险公司留存；公安交管部门留存联由保险公司加盖印章后交投保人或被保险人，由其在注册登记或检验时交公安交管部门留存。已经建立车险信息平台并实现与公安交管部门互联的地区，可根据当地的统一要求，不使用公安交管部门留存

中国保险监督管理委员会监制　　　　限在湖北省销售

PICC 中国人保财险　北京2008年奥运会保险合作伙伴 OFFICIAL INSURANCE PARTNER OF THE BEIJING 2008 OLYMPIC GAMES

中国人民财产保险股份有限公司机动车保险单（正本）

鄂：0000000000

保险单号：

鉴于投保人已向保险人提出投保申请，并同意按约定交付保险费，保险人依照承保险种及其对应条款和特别约定承担赔偿责任。

被保险人					
保险车辆情况	号牌号码		厂牌型号		
	VIN码		车架号	机动车种类	
	发动机号		核定载客　人	核定载质量　千克	已使用年限　年
	初次登记日期		年平均行驶里程　公里	使用性质	
	行驶区域			新车购置价	元

承保险种	费率浮动（±）	保险金额/责任限额（元）	保险费（元）

保险费合计（人民币大写）：　　（¥：　　元）

保险期间自　　年　　月　　日零时起至　　年　　月　　日二十四时止

特别约定

保险合同争议解决方式

重要提示

1. 本保险合同由保险条款、投保单、保险单、批单和特别约定组成。
2. 收到本保险单、承保险种对应的保险条款后，请立即核对，如有不符或疏漏，请在48小时内通知保险人并办理变更或补充手续；超过48小时未通知的，视为投保人无异议。
3. 请详细阅读承保险种对应的保险条款，特别是责任免除和投保人、被保险人义务。
4. 被保险机动车因改装、加装、改变使用性质等导致危险程度增加以及转卖、转让、赠送他人的，应书面通知保险人并办理变更手续。
5. 被保险人应当在交通事故发生后及时通知保险人。

保险人　公司名称：　　公司地址：

联系电话：95518　网址：www.e-picc.com.cn

邮政编码：　　签单日期：　　（保险人签章）

核保：　　制单：　　经办：

第三联　交投保人

北京中融安全印务公司印制(2006)

票样

图 7-3　中国人民财产保险股份公司机动车保险单

联。已实现“见费出单”的地区或公司，可不使用财务留存联。

② 交强险标志分为内置型交强险标志和便携型交强险标志两种。对具有风窗玻璃的投保车辆应签发内置型保险标志；对不具有风窗玻璃的投保车辆应签发便携型保险标志。如无

风窗玻璃的摩托车、拖拉机和挂车可签发便携式保险标志。

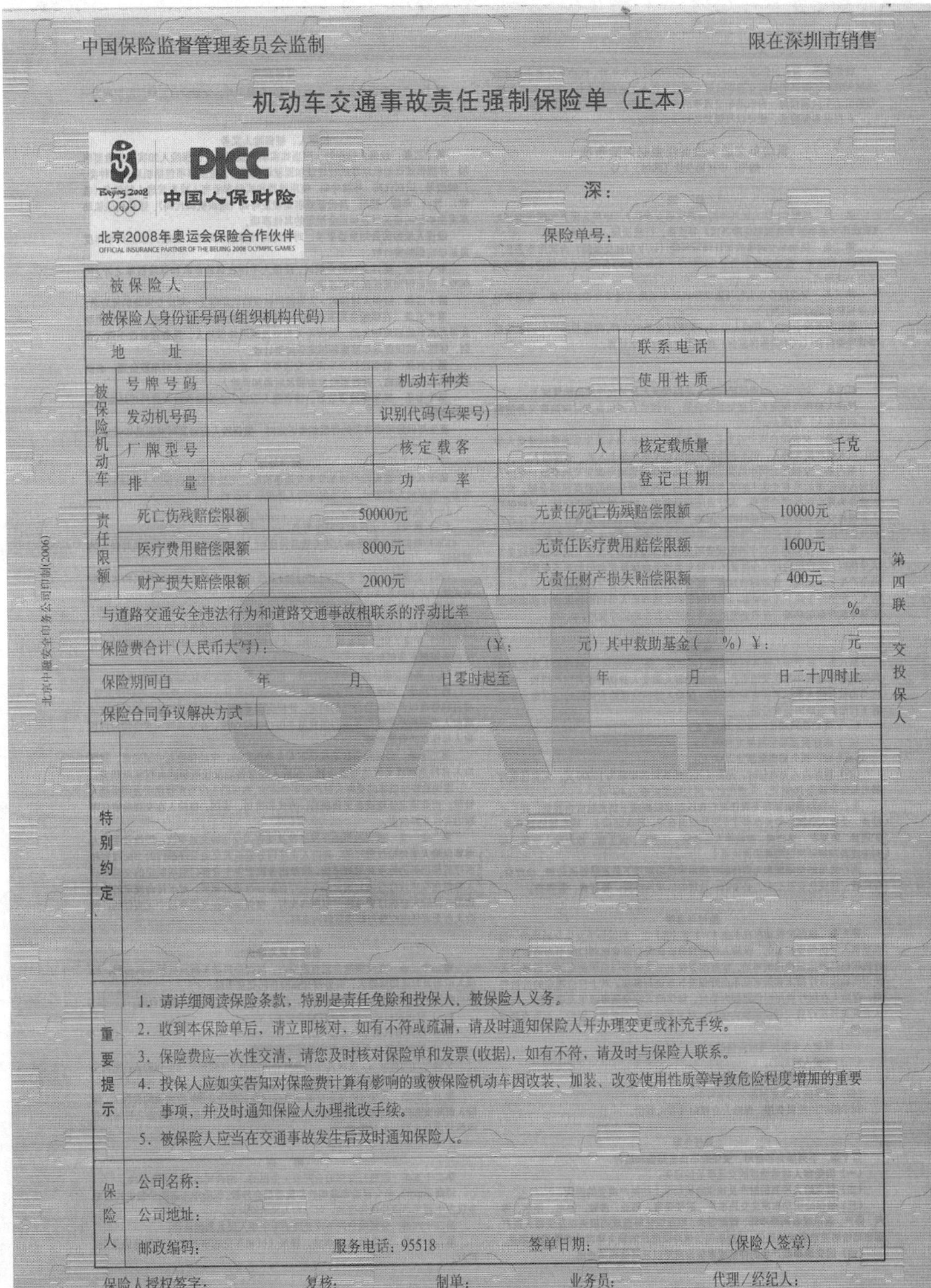

中国保险监督管理委员会监制　　　　限在深圳市销售

机动车交通事故责任强制保险单（正本）

PICC 中国人保财险

北京2008年奥运会保险合作伙伴

OFFICIAL INSURANCE PARTNER OF THE BEIJING 2008 OLYMPIC GAMES

深：

保险单号：

被保险人					
被保险人身份证号码(组织机构代码)					
地　址				联系电话	
被保险机动车 号牌号码		机动车种类		使用性质	
发动机号码		识别代码(车架号)			
厂牌型号		核定载客	人	核定载质量	千克
排　量		功　率		登记日期	
责任限额 死亡伤残赔偿限额	50000元		无责任死亡伤残赔偿限额		10000元
医疗费用赔偿限额	8000元		无责任医疗费用赔偿限额		1600元
财产损失赔偿限额	2000元		无责任财产损失赔偿限额		400元
与道路交通安全违法行为和道路交通事故相联系的浮动比率					%
保险费合计（人民币大写）：		（¥：　元）其中救助基金（　%）¥：　元			
保险期间自　年　月　日零时起至　年　月　日二十四时止					
保险合同争议解决方式					
特别约定					
重要提示	1. 请详细阅读保险条款，特别是责任免除和投保人、被保险人义务。 2. 收到本保险单后，请立即核对，如有不符或疏漏，请及时通知保险人并办理变更或补充手续。 3. 保险费应一次性交清，请您及时核对保险单和发票（收据），如有不符，请及时与保险人联系。 4. 投保人应如实告知对保险费计算有影响的或被保险机动车因改装、加装、改变使用性质等导致危险程度增加的重要事项，并及时通知保险人办理批改手续。 5. 被保险人应当在交通事故发生后及时通知保险人。				
保险人	公司名称： 公司地址： 邮政编码：　服务电话：95518　签单日期：　（保险人签章）				

保险人授权签字：　复核：　制单：　业务员：　代理/经纪人：

第四联 交投保人

北京中融安全印务公司印制(2006)

图7-4　机动车交通事故责任强制保险单

特别提示：

内置型保险标志可不加盖保险公司业务专用章，便携式保险标志必须加盖保险公司业务专用章。内置型保险标志从2011年开始使用，交强险标志将循环执行2008、2009和2010年度到期的三套交强险标志的颜色标准，如图7-5所示。

图7-5 交强险标志

10）交强险单证和交强险标志的使用应符合下列要求：

① 尽量使用统一标准的交强险保险单。除摩托车、拖拉机或其他经保监会同意的业务可以使用定额保险单外，其他投保车辆必须使用交强险保单。定额保险单可以手工出单并手工填写发票，但必须在出具保险单后的7个工作日内，准确将其补录到业务处理系统中。

② 保险公司签发交强险单证或交强险标志时，有关内容不得涂改。涂改后的交强险单证或交强险标志无效。

③ 对于未取得牌照的新车，可以用完整的车辆发动机号或车辆识别代码代替号牌号码打印在交强险保险标志上。

④ 已生效的交强险单证或交强险标志发生损毁或者遗失时，交强险单证或交强险标志所有人应向保险公司申请补办。保险公司在收到补办申请后的5个工作日内，完成对被保险人申请的审核，并通过业务系统重新打印保险单和保险标志。重新打印的交强险单证或保险标志应与原交强险单证或交强险标志的内容一致。新保险单和新保险标志的印刷流水号码与原保险单号码能够通过系统查询到对应关系。

⑤ 在空白的交强险单证和交强险标志遗失后，应将遗失的交强险单证和交强险标志的印刷流水号及数量报告给当地保监局和总公司。省级分公司应在当地指定的保险网站公告作废。

⑥ 交强险单证和交强险标志的销毁以各保监局辖区为单位统一进行。各分支机构销毁交强险单证和交强险标志前应征得总公司同意，并向当地保监局报告。

二、见费出单

客户服务人员在收到保险费发票所示的保费后，方可将保单和保险费发票正本交给投保人。实行“见费出单”的地区，在确认收到保费后，方可打印保单等单证并交给投保人。

现在，大多数保险公司推行车险业务的“见费出单”制度，核心业务系统对已生成的、还没有进行收费确认的保单和批单将控制打印。具体要求如下：

1）保险公司要按照见费出单制度的要求在营业机构和代理点配置 POS 机，并做好 POS 机配置登记台账。对已终止业务的代理点要及时收回 POS 机。

2）被保险人或投保人在代理机构或保险公司柜台以现金方式支付保费时，代理机构或保险公司柜台应在收取保费后，通过刷卡方式将等额保费划入保险公司的收入账户。对配置“现金转刷卡”用于划拨现金缴费的机构应指定专人管理，并将“现金转刷卡”记录向总公司备案。

3）对“现金转刷卡”的使用建立专门的使用登记簿，记录代刷保单号、代刷时间、代刷金额等信息，严格禁止在没有收到保费的情况下使用“现金转刷卡”。

4）投保人以支票等非实时到账方式支付保费的，保费到达保险公司的保费账户后，营业机构应指定专人在系统中进行人工收费确认，禁止在没有确认保费到达公司账户前进行收费确认，禁止保费和保单的不对应确认。

5）实行“见费出单”制度，所有保单和批单都不允许倒签保险起期。对起保之后退保的保单，应按照商业车险或交强险条款的规定收取短期保费。

单元三　单证整理、装订、归档

留存在业务部门的单证，应由专人保管，做到及时整理、装订和归档，并按照业务档案管理的要求保存。每份承保档案应包括保单副本、保险费发票、投保单及其附件（验车照片、保险利益证明、客户身份识别资料、批单申请书、单证遗失声明等）。

一、保险单证

正式签发车险保单以后，承保人员必须及时做好单证的整理、装订和归档工作。交强险保单、商业险保单、批单应分别按流水号装订成册；作废保单应加盖作废章后按流水号装订。一般来讲，公司装订保险单证的要求是：商业险每 50 份单证装订成一册，交强险和批单每 100 份单证装订成一册。

> **特别提示：**
>
> 装订商业险保单应按发票、保单副本、投保单（包括投保单后粘贴条款、特别约定清单、机动车行驶证复印件或合格证复印件及购车发票、投保人和被保险人身份证复印件）顺序装订。如涉及车辆吨、座位等变更事项，还应在投保单后附机动车登记证复印件等；如使用费率调整系数，还应在投保单后附相应证明材料等。
>
> 装订交强险保单应按发票、保单副本、投保单（包括投保单后粘贴条款、特别约定清单）顺序装订（所有实务手续归档在商业险保单内）。单独投保交强险的，按发票、保单副本、投保单（包括投保单后粘贴条款、特别约定清单、机动车行驶证复印件或合格证复印件及购车发票、投保人和被保险人身份证复印件）顺序装订。
>
> 批单的装订顺序是发票（如保费增加）、批单副本、批改申请书和相应证明材料。如涉及退保的，还应装订收回的保险单正本（保险证、保险标志粘贴在保险单正本上）。

二、验车照片

验车一律用数码相机拍照，严格按照片命名格式对照片进行命名，并按月将照片统一保存于市级公司的服务器上，并按要求将照片直接放到与公司代码相对应的文件夹中。

三、日清日结要求

每日整理所有保单、批单及相关资料，将留存的照片和文件等归档；并复查当日所有数据，看其是否符合规定，如有错误，应联系业务人员及时更改。

【任务实施】

学生分组

以6~8人为1组，其中每两人再为1小组，1人扮演车主张先生，1人扮演汽车保险承保人员，进行即兴表演。

训练方式：

每小组选出两位优秀的学生，代表本组和其他组进行PK。

考核要点：

1. 是否能为客户张先生准确介绍核保流程。
2. 是否能独立完成核保工作。
3. 缮制保险单证时是否能按照规定去做。

考核方式：

情景模拟，小组互评，教师点评。

填写核保单证。

任务八 变更、终止汽车保险合同

【知识目标】

1. 了解汽车保险合同的含义。
2. 掌握汽车保险合同的要素。
3. 掌握汽车保险合同变更、解除和终止的事项。
4. 掌握汽车保险合同解释原则。

【能力目标】

1. 能够按照公司的规定处理汽车保险合同变更业务。
2. 能够按照公司的规定处理汽车保险合同解除业务。

【任务描述】

客户张先生当时买的速腾车不是电动座椅。在投保一个月以后，为了出行方便、乘坐舒服，张先生在自己车上加装了一台导航仪，并按照要求安装了电动座椅。这样一来，前期投保的险种对这部分损失不提供保障，于是张先生提出要变更保险条款——增加一个险种。你作为一名汽车保险承保人员，需要为张先生提供哪些服务呢？

【任务分析】

要想为张先生服务，完成汽车保险合同变更业务，汽车保险承保人员必须了解汽车保险合同的形式、汽车保险合同的要素以及汽车保险合同在什么情况下可以变更、需要以什么形式进行变更。其中所需要的知识和技能可以通过对以下各单元的学习而获得。

单元一　汽车保险合同形式

一、汽车保险合同的定义

合同是平等主体的自然人、法人、其他组织之间设立、变更、终止民事权利义务关系的协议。

保险合同属于合同的一种，是投保人与保险人约定保险权利与义务关系的协议，是保险活动最基本的法律表现形式。

按保险人承担的责任，可将保险合同分为财产保险合同和人身保险合同，具体见表8-1。

表8-1　保险合同种类及其具体解释

保险合同种类	具体解释
财产保险合同	以财产及其有关利益为保险标的的保险合同
人身保险合同	以人的寿命和身体为保险标的的保险合同

汽车保险合同是财产保险合同的一种，是指以汽车及其有关利益作为保险标的的保险合同。

> **特别提示：**
> 汽车保险合同不仅适用《保险法》、《道路交通安全法》、《机动车交通事故责任强制保险条例》等法律法规的规定，而且适用《中华人民共和国合同法》和《中华人民共和国民法通则》的有关规定。

二、汽车保险合同的形式

在汽车保险的具体实务工作中，汽车保险合同主要有以下几种形式：

1. 投保单

汽车保险投保单又称为“要保单”或者称为“投保申请书”，是投保人申请保险的一种书面形式。

2. 暂保单

暂保单是保险人出具正式保单之前签发的临时保险合同，用以证明保险人同意承保。暂保单的内容较为简单，仅包括保险标的、保险责任、保险金额以及保险关系当事人的权利和义务等，如图8-1所示。

订立暂保单不是签订保险合同的必经程序。一般来说，使用暂保单的有以下几种情况：

中国保险监督管理委员会监制　　　　限在四川省销售

中国人民财产保险股份有限公司机动车提车暂保单（副本）

中国人民财产保险股份有限公司
PICC Property and Casualty Company Limited

川：

暂保单号：

鉴于投保人已向保险人提出投保申请，并同意按约定交付保险费，保险人依照本暂保单中载明的保险条款和特别约定，承担经济赔偿责任。

被保险人			
移动证号（临时号牌）		厂牌型号	
发动机号		车 架 号	
购车发票号		保险金额（新车购置价）	
保险费（人民币大写）：		（¥　　元）	
保险期间：30天，自　年　月　日　时起至　年　月　日　时止			
特别约定	1. 本暂保单仅承保机动车损失险和第三者责任险，不承保车上人员责任险，第三者责任险的赔偿限额为5万元人民币。保险责任及责任免除等事项，以本暂保单中载明的保险条款为准。 2. 在本暂保单保险期间内，无有效移动证或临时号牌，保险人不承担赔偿责任。 3. 索赔时应交验本暂保单、购车发票正本及移动证或临时号牌正本。		
重要提示	1. 收到本暂保单后请立即核对，填写内容如与投保事实不符，请在48小时内通知保险人并办理变更手续。 2. 请详细阅读所附保险条款，特别是有关责任免除和投保人、被保险人义务的部分。 3. 本暂保单涂改无效，一经签发，不得退保。 4. 在领取车辆正式号牌后，应尽快到注册地保险人处办理机动车保险。 5. 发生保险事故后，请在48小时内通知保险人。		
被保险人地址： 邮政编码： 联系电话： 联 系 人：		保 险 人： 地　　址： 邮政编码： 联系电话：95518　（保险人签章）	
投保人签章： 年　月　日		代 理 人： 地　　址： 邮政编码： 联系电话：　（代理人签章）	
签单日期：　年　月　日			

核保：　　制单：　　经办：

北京中融安全印务公司印刷(2006)

第一联 业务留存

图 8-1　中国人民财产保险股份有限公司车辆险暂保单

1）保险代理人在争取到业务但保险人尚未办妥保险单之前，需给被保险人开具临时证明。

2）保险公司的分支机构在接受投保人的要约后，需要获得上级保险公司或保险总公司的批准。

3）保险人和投保人在洽谈或续订保险合同时，订约双方已就主要条款达成一致，但仍有一些条件尚未谈妥。

4）出口贸易结汇，保险单是必备的文件之一，在保险单或保险凭证未出具之前，可出立暂保单，以证明出口货物已办理保险，作为办理结汇的凭证之一。

特别提示：

暂保单具有与正式保单同等的法律效力。同正式保单相比，暂保单的内容相对简单、保险期限短、可由保险人或兼业保险代理机构签发。而正式保单尽管法律效力与暂保单相同，但其内容较为复杂，保险期限通常为一年，保险单只能由保险人签发。我国现行的汽车保险中的提车暂保单承保车辆损失险和第三者责任险。

3. 保险单

保险单简称为“保单”，是保险人和投保人之间订立保险合同的正式书面凭证，具体样式如图 7-3 和图 7-4 所示。保险单根据汽车投保人申请，在保险合同成立之后，由保险人向投保人签发。保险单上列明了保险合同的所有内容，它是保险双方当事人确定权利、义务和在发生保险事故、遭受经济损失后，被保险人向保险人索赔的重要依据。

4. 保险凭证

保险凭证也称保险卡或保险证，是保险人发给投保人以证明保险合同已经订立或保险单已经签发的一种凭证，如图 8-2 所示。机动车辆保险的标的具有流动性大、出险概率较高的特点，一旦出险就需要出示保险合同。但是，被保险人和其允许的驾驶人员往往不止一人，尤其是单位投保人同时投保多辆机动车，不便也不可能随身携带保险单，因此保险人在签发保险单时，还向被保险人签发机动车辆保险凭证，便于被保险人或其允许的驾驶人员随身携带，以证明保险合同的存在。

特别提示：

保险凭证的法律效力与保险单相同，保险凭证上未列明的事项以保险单为准。

5. 其他书面协议形式

这是指除上述 4 种形式外，保险合同还可以采用其他的书面协议形式，如附加保险条款和批单，也构成保险合同的一部分。在保险合同生效后，如因保险标的、风险程度有变动，就需要在保险合同中增加新的内容或对部分内容进行修改。因此，保险人在保险合同之外出具批单，以注明保险单的变动事项，或者在保险合同上记载附加条款，以增加原保险合同的内容。批单和附加保险条款的法律效力都优于原保险单的同类款目。

（1）批单 在保险合同有效期间，可能发生需要部分更改的情况，这时也要对保险单进行批改。保险单的批改应该根据不同的情况，采用统一标准和措词的批单，如图 8-3 所示。批单的内容通常包括：批改申请人、批改的要求、批改前的内容、批改后的内容、是否增加保险费、增加保险费的计算方式和增加的保险费，并明确除本批改外原合同的其他内容不变。

中国人民财产保险股份有限公司

PICC 中国人保财险

北京2008年奥运会保险合作伙伴

OFFICIAL INSURANCE PARTNER OF THE BEIJING 2008 OLYMPIC GAMES

PICC Property and Casualty Company Litimed

机 动 车 保 险 证

随车携带

就地报案　　机构遍布全国　　随时提供服务

×× No.

(正面)

保险单号＿＿＿＿＿＿＿＿

被保险人＿＿＿＿＿＿＿＿

号牌号码　　　　　　厂牌型号

发动机号　　　　　　使用性质

车 架 号　　　　　　人/千克　/

承保险种

保险期限 自　年　月　日 零时起　保险公司

　　　　 至　年　月　日24 时止　签章

服务报案电话：95518

(反面)

图 8-2　中国人民财产保险股份公司机动车保险证

中国保险监督管理委员会监制　　　　限在重庆市销售

PICC 中国人保财险

北京2008年奥运会保险合作伙伴

OFFICIAL INSURANCE PARTNER OF THE BEIJING 2008 OLYMPIC GAMES

机动车交通事故责任强制保险批单（正本）

渝：

批 单 号：

被保险人：　　　　　　保险单号：

批文：

SALI

第三联　交投保人

保险人签章：

年　月　日

备　注：

核保：　　　　制单：　　　　经办：

图 8-3　汽车保险批单

特别提示：

批单应该加贴在原保险单的正本和副本的背面，并加盖骑缝章，使其成为保险合同的一部分。在多次批改的情况下，最近一次批改的效力优于之前的批改，手写批改的效力优于打印的批改。

(2) **书面协议** 保险人经与投保人协商同意，可将双方约定的承保内容及彼此的权利和义务关系以书面协议的形式明确下来，这种书面协议也是保险合同的一种形式。同正式保单相比，书面协议的内容不事先拟就，而是根据保险关系双方当事人协商一致的结果来签订，具有较大的灵活性和针对性，是一种不固定格式的保险单，它与保险单具有同等法律效力。

单元二　汽车保险合同的主体、客体和内容

一、汽车保险合同的主体

所谓汽车保险合同的主体是指具有权利能力和行为能力的保险关系双方，包括汽车保险合同当事人、关系人和中介人三方面内容。与汽车保险合同订立直接发生关系的人是保险合同的当事人，包括汽车保险人和汽车保险投保人；与汽车保险合同间接发生关系的人是合同的关系人，仅指被保险人。由于保险业务涉及的面较广，通常存在中介人，如保险代理人、经纪人、公估人等。

1. 汽车保险合同的当事人

汽车保险合同当事人应符合的条件见表8-2。

表8-2　保险合同当事人介绍

当事人	含　义	符合的条件
保险人	汽车保险人是指与投保人订立汽车保险合同，对于合同约定的可能发生的事故因其发生造成汽车本身损失及其他损失承担赔偿责任的财产保险公司	对于保险人在法律上的资格，各国保险法都有严格规定。一般来说，保险人经营保险业务必须经过国家有关部门审查认可。按我国现行法律规定，保险人必须符合以下条件： ① 保险人要具备法定资格，是具有完全的民事权利能力和民事行为能力，能够独立承担民事责任的自然人、法人和其他组织 ② 保险人须以自己的名义订立保险合同 ③ 保险人须依照合同承担责任
投保人	汽车保险投保人是指与汽车保险人（即保险公司）订立汽车保险合同，并按照保险合同承担支付保险费义务的人	汽车保险投保人应具备下列三个条件： ① 投保人须具有民事权利能力和民事行为能力 ② 投保人必须对保险标的具有保险利益 ③ 投保人必须按合同约定支付保险费

2. 汽车保险合同的关系人

在财产保险合同中，合同的关系人仅仅指被保险人；而人身保险合同中的关系人除了被保险人外，还有受益人。通常被保险人是一个，而受益人可以为多个。汽车保险合同是财产保险合同的一种，应当具有财产保险合同的一般特征。因而，汽车保险合同的关系人是被保险人。

所谓汽车保险被保险人是指其财产或者人身受汽车保险合同保障，享有保险金请求权的人。

3. 汽车保险合同的中介人

由于汽车保险在承保与理赔中的涉及面广，中间环节较多，因而在汽车保险合同成立及其理赔过程中，存在众多的社会中介组织，如汽车保险代理人、汽车保险经纪人、汽车保险公估人等，具体见表8-3。

表8-3 保险中介人种类及具体解释

中介人种类	具体解释
保险代理人	指根据汽车保险人的委托，在汽车保险人授权的范围内代为办理汽车保险业务的单位或者个人。通常，汽车保险代理人可以分为专业保险代理人、兼业保险代理人和个人保险代理人
保险经纪人	指基于投保人的利益，为投保人与保险人订立汽车保险合同或与汽车有关的人身保险合同提供中介服务，并依法收取佣金的单位或个人。根据我国《保险经纪机构监管规定》，除中国保险监督管理委员会另有规定外，保险经纪机构应当采取有限责任公司和股份有限公司两种组织形式
保险公估人	指接受汽车保险人、投保人或被保险人的委托，办理汽车保险标的的勘查、鉴定、估损以及赔款的理算，并向委托人收取佣金的单位或个人。一般是指有限责任制的保险公估公司

二、汽车保险合同的客体

汽车保险合同的客体是指汽车保险合同当事人双方的权利和义务所共同指向的对象。汽车保险合同的客体不是保险标的本身，而是投保人或被保险人对保险标的所具有的、合法的经济利害关系，即保险利益。

保险利益与保险标的含义不同，但二者又是相互依存的关系。投保人或被保险人在投保或索赔时，一般须对保险标的具有保险利益，否则保险人是不予承保或赔偿的。保险利益又以保险标的的存在为条件，体现在当保险标的存在时，投保人或被保险人对保险标的的经济利益也继续存在；当保险标的遭遇损失时，投保人或被保险人也将蒙受经济上的损失。投保人或被保险人向保险人投保，要求经济保障的，不是保险标的本身，而是其保险标的所具有的经济上的利益。《保险法》第四十八条规定：保险事故发生时，被保险人对保险标的不具有保险利益的，不得向保险人请求赔偿保险金。

三、汽车保险合同的内容

汽车保险合同的内容主要用来规定保险双方当事人所享有的权利和所承担的义务，它通过保险条款使这种权利义务具体化，包括基本条款和附加条款（约定条款）。

基本条款是汽车保险合同中不可缺少的条款，没有基本条款也就没有汽车保险合同。基本条款中包括以下内容：保险人名称和住所、投保人和被保险人的名称和住所、保险标的、保险责任和责任免除、保险期限和保险责任开始时间、保险价值、保险金额、保险费、保险赔偿办法、违约责任和争议处理、订立合同的年、月、日等内容。上述内容便构成了汽车保险合同的基本条款。

附加条款是应投保人的要求而增加承保危险的条款。相当于扩大了承保范围，以满足部分投保人的特殊要求。

重要内容：

汽车保险合同基本事项包括：

1. 当事人的姓名和住所。
2. 保险标的。
3. 保险责任。
4. 责任免除。
5. 保险期限和保险责任开始的时间。
6. 保险金额。
7. 保险人、投保人及被保险人的义务。
8. 保险费。
9. 保险金的赔偿办法。
10. 违约责任和争议处理。
11. 订立合同的年、月、日。

单元三　汽车保险合同的变更、解除和终止

一、汽车保险合同的变更、解除

1. 交强险和商业险共同的规定

1）在保险期间内，被保险机动车转让他人的，则由受让人承继被保险人的权利和义务。被保险人或者受让人应当及时书面通知保险人并办理批改手续。如果存在因转让发生保费减免的情况，退费应退还投保人。

2）被保险机动车在保险期间内，发生变更事项时，投保人应提出书面申请，填写“批改申请书”并签名，如是法人或其他组织应加盖公章。

如果非投保人办理变更，应由投保人出具“办理批改委托书”，载明“委托×××办理××××××车辆的××××批改事项”。投保人为法人或其他组织时，应在委托书上加盖单位公章；投保人为自然人时，应由投保人签名并提供身份证原件。办理批改的经办人应同时提供其本人的身份证原件。投保人（为自然人时）及办理批改的经办人的身份证均要复印后附贴在“批改申请书”背面。

特别提示：

根据被保险人提交的变更合同申请书及相关手续，应在对原保险单和有关情况进行认真核对后，业务部门才可出具批单。对需要加收保费的，业务部门出具批单送财务部门办理收费手续；对需要退费的，业务部门出具批单送财务部门办理退费手续。

3）批改生效日期不得提前于批改录入日期。

2. 交强险规定

1）发生以下变更事项时，保险人应对保险单进行批改，并根据变更事项增加或减少保险费。

① 被保险机动车转卖、转让、赠送他人（指本地过户）。

② 被保险机动车变更使用性质。

③ 变更其他事项。

2）发生下列情形时，保险人应对保险单进行批改，并按照保单年度重新核定保险费

计收。

① 投保人未如实告知重要事项，对保险费计算有影响的，并造成按照保单年度重新核定保险费上升的。

② 在保险合同有效期限内，被保险机动车因改装、加装、使用性质改变等导致危险程度增加，未及时通知保险人且未办理批改手续的。

特别提示：

在交强险合同有效期内停驶的营业性机动车可以办理保险期间顺延，停驶机动车在交强险合同有效期内只能办理1次保险期间顺延，且顺延期间最短不低于1个月，最长不超过4个月。具体操作办法按《停驶机动车交强险业务处理暂行办法》（中保协发［2009］68号）执行。

3）保险人解除合同。投保人故意或者因重大过失对重要事项未履行如实告知义务，保险人在行使解除合同的权利前，应当书面通知投保人，投保人应当自收到通知之日起5日内履行如实告知义务。投保人在上述期限内履行如实告知义务的。保险人不得解除合同。保险人的合同解除权自保险人知道有解除事由之日起，超过30日不行使而消灭。

特别提示：

保险人解除合同的，保险人应收回交强险保险单等，并可以书面通知机动车管理部门。对于投保人无法提供保险单和交强险标志的，投保人应向保险人出具能够充分说明理由的书面材料并签字（章）确认，保险人同意后方可办理退保手续。

4）投保人解除合同。投保人解除合同的具体条件见表8-4。

表8-4 投保人解除合同的具体条件

投保人解除合同的条件	具体要求
被保险机动车被依法注销登记的	须提供车辆管理部门的注销证明
被保险机动车办理停驶的	须提供当地交通运输管理部门出具的合法停驶证明
被保险机动车经公安机关证实丢失的	须提供公安机关出具的丢失证明
投保人重复投保交强险的	须提供重复投保的交强险保单正本原件或复印件。投保人因重复投保解除交强险合同的，只能解除保险起期在后的保险合同，保险人全额退还起期在后的保险合同的保险费，出险时按起期在前的保险合同进行赔偿
被保险机动车被转卖、转让、赠送至车籍所在地以外的地方	车籍所在地按地市级行政区划划分。被保险机动车被转卖、转让、赠送至车籍所在省（自治区、直辖市）以外的地方，不解除原交强险合同的，机动车受让人承继原被保险人的权利和义务；投保人或受让人要求解除原交强险合同的，须持机动车所有权转移证明和原交强险保单原件办理原交强险合同的退保手续，受让人应在机动车新入户地区重新投保交强险，新投保的交强险费率不浮动

（续）

投保人解除合同的条件	具体要求
新车因质量问题被销售商召回或因相关技术参数不符合国家规定交管部门不予上户的	新车因质量问题或相关技术参数不符合国家规定导致投保人放弃购买车辆或交管部门不予上户的，投保人能提供产品质量缺陷证明、销售商退车证明或交管部门的不予上户证明的，保险人可在收回交强险保单和保险标志的情况下解除保险合同

投保人办理合同解除手续时，投保人应提供相应的证明材料，保险人在收回交强险保险单、保险标志后，方可办理交强险退保手续，并书面通知机动车管理部门。

3. 商业险规定

1）发生以下变更事项时，保险人应对保险单进行批改，并根据变更事项增加或减少保险费。

① 被保险人变更，即被保险机动车转卖、转让、赠送他人。

② 被保险机动车增、减危险程度。

③ 被保险机动车变更使用性质。

④ 调整保险金额或责任限额。

⑤ 所有险种提前退保。

⑥ 加保或退保部分险种。

⑦ 变更指定驾驶人。

⑧ 顺延保险期限。

⑨ 变更其他事项。

2）业务人员接到投保人提出的书面变更申请后，应对原保险单和有关情况进行核对并提出处理意见；凡加保机动车损失保险或全车盗抢险或自燃损失险或火灾、爆炸、自燃损失险（含加保及增加保额）的，必须按照规定验车；加保其他险种的，必要时也要进行验车。

3）更换车辆不得进行批改，必须采取退保原车辆、重新承保新车辆的方式。

4）进行部分险种或全部险种的退保时，必须查询退保险种是否有未决报案信息；对于明确属于保险责任的，应向投保人说明，在领取赔款后方可进行批改。

5）车身划痕损失险不得进行恢复或增加保险金额的批改；车辆停驶损失险的承保天数未达到最高约定赔偿天数（60 天）时，可以加保到约定的最高赔偿天数。

6）批改时的车龄因素按照承保时的商议结果确定。

7）因保险赔偿致使合同终止时，由业务部门根据理赔部门提供的已审批的赔款计算书和收回的保险单正本及强制保险标志，出具终止合同批单。

被保险机动车发生部分损失的，在保险人赔偿后三十日内，投保人可以终止保险合同；除合同约定不得终止保险合同的以外，保险人也可以终止合同。保险人终止合同的，应当提前十五日通知投保人，并将被保险机动车的未受损失部分的保险费，扣除自保险责任开始之日起至终止之日止期间的应收部分后，退还投保人。

8）车损险超额保险退费问题。按照目前保监会和行业协会初定的实务要求，被保险机动车发生部分损失或者未发生保险事故的，车损险不退费；被保险机动车发生全部损失的，按未了责任期间退还保险金额超过保险事故发生时被保险机动车实际价值部分所对应的保险费。

车损险退费公式 = （车损险保险金额 – 实际价值）/车损险保险金额 × 签单保费 × 未了责任天数/保险天数

车损不计免赔险退费公式 = 车损险退费金额 × 15%

特别提示：

公式中的实际价值指保险事故发生时被保险机动车的实际价值，根据条款中规定的折旧率和实际使用月份计算。

二、汽车保险合同的终止

汽车保险合同终止是指保险合同权利义务关系的绝对消灭。引起保险合同终止的种类主要包括以下几种，见表8-5。

表8-5　汽车保险合同的终止种类和具体规定

终止种类	具体规定
自然终止	指保险合同有效期限届满，保险人承担的保险责任即告终止。自然终止是保险合同终止最普遍、最基本的方式。汽车保险合同的期限通常为一年，合同到期后，如投保人续保，新的保险合同成立
因解除而终止	保险合同被解除是导致合同终止的又一个重要原因。若汽车保险合同双方当事人中的任何一方根据法律规定或者双方的约定行使合同的解除权，并以书面形式通知对方当事人，合同的效力即行终止；或者双方当事人通过协商，达成解除合同的协议，合同的效力也即行终止
因义务履行而终止	义务履行而终止是指保险事故发生后，保险人履行了赔付保险金的全部责任，导致合同终止。这里的全部责任，是指发生了保险人应当按约定的保险金额全部赔付的保险事故。保险人承担了保险合同约定的应承担的全部责任，因此因保险人履行了全部义务而导致合同终止。如保险车辆因一次事故全部损毁或推定全损，保险人给付保险赔偿金后，汽车保险合同即行终止

三、汽车保险合同的解释原则和争议处理

1. 汽车保险合同的解释原则

在履行保险合同的过程中，往往会出现由于保险双方当事人对合同的理解不同，在主张权利和义务时发生分歧及争议。在这种情况下，采用合适的原则对合同的内容及其用词进行解释就显得尤为重要。保险合同的解释应遵循以下几项原则：

（1）**合法解释原则**　解释合同的内容应该首先不违反国家的法律和行政法规。汽车保险合同当事人在对有分歧理解的汽车保险合同条款进行解释时不得违反法律和法规的强制性规定。

（2）**文义解释原则**　文义解释原则是指应该按照保险条款的文字含义解释的原则。保险条款的文字含义包括两部分：一是文字的普通含义；二是文字的专门含义，即专业术语。对于专业术语有立法解释的，以立法解释为准，没有立法解释的，以司法解释和行政解释为准；无上述解释的，应按行业习惯或保险业公认的含义解释，同一合同出现的同一词的含义应一致。

(3) **意图解释原则** 意图解释原则认为保险合同是双方当事人意思表示一致的结果。因此，在解释合同时，必须尊重订立合同时双方当事人的真实意图，要根据订立合同时的背景及客观实际情况进行逻辑分析、演绎来确定具体条款的含义。

(4) **整体解释原则** 整体解释原则是指解释保险合同时，要求从合同的整体全面考虑，不能根据只言片语而断章取义，要根据订立合同的目的、结合合同其他条款的内容来确定具体条款的含义。

(5) **有利于被保险人的解释原则** 这是由保险合同的附和性所决定的，保险条款是由保险人事先拟就的，投保人在订立合同时，对合同条款只能表示是否接受，在法律地位上相对处于弱势，而保险人则有较大的优势。对此，为了平衡保险双方当事人的地位，在合同进行解释的原则上，法律做了一定的倾斜。在按照以上各种解释原则都不能对有争议的条款进行清楚解释的情况下，或者对有争议条款具有两种以上解释的情况下，应当采用有利于被保险人的原则进行解释。

《保险法》第三十条规定：采用保险人提供的格式条款订立的保险合同，保险人与投保人、被保险人或者受益人对合同条款有争议的，应当按照通常理解予以解释。对合同条款有两种以上解释的，人民法院或者仲裁机构应当作出有利于被保险人和受益人的解释。

2. 汽车保险合同的争议处理

汽车保险合同争议是指保险合同双方就保险责任的归属、赔偿金数额确定等问题，对保险条款的解释产生异议，各执己见而发生纠纷。

我国《合同法》128条规定：当事人可以通过和解或者调解解决合同争议。当事人不愿意和解、调解或者和解、调解不成的，可以根据仲裁协议向仲裁机关申请仲裁。涉外合同的当事人可以根据仲裁协议向中国仲裁机构或者其他仲裁机构申请仲裁。当事人没有订立仲裁协议或者仲裁协议无效的，可以向人民法院起诉。当事人应当履行发生法律效力的判决、仲裁裁决、调解书；拒不履行的，对方可以请求人民法院执行。

根据上述规定，当保险合同产生争议纠纷的时候，可以采取和解、调解、仲裁以及诉讼的方式解决。汽车保险合同也不例外，也是通过和解、调解、仲裁以及诉讼的方式解决双方当事人纠纷的。

【任务实施】

学生分组

以6~8人为1组，其中每两人再为1小组，1人扮演车主张先生，1人扮演汽车保险工作人员，进行即兴表演。

训练方式

每小组选出两位优秀的学生代表本组和其他组进行PK。

考核要点

1. 是否能为客户张先生介绍合同变更的情况及变更的要求。
2. 是否能独立完成汽车保险合同的变更工作。

考核方式

情景模拟，小组互评，教师点评。

制作关于汽车保险合同变更的批单。

任务九 续保和无赔款优待

【知识目标】

1. 了解续保和无赔款优待的含义。
2. 掌握续保业务需要提供的资料。
3. 了解对办理续保工作人员的要求。
4. 掌握无赔款优待的条件。

【能力目标】

1. 能够按照公司的规定处理汽车保险合同变更业务。
2. 能够按照公司的要求处理汽车保险合同解除业务。

【任务描述】

客户张先生投保的汽车保险还有一个月到期，你作为一名汽车保险承保人员，需要预约张先生续保，并为张先生提供续保服务。

【任务分析】

要想为张先生服务，完成预约和续保业务，汽车保险承保人员必须掌握续保的含义及续保业务需要提供的资料，并了解对办理续保工作人员的要求、在什么情况下续保时享受无赔款优待。上述所需知识和技能可以通过对以下各单元的学习而获得。

单元一 续 保

一、续保的含义

重要知识：

汽车保险的期限一般为一年。保险期满后，投保人在同一保险人处重新办理汽车保险的事宜称为续保。

在汽车保险续保实务中，续保业务一般在原保险到期前的一个月开始办理。为防止续保以后至原保险单到期这段时间内发生保险责任事故，在续保通知书内应注明：“出单前，如有保险责任事故发生，应重新计算保险费；全年无保险责任事故发生，可享受无赔款优待”等字样。

二、续保业务需要提供的资料

在办理续保时，投保人应提供的单据如图 9-1 所示。

投保人办理续保业务应到上一年度机动车辆保险单的出单地点办理，即保险公司分公司续保所需单据：
- 上一年度的机动车辆保险单
- 经交通管理部门核发并检验合格的保险车辆的行驶证和车牌号
- 交纳所需的保险费（保险金额和保险费须重新确定）

图 9-1 投保人应提供的单据

或支公司，保险代办点不能出单。

三、对办理续保工作人员的要求

1）业务内勤在每月 20 日之前，将下个月保险到期的保单明细提交承保管理人员，明细应包括保单号、被保险人名称、联系方式、本年度的出险理赔情况和业务来源。

2）承保管理人员根据业务质量确定是否续保和续保条件，并将续保方案通知客户服务人员。

3）客户服务人员按照续保方案及时和客户取得联系，争取成功续保。

4）与新车销售渠道合作时，应将续保作为业务合作的前提条件。

5）续保业务录入核心业务系统时注明上年的保单号。

单元二 无赔款优待

一、无赔款优待的含义

无赔款优待是指保险车辆在上一保险期限内无赔款，续保时可享受因无赔款而减收保险费的优待。

二、无赔款优待的条件

保险车辆如果在上一保险期限内没有索赔，那么在续保的时候，无论是原保险公司还是新保险公司都会给予一定的费率折扣，即无赔款优待，这也是国际上通行的做法，在客观上可以加强车主的安全意识。对于首次投保的新车，不能享受无赔款优待。

机动车辆保险涉及基本险和各种附加险，保险车辆续保时可否享受到无赔款优待，可按以下原则掌握：

1）在上一保险期内未发生任何一个险别的赔款并按期续保的，可以享受。

2）被保险人只能享受所续保险种的无赔款优待，如果续保的险种与上年度相同，但投保金（限）额不同，则以本年度投保金（限）额对应的应交保险费为基础计算无赔款优待。

3）被保险人投保车辆不止一辆的，无赔款优待按车辆分别计算。

4）按年度投保的车辆损失险、第三者责任险和附加险中任何一项发生赔款，续保时均不能享受无赔款优待。

5）上一保险期限不足一年或保险期满后已脱保的，不能享受无赔款优待。

6）从其他保险公司（含本公司其他分支机构）转来续保的车辆，无赔款优待应根据投保人提供的转保车辆上年度的无赔款有效证明来计算。

特别提示：

对无赔款优待的比例，各公司有不同的规定，以前是一律为应交保险费的10%。车险费率改革后，有些公司把优待的比例提高到了最高30%，即连续3年没提出过索赔，保险公司会给予应交保险费30%的折扣。在国际保险市场，为了鼓励被保险人谨慎驾驶、降低事故的发生，有的保险公司对连续3年没有索赔的被保险人可以给予最高65%的折扣。

【任务实施】

学生分组：

以6~8人为1组，其中每两人再为1小组，1人扮演车主张先生，1人扮演汽车保险工作人员，进行即兴表演。

训练方式：

每小组选出两位优秀的学生代表本组和其他组进行PK。

考核要点：

1. 是否能顺利预约客户张先生办理续保业务，能否准确地为客户张先生介绍续保需要提供的材料。
2. 是否能准确地为客户张先生介绍无赔款优待的条件。
3. 是否能独立完成汽车保险的续保工作。

考核方式：

情景模拟，小组互评，教师点评。

汽车保险承保核保小常识

汽车保险单的“验真”方法

一、商业险保单验真是指如何鉴定您的保单是真保单还是假保单。保单的真假可以从以下几点查看、查询：

1）真的机动车辆保险单是由中国保险监督管理委员会统一监制的，左上角印有“中国保险监督管理委员会监制”字样，右上角印有“限在××省（市、自治区）销售”字样，上述字样均使用红色荧光油墨印制，在紫外线灯光下呈现光亮的橘红色。

2）真保险单的单证名称下还加印有一条由微缩的英文简称“CIRC”组成的黑色细线。保单中央用各公司的CI徽标或字母简称做成光栅效果。如中国人民保险公司使用“PICC”、中国太平洋保险股份有限公司使用“CPIC”、中国平安保险股份有限公司使用“PINGAN”、华泰财产保险股份有限公司使“HUATAI”。

3）真保险单采用280毫米×210毫米竖式幅面的无碳复写纸，一式四联。其中，第三联和第四联合为正本。批单、提车暂保单及摩托车/拖拉机定额保险单均为一式三联，其中第三联为正本，采用65克白色无碳复写纸印制并加印浅褐色防伪底纹。

4）投保人在收到保单的同时，可拨打保险公司的报案、咨询电话，查询是否有对应的保单记录。

二、交强险保单的“验真”方法

2006年6月23日，保监会公布了交强险标准保单和保险标志。交强险保险标志是保险公司向投保人核发的，证明其已经投保交强险的标志，分为内置型保险标志和便携型保险标志两种。具有风窗玻璃的投保车辆应使用内置型保险标志；不具有风窗玻璃的投保车辆，如摩托车、部分拖拉机等，应使用便携型保险标志。

交强险保单引入了防伪设计，消费者可以从四方面识别保单的真伪：

1）保单本身并不平整，而是立体的，由轿车和货车图案做成浮雕底纹。

2）中间“SALL”字样采用了光栅效果，而文字隐藏在保单底色中。

3）左上角的“中国保险监督管理委员会监制”字样以及“限在×××销售”及号码前的地区简称使用红色荧光防伪油墨，在紫外线灯光下发出荧光红色。

4）微缩文字在5～10倍以上的放大镜下清晰可辨。

汽车保险退保小常识

1. 什么是汽车保险退保

按规定，投保人及被保险人随时可以要求退保。如对保险公司不满意而想换保险公司、保险车辆按规定报废等，都可以申请解除保险合同，并要求退还未到期的保费。

2. 退保需要办理的手续

第一步：退保申请。写一份申请书，说明退保的原因和从什么时间开始退保，签字或盖章后交给保险公司。

第二步：出具退保批单。保险公司根据退保申请书出具一份退保批单，上面写明退保时间及应退保费金额，同时收回汽车保险单正本和保险卡。

第三步：领取应退保费。凭退保批单和身份证明，到保险公司的财务部门领取应退保费。

项目三 汽车保险理赔

学习引导

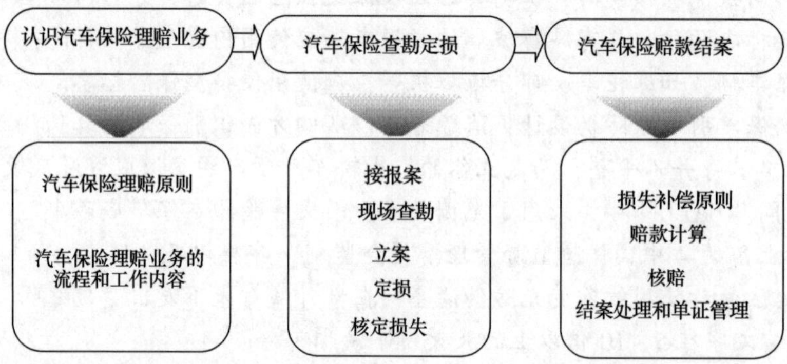

任务十 认识汽车保险理赔业务

【知识目标】

1. 理解汽车保险理赔的含义和特点。
2. 掌握汽车保险理赔的原则。
3. 掌握汽车保险理赔的业务流程。
4. 了解我国汽车保险理赔的模式。
5. 掌握汽车保险理赔所需的材料。

【能力目标】

1. 能够为客户讲解汽车保险理赔的一般流程和特殊理赔案件的流程，便于客户出险后正确索赔。
2. 能够指导出险客户提供索赔所需的单证材料。

【任务描述】

车主张先生在某保险公司办理了机动车辆保险投保业务，当他拿到保险单后，特别想了解一下有关汽车保险索赔（保险公司的理赔）的事项。你作为一名保险公司的工作人员，请为其解答一下汽车保险理赔的业务流程、大致的工作内容及索赔人员在索赔时候的注意事项。

【任务分析】

汽车保险是一种无形产品，客户买到手后，不能像有形产品那样，看得见摸得着。车主投保的目的就是以防不测，他们最担心的是在发生不测的时候，保险企业不能兑现赔偿承诺，因此对理赔业务不是很信任。所以，工作人员一定要懂得理赔的原则、理赔的业务流程及工作内容，能够用所学的知识为其耐心解答。完成上述任务所需的知识和技能可以通过对以下各单元的学习而获得。

单元一 汽车保险理赔原则

一、汽车保险理赔的特点

重要知识：

保险理赔是指在保险标的发生保险事故而使被保险人财产受到损失或人身生命受到损害，或保单约定的其他保险事故出现而需要给付保险金时，保险公司根据合同规定，履行赔偿或给付责任的行为，是直接体现保险职能和履行保险责任的工作。

汽车保险理赔是指保险车辆在发生保险责任范围内的损失后，保险人依据汽车保险合同的约定解决赔偿问题的过程。

汽车保险与其他保险不同，其理赔工作也具有显著的特点（表10-1），理赔工作人员必须对这些特点有一个清醒和系统的认识。了解和掌握这些特点是做好汽车理赔工作的前提和关键。

表10-1 汽车保险理赔的特点及具体解释

特　点	具体解释
被保险人的公众性	我国汽车保险的被保险人曾经是以单位、企业为主。随着个人拥有车辆数量的增加，被保险人中单一车主的比例逐步增加。这样，被保险人的公众性就体现得更加明显了
损失率高且损失金额较小	汽车保险的保险事故发生时虽然损失金额一般不大，但事故发生的频率高。一方面，保险公司在经营过程中需要投入的精力和费用较大。有的事故金额不大，但是，仍然涉及保险人对被保险人的服务质量问题，保险公司同样应予以足够的重视；另一方面，从个案的角度看，赔偿的金额不大，但积少成多也将对保险公司的经营产生重要影响
标的的流动性大	由于汽车的功能特点，决定了其具有相当大的流动性。车辆发生事故的地点和时间不确定，要求保险公司必须拥有一个运作良好的服务体系来支持理赔服务，其主体应是一个全天候的报案受理机制和庞大而高效的检验网络
受制于修理厂的程度较大	在汽车保险理赔中扮演重要角色的是修理厂，修理厂的修理价格、工期和质量均直接影响汽车保险的服务。因为，大多数被保险人在发生事故之后，均认为由于有了保险，保险公司就必须负责将车辆修复，所以在车辆交给修理厂之后，就很少过问了，认为一旦因车辆修理质量或工期，甚至价格等出现了问题，就可一并指责保险公司和修理厂。而事实上，保险公司在保险合同中承担的仅仅是经济补偿义务，对于事故车辆的修理以及相关的事宜都应由修理厂负责
道德风险普遍	在财产保险业务中，汽车保险是道德风险的“重灾区”。汽车保险具有标的流动性强、管理存在缺陷、保险信息不对称等特点。同时，汽车保险条款不完善、相关的法律环境不健全及汽车保险经营中的特点和管理中存在一些问题和漏洞，都给了不法之徒可乘之机，导致汽车保险欺诈案件时有发生

二、汽车理赔工作应遵循的基本原则

汽车理赔工作涉及面广，情况也比较复杂。在赔偿处理过程中，特别是在对汽车事故进行查勘的工作过程中，必须提出应有的要求并坚持一定的原则。

1. 坚持实事求是的原则

整个理赔工作过程体现了保险的经济补偿职能。当发生汽车保险事故后，保险人要“急被保险人之所急”，千方百计地避免损失扩大，尽量减轻因灾害事故造成的影响，及时安排事故车辆修复，并保证基本恢复车辆的原有技术性能，使其尽快投入生产运营。还应及时处理赔案、支付赔款，以保证运输生产单位（含个体运输户）生产、经营的持续进行和人民生活的安定。

在现场查勘、事故车辆修复定损以及赔案处理方面，保险人要坚持实事求是的原则，在尊重客观事实的基础上，对具体问题作具体分析，既要严格按条款办事，又要结合实际情况进行适当灵活处理，使各方都满意。

2. 坚持重合同、守信用、依法办事的原则

保险人是否履行合同，就看其是否严格履行经济补偿义务。因此，保险人在处理理赔案时，必须加强法制观念，严格按条款办事，该赔的一定要赔，而且要按照赔偿标准及规定赔足；对不属于保险责任范围的损失，不滥赔，同时还要向被保险人讲明道理。拒赔部分要讲事实、重证据；要依法办事，坚持重合同、诚实信用。只有这样才能树立保险的信誉，扩大保险的积极影响。

3. 坚决贯彻“八字”理赔原则

“主动、迅速、准确、合理”是保险理赔人员在长期的工作实践中总结出的经验，是保险理赔工作优质服务的最基本要求。

理赔工作的“八字”原则是辩证的统一体，不可偏废。如果片面追求速度，不深入调查了解，不对具体情况作具体分析，盲目下结论，或者计算不准确，草率处理，就可能会发生错案，甚至引起法律纠纷。当然，如果只追求准确、合理，忽视速度，不讲工作效率，赔案久拖不决，则可造成极坏的社会影响，损害公司的形象。理赔的总的要求是从实际出发，为客户着想，既要讲速度，又要讲质量，一定要让客户满意、开心，如图 10-1 所示。

4. 近因原则

(1) 近因与近因原则的含义 所谓近因并非指时间上或空间上与损失最接近的原因，而是指造成损失的最直接、最有效、起主导作用的原因。

图 10-1 让客户满意的理赔

例如，一辆汽车由于驾驶人操作错误，冲向路边，撞倒了路边的一棵大树，大树压坏了路旁的一座建筑物，造成建筑物坍塌，压死了屋内正在休息的居民。从时间和空间上看，建筑物坍塌是该居民死亡的最近、最直接的原因，但并非是导致该居民死亡的最有效、起主导作用或支配性作用的原因。导致该居民死亡的最有效的原因是汽车的撞击。因此，当损失的原因有两个以上，且各个原因之间的因果关系尚未中断的情况下，其最先发生并造成一连串损失的原因即为近因。

> **重要知识：**
>
> 近因原则的含义：当被保险人的损失是直接由于保险责任范围内的事故造成时，保险人才给予赔付；若近因属于除外风险或未保风险，则保险人不负赔偿责任。

(2) 近因的认定与保险责任的确定 在实际生活中，损害结果可能由单因造成，也可能由多因造成。单因比较简单，多因则比较复杂，主要有以下几种情况。

1）多种原因同时并发生。即损失由多种原因造成，且这些原因几乎同时发生，无法区分时间上的先后顺序。如果损失的发生有同时存在的多种原因，且对损失都起决定性作用，则它们都是近因。而保险人是否承担赔付责任，应按两种情况区分。第一，如果这些原因都属于保险风险，则保险人承担赔付责任；相反，如果这些原因都属于除外风险，保险人则不承担赔付责任。第二，如果这些原因中既有保险风险，也有除外风险，保险人是否承担赔付责任，要看损失结果是否容易分解。对于损失结果可以分别计算的，保险人只负责保险风险所致损失的赔付；对于损失结果难以划分的，保险人一般不予赔付。

2）多种原因连续发生。即损失是由若干个连续发生的原因造成的，且各原因之间的因果关系没有中断。如果损失的发生是由具有因果关系的连续事故所致，保险人是否承担赔付责任，也要区分两种情况。第一，如果这些原因中没有除外风险，则这些原因即损失的近因，保险人应负赔付责任。第二，如果这些原因中既有保险风险，也有除外风险，则要看损失的前因是保险风险还是除外风险。如果前因是保险风险，后因是除外风险，且后因是前因的必然结果，则保险人应承担赔付责任；相反，如果前因是除外风险，后因是保险风险，且后因是前因的必然结果，则保险人不承担赔付责任。

3）多种原因间断发生。即损失是由间断发生的多种原因造成的。如果风险事故的发生与损失之间的因果关系由于另外独立的新原因介入而中断，则该新原因即为损失的近因。如果该新原因属于保险风险，则保险人应承担赔付责任；相反，如果该新原因属于除外风险，则保险人不承担赔付责任。

三、我国汽车保险理赔的工作模式

国外专业从事车险理赔服务的机构数量较多，而且分工很细。保险公司在进行车险理赔的过程中，并不是所有的理赔业务都是由自己进行的，例如查勘定损业务常常是委托给外部机构进行的。保险公司与外部机构基于各自的利益，为达到使客户满意这一共同目的，特别重视相互之间的合作。他们既各司其职，又特别注重信息和资源的共享。美国自20世纪90年代初开始，还出现了一种专门为汽车保险公司做损余处理的公司。大量专业机构的出现不仅提高了保险业的总体水平，而且促进了保险服务质量的提高和保险服务成本的降低。

以前，我国大部分保险公司的理赔模式是以保险公司自主理赔为主导的理赔服务模式，其特点如下：

1）各自建立自己的服务热线，对被保险人实行全天候、全方位的服务，通过热线接受报案。

2）各自建立自己的查勘队伍，自身配备齐全的查勘车辆和相应设备，接受自身客户服务中心的调度并进行现场查勘定损。

3）各自建立自己的车辆零配件报价中心，针对车险赔付的项目所占比重高，对车险赔付率和经营利润影响大、同时又是最容易产生暴利的零配件赔款，各家保险公司都非常重视，会组织专人从事汽车配件价格的收集、报价和核价工作。

4）通常，查勘定损的某个环节或服务辐射不到的某个领域才交由公估公司、物价部门、修理厂、调查公司等外部机构去完成。

当前有一些保险公司开始把理赔业务中的查勘业务外包给保险公估机构来做，由专业的保险公估公司接受保险当事人的委托，负责汽车的损失检验和理算工作，这也是未来我国保险理赔业务的发展方向。这种做法的好处如下：

1）可以减少理赔纠纷。由没有利益关系的公估人负责查勘和定损工作，能够更好地体现保险合同公平的特点，使理赔过程公开、透明，避免了可能出现的争议和纠纷，防止以权谋私。

2）完善了保险市场结构。由专业公司负责查勘和定损工作，能够更好地体现社会分工的专业化，同时可以促进保险公估业的发展，进一步完善保险市场结构。

3）可以促进保险公司优化内部结构，节省大量的人力、物力和财力。由于保险公司是按实际发生的检验工作量向公估公司支付检验费用的，因此能更如实反映经营的真实情况，避免保险公司配备固定的检验人员和相关设备可能产生的不必要的费用开支和增加的固定经营成本。

单元二　汽车保险理赔业务的流程和工作内容

一、汽车理赔业务的基本流程

汽车保险理赔业务相对于被保险人来说是索赔过程，所以，保险公司的理赔业务和客户的索赔业务是相对应的。汽车保险一般赔案的业务流程图如图 10-2 所示。

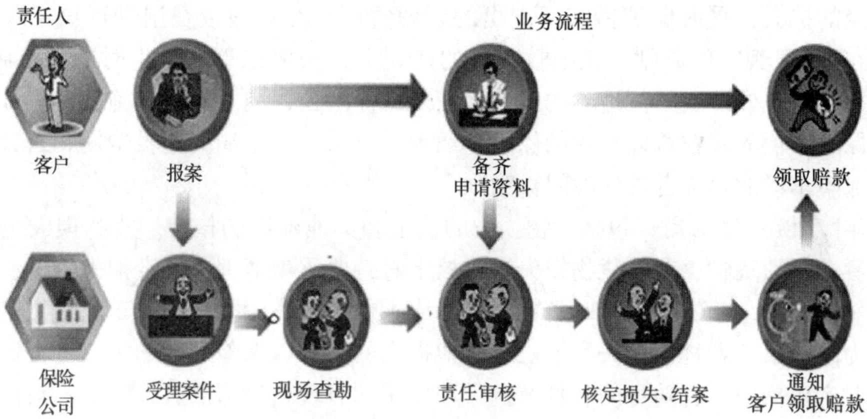

图 10-2　汽车理赔业务的基本流程

1. 受理案件

受理案件这一环节包括两方面内容，即被保险人报案和保险人接受报案。在车辆发生事故后，被保险人应及时向保险公司报案进行索赔。保险人接到被保险人的报案时，要认真受理索赔申请。

2. 现场查勘

现场查勘是了解出险情况、掌握第一手材料和处理赔案的重要依据。现场查勘的主要内容包括查明出险地点、出险时间、出险原因与经过。现场查勘的其他任务为施救整理受损失的财产、妥善处理损余物资、索取出险证明、核实损失数额。现场查勘总的要求如下：要准备充分，及时深入事故现场，按照保险合同规定和尊重事实的原则，认真调查分析，做到“现场情况明、原因清、责任准、损失实”。

3. 责任审核（确定是否立案）

保险理赔人员根据现场查勘报告和有关证明材料，分析保险事故发生的原因，确立事故是否属于保险责任范围，对保险责任进行审核。

责任审核的内容包括：①审定保险责任。②明确赔偿范围。③核定施救、整理费用。划清已发生和未发生的灾害事故界限；分清必要与不必要的抢救费用；分清直接与非直接用于保险标的的费用；分清正常支付与额外支付的费用；核实费用支出是否取得实效。④妥善处理疑难案件。⑤第三者责任追偿处理。⑥拒赔处理。

4. 核定损失（定损、核损）

保险理赔人员确定保险责任后，对于属于保险赔偿范围内的损失进行核定，核定的内容包括：

（1）车辆损失的核定 车辆损失的核定包括车辆的直接损失和车辆的施救费。保险事故造成保险车辆的其他间接损失不在保险赔偿范围之内。

1）车辆修理费的核定。车辆修理费由配件费、维修工时费和管理费组成。损失确认时应在明确当次事故损失部位或范围的基础上贯彻“以修复为主”的原则，确定车辆的修复价格。第三者车辆的修理费金额以保险车辆的第三者责任险限额为限。

2）车辆施救费用的核定。车辆施救费用是指保险事故发生后，被保险人为了避免或减少损失程度的扩大，采取保护措施而支出的合理费用。在对施救费用进行核定时，要遵循“必要、合理、限额”的原则。在施救次数的认定上，一般以事故发生时的实际施救认定；特殊原因需移送至外地或其他地方的，费用在征得保险公司同意后，在施救费用认定的赔偿金额上，保险车辆的施救费以车辆的保险金额为限；第三者车辆的施救费用和三者其他损失的总和以保险车辆的第三者责任险限额为限。

（2）财产损失的核定 包括货物损失的核定和其他财产的核定。货物损失包括本车货物或第三者车辆的货物。在对货物损失进行核定时，要逐项清理，确定损失数量、损失程度和损失金额。损失金额的确定应以货物的实际成本价核定。保险车辆的车上货物赔偿限额以保险金额为限；第三者货物损失和第三者其他损失的总和以保险车辆的第三者责任险限额为限。其他财产包括第三者随身的衣物及携带和使用的有现金价值的其他物品。被保险人可以根据实际情况，通过协商，采取修复、更换和现金赔偿的方式处理，但必须征得保险公司的同意。

（3）人员伤亡损失的核定 人员伤亡费用包括保险车辆和第三者的人员伤亡费用，两者的认定都按照《道路交通事故处理办法》中的有关规定确认医疗费及其相关费用、残疾补助费、死亡补偿费、抚养费和其他有关的费用。医疗费用的认定按照治疗期间发生的实际医疗费（限医保的药品范围）为准；被保险人应该承担的其他人员伤亡赔偿费用按照国家和事故发生地的有关标准和规定核定。

（4）损余物资的处理 损余物资即残值。通常的处理办法是折价归被保险人所有。如与被保险人协商不成的，可以将损余物资收回，通过其他方式处理，处理所得款项应当冲减赔款。

（5）保险赔款的计算 以我国财产保险的赔款为例，其计算方式主要有三种：①第一损失赔偿方式。该方式将保险财产的价值分为两部分，其中一部分为保额，也就是保险人应该负责的第一部分损失；而超过保额的另一部分，则为第二损失部分，它与保险赔偿责任无关。②比例赔偿方式。在该方式下，当发生保险事故造成损失后，按照保险金额与出险时保险财产的实际价值（或重置价值）的比例来计算赔款。③限额赔偿方式。限额赔偿方式通常分为两种：一是超过一定限额赔偿；二是不足限额赔偿。

（6）核赔 经过赔款计算之后，转入下一个理赔环节，即核赔。核赔人员接到案件后，主要对案卷的文件进行形式审核、实质审核和赔款计算的审核，并确认赔款金额。另外，作为核赔人，还应对赔案进行分析，发现问题，为以后的承保工作提供方向和依据。

5. 结案

经过核赔确定赔偿正确无误后，就进入结案环节，理赔人员应进行材料归档。

6. 支付赔款

在完成了赔款计算和核赔工作之后，就进入了向被保险人支付赔款的程序。保险人应及时把赔偿金支付给被保险人，如涉及权益转让问题则要求被保险人将其在保险事故中拥有的权益转让给保险公司。

二、不同性质车险事故的理赔程序

上述理赔流程是保险公司理赔业务的一般流程，而不同车险事故的理赔环节是不完全相同的。被保险人的索赔也不尽相同。

保险事故一般可以分为单方事故和双方（多方）事故两种。除了这两种以外，在保险理赔工作中，还有一种“无法找到第三者”的事故，该事故的损失应该由第三方赔偿，但却无法找到第三方。常见的有“标的车停放中被不明物碰撞（简称为‘停放被撞’案件）”、“标的车停放中被砸”或者是盗抢事故等。

1. 单方事故（或停放被撞事故）**的处理程序**

单方事故是指不涉及人员伤（亡）或第三者财物损失的单方交通事故。例如碰撞外界物体，自身车辆损坏，但外界物体无损坏或者无需赔偿。

单方肇事是最为常见的一类事故，因为不涉及第三者的损害赔偿，仅仅造成被保险车辆损坏，事故责任为被保险车辆负全部责任，所以事故处理非常简单。

停放被撞指车辆在停放过程中无人照料的情况下，被不明物体碰撞而造成车辆受损的事故。例如，车辆在停车场停放中被第三方车辆碰撞损坏，但第三方车辆无法找到。

单方事故（或停放被撞事故）的处理程序如图 10-3 所示。

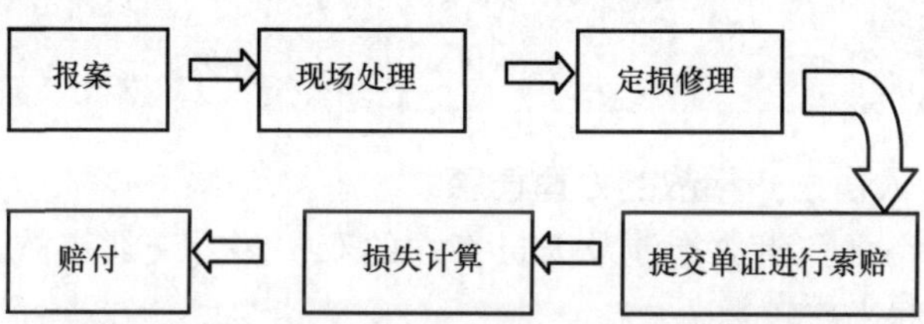

图 10-3 单方事故（或停放被撞事故）的处理程序

> 特别提示：
>
> 损失较小（一万元以下）的事故，保险公司可派人到现场查勘，并出具“查勘报告”；损失较大（一万元以上）的事故，如查勘员认为需要报交警处理，会向交警部门报案，由交警部门到现场调查取证，并出具“事故认定书”。

2. 双方事故（无人伤亡）**的处理程序**

双方事故（无人伤亡）是指不涉及人员伤亡，但涉及第三者财物损失，事故责任明确的双、多方交通事故。

双方事故（无人伤亡）的处理程序如图 10-4 所示。

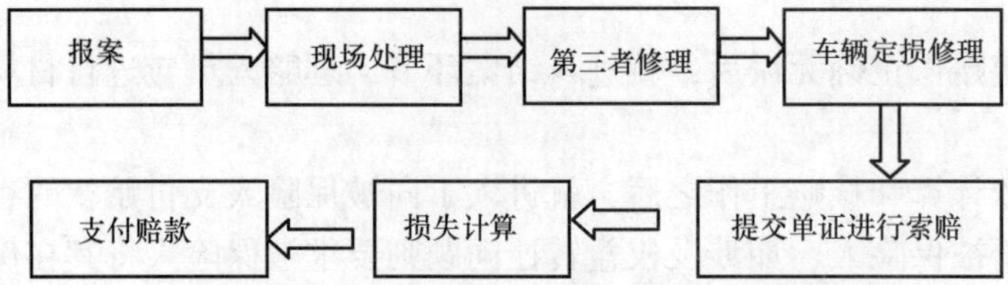

图 10-4　双方事故（无人伤亡）的处理程序

特别提示：

1）事故发生后，应保留事故现场，并立即向保险公司报案。若第三方损失为道路设施或第三方损失为车辆，需向交警部门报案。

2）第三者车辆分为非机动车和机动车。

① 如果第三者是非机动车，则最好要求保险公司人员在进行现场处理时，直接达成三方（第三者、保险公司、车主）公认的一个核损价格。如果当场不能核定损失，则在进行第三者损失核定的时候，要求保险公司给出核损价格。

如果不经保险公司允许，自行答应第三者有关索赔金额的承诺，对这种承诺保险公司是有权推翻重来的。如果重新核定的价格与第三者的要求有差距，则这个差距由车主自行承担。

② 如果第三者是机动车，则要分以下两种情况：第一，如果第三者同意与车主一同前往车主选定的修理厂进行修理，则当场不必支付第三者任何现金；第二，如果第三者要求去自己选定的修理厂进行修理，也就是说第三者将与车主去不同的修理厂进行车辆修理时，则第三者可能要求车主在事故现场先支付一部分修理费用，车主在支付一部分费用后，一定要索要收据。

3. 多方肇事（有人伤亡）事故的处理程序

多方肇事（有人伤亡）事故指涉及人员伤亡的双、多方交通事故。该类事故因为涉及人员伤亡，所以处理起来比较复杂。

多方肇事（有人伤亡）事故的处理程序如图 10-5 所示。

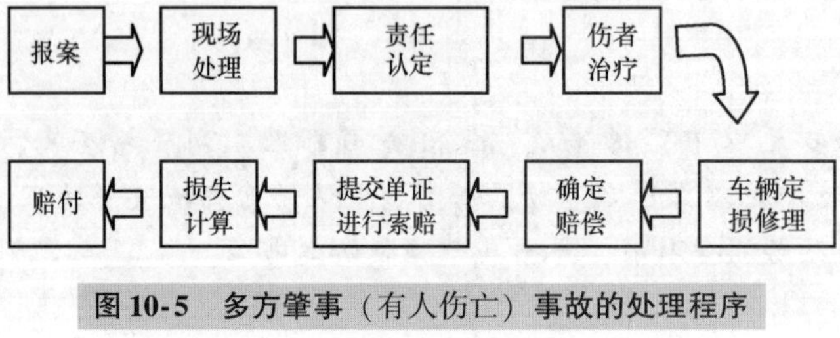

图 10-5　多方肇事（有人伤亡）事故的处理程序

1）报案。事故发生后，事故各方车辆应停在原地，保留好事故现场，并立即向保险公司和交警部门报案；如有人员伤亡，应立即送往医院，除非事发地段比较荒凉或者无车经过，否则应尽量不挪动事故车。因为若用事故车将伤者送往医院，将造成事故责任无法认定。

2）现场处理。交警部门到现场调查取证，并暂扣事故车辆、当事驾驶人的驾驶证和事故车辆的行驶证。一般情况下，对交警处理的事故，保险公司查勘人员无需再到现场查勘。

3）责任认定。交警部门根据事故情况作出责任判断，并向当事各方送达《责任认定书》。如当事各方对事故责任认定不服，应在收到《责任认定书》15 日内向交警部门提出复议或向人民法院提出诉讼。

4）伤者治疗。医生对伤者进行检查，出具病历和诊断证明，并作出是否住院治疗的决定。伤者治疗结束后，可以到相关的鉴定机构进行伤残评定，如达到伤残等级，应取得“伤残等级证明”。当肇事各方无法承担医疗费用时，可以向保险公司提出申请预付医疗费用，凭医生出具的“医疗费用预估证明”和已交费用清单可以获得不超过所需费用 50% 的预付医疗费用。

保险公司在伤者治疗期间，会派医疗核损人员到医院及交警大队了解伤者的受伤情况和治疗情况，对治疗费用进行预估和监督。

5）车辆定损修理。

6）确定赔偿（特别是对人员的赔偿）。保险公司根据法院及交警大队的赔偿调解来确定赔偿。

7）提交单证进行索赔。责任人付清相关费用后，收集索赔资料交保险公司办理索赔手续。

8）损失计算。保险公司收到齐备的索赔单证后进行计算，以确定最终的赔付金额。

9）赔付。

4. 整车被盗抢事故的处理程序

整车被盗抢指整部车辆被盗、被抢。该类事故因为涉及交警大队立案以及必要的侦破时间，所以处理起来周期比较长，具体流程如图 10-6 所示。

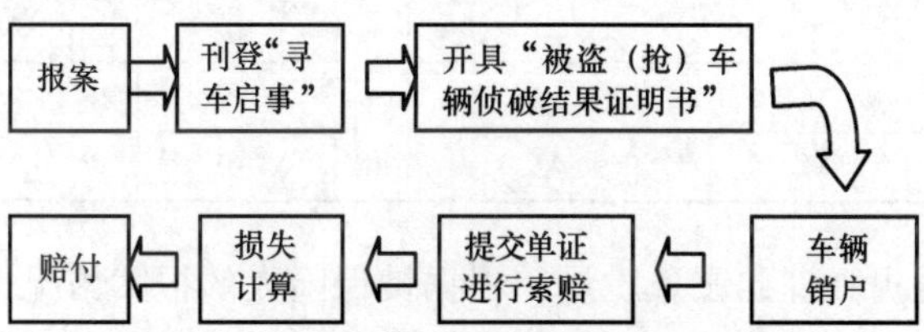

图 10-6 整车被盗抢事故的处理程序

1）报案。车主应在 24 小时内带齐身份证、驾驶证、行驶证原件向案发地派出所报案，并取得加盖派出所公章的报案回执及“被盗（抢）车辆报案表”；48 小时内向保险公司电话报案。

2）刊登“寻车启事”。车主在一周内带齐报案回执、“被盗（抢）车辆报案表”到市一级报纸上刊登“寻车启事”，并保存好全幅报纸。

3）开具“被盗（抢）车辆侦破结果证明书”。如果两个月后（一般保险公司都规定两个月）车辆仍未找到，车主应带齐报案回执、“被盗（抢）机动车辆报案表”到派出所和区公安分局刑警大队办理未侦破证明手续，并由上述两个部门在“被盗（抢）车辆侦破结果证明书”上盖章确认案件未破获。

4）车辆销户。车主应到保险公司复印两份“被盗（抢）车辆立案表”并盖章；带齐“被盗（抢）车辆侦破结果证明书”、报案回执、“被盗（抢）机动车辆报案表”、“被盗（抢）机动车辆立案表”（一份交车管所留存）和行驶证，并填写“机动车辆停驶登记申请表”，在公安报上刊登“销户声明”，并取得“销户证明”。

5）提交单证进行索赔。车主收集索赔资料交保险公司办理索赔手续。

6）损失计算。保险公司收到齐备的索赔单证后进行计算，以确定最终的赔付金额。

7）赔付。保险公司财务人员会根据理赔人员计算后的金额，向车主指定账户划拨赔款。

三、不同事故所需的理赔材料

对于不同的车险事故理赔，保险人要求被保险人（车主）所交的材料不是完全相同的，所需提供材料具体见表 10-2。

表 10-2 不同事故所需的理赔材料

事故类型 / 索赔材料	单方事故	双方车损	人员受伤	人员死亡	获取渠道
责任认定书	√	√	√	√	交警部门
索赔申请书	√	√	√	√	被保险人
调解书或判决书	√	√	√	√	交警、法院
行驶证、驾驶证	√	√	√	√	自备
住院出院证明			√	√	治疗医院
医疗费用收据			√	√	治疗医院
伤残鉴定证明			√		治疗医院
伤残补助说明			√		公安机关
死亡、销户证明				√	公安机关
修车发票	√	√	√	√	修理厂
赔偿对方的凭证	√	√	√		接受赔偿方

目前，保险公司为提高理赔服务质量，根据被保险人的报案情况，由电脑系统自动进行保险单抄单并打印保险车辆的出险通知书，被保险人只需签名（章）确认即可。

【任务实施】

训练方式：

要求每位同学画出不同的交通事故理赔流程图，并用不同形式表现流程。

考核要点：

1. 是否能画出不同交通事故的理赔流程图。
2. 所画的流程图是否能体现交通事故理赔所需要的知识。

考核方式：

流程图展示，师生共同考核。

任务十一 汽车保险查勘定损

【知识目标】

1. 熟悉报案信息和接报案的工作内容。
2. 理解调度工作的内容。
3. 掌握查勘流程的基本内容和要求。
4. 掌握定损核损项目的流程和工作标准。

【能力目标】

1. 能够独立处理接报案工作。
2. 能够完成现场查勘准备工作。
3. 能够独立完成立案所需的查勘资料和单证的填写。
4. 能够初步完成车辆定损工作。
5. 能够初步完成车辆核损工作。

【任务描述】

张先生驾车行驶中和一辆直行的车辆相撞，车辆受损，于是在第一时间向交警报案，并同时向保险公司报案。交警判定张先生和对方车辆的驾驶人员负同等责任。保险公司接报案人员核实相关信息后，调度查勘人员到现场进行查勘定损。你作为这名查勘人员，需要到现场去查勘定损。

【任务分析】

要想完成这个查勘定损工作，查勘工作人员要第一时间赶到现场、及时联系报案人员并再一次确定出险地点，到达现场认真查勘后，进入定损和核损阶段。作为查勘工作人员必须掌握现场查勘的内容和流程及拍照注意事项，并且还要掌握定损和核损知识。而上述所需知识和技能可以通过对以下各单元的学习而获得。

单元一 接 报 案

一、报案

报案是指被保险人在发生了保险事故之后以各种方式通知保险人，要求保险人进行事故处理的意思表示。同时，及时报案也是被保险人履行保险合同义务的一个重要内容——出事故后要及时报案，如图 11-1 所示。

通常保险公司在保险合同中会规定车辆发生事故后，被保险人一定在 48 小时内进行报案。为此，保险人应当向被保险人提供一个便捷和畅通的报案渠道。各家保险公司都有自己的报案电话，见表 11-1。

图 11-1　出事故后及时报案

表 11-1　各家保险公司报案电话

保险公司名称	报 案 电 话	车险报价中心
人民财产保险	95518	人民财产保险保险中心
太平洋保险	95500	太平洋保险保险中心
平安保险	95512	平安保险保险中心
大地保险	95590	大地保险保险中心
中华联合	95585	中华联合保险中心
华安保险	95556	华安保险保险中心
天安保险	95505	天安保险保险中心
永安保险	029 - 87233888	永安保险保险中心
太平保险	0755-82960919	太平保险保险中心
华泰保险	95509	华泰保险保险中心
安邦保险	95569	安邦保险保险中心
友邦保险	800-8203588	友邦保险保险中心
阳光保险	95510	阳光保险保险中心
华泰财产保险	95509	华泰财产保险保险中心
永诚保险	95552	永诚保险保险中心
格林保险	010 - 66214406	格林保险保险中心
大众保险	021-23076666	大众保险保险中心
中国人民保险	010-62616611	中国人民保险保险中心
渤海保险	4006-11-6666	渤海保险保险中心
民安保险	95506	民安保险保险中心

1. 报案方式

投保人出险报案方式主要有网上报案、到保险公司报案、电话（传真）报案和业务员转达报案和其他方式报案，如图 11-2 所示。但是在实践中，大部分投保人采用电话报案方式。

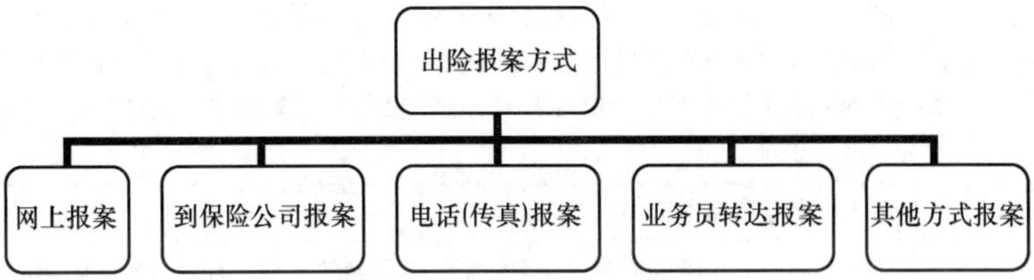

图 11-2 出险报案方式

2. 报案内容

1）被保险人名称、保单号、保险期限、保险险别。

2）出险的时间、地点和原因，出险车辆牌号、厂牌型号。

3）人员伤亡情况，伤者姓名、送医时间和医院地址。

4）事故损失及施救情况，车辆停放地点。

5）驾驶人、报案人姓名及与被保险人关系，联系电话。

二、接报案

接报案人员主要是受理车险用户的来电咨询、报案及投诉，对所报案情及时作出立案记录、拖车转接并进行相应处理，以及对车险用户进行电话回访等，图 11-3 是中保财险的接报案工作流程图。

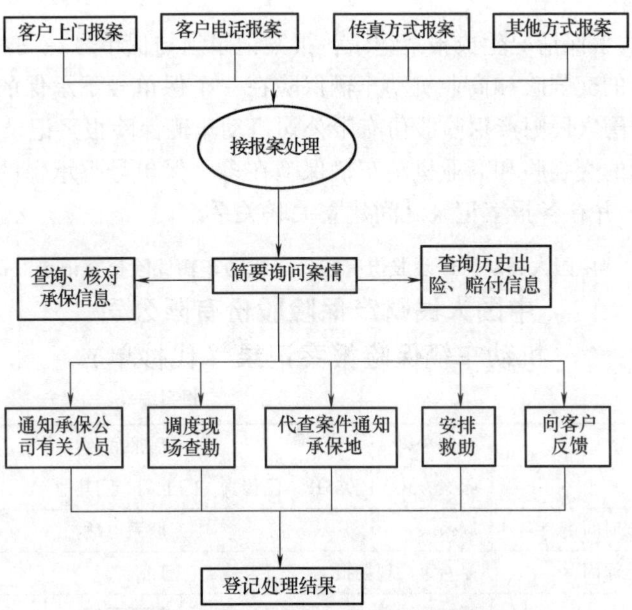

图 11-3 中保财险的接报案工作流程图

1. 询问案情

对报案人进行询问，主要询问信息见表 11-2。

表 11-2　询问报案人员的信息内容

信息类别	内容描述
保险车辆信息	保单号码、被保险人名称、号牌号码、牌照底色和厂牌型号等
出险信息	出险时间、出险地点、出险原因、驾驶人姓名、事故经过、事故涉及的损失等。其中，事故涉及的损失按“本车车损”、“本车车上财产损失”、“本车车上人员伤亡”、“第三者车辆损失”、“第三者人员伤亡”、“第三者车上财产损失”、“第三者其他财产损失”和“其他”的分类方式进行询问
报案人信息	报案人姓名、联系电话等
第三方车辆信息	对于涉及第三方车辆的事故，应询问第三方车辆的车型、号牌号码、牌照底色以及保险情况（提醒报案人查看第三方车辆是否投保了交强险）等信息。如果第三方车辆也是本公司承保且在事故中负有一定责任，则要一并登记，进行报案处理

2. 查询承保信息

根据报案人提供的保单号码、号牌号码、牌照底色、车型、发动机号等关键信息，查询出险车辆的承保情况和批改情况。应特别注意承保险别、保险期间以及是否通过可选免赔额特约条款约定了免赔额。无承保记录的，按无保单报案处理。

3. 查询历史出险、赔付信息

查询出险车辆的历史出险、报案信息（包括作为第三者车辆的出险信息），核实是否存在重复报案。

对两次事故出险时间相近的案件，应认真进行核查，并将有关情况通知查勘人员进一步调查。

4. 生成报案记录

根据出险车辆的承保情况生成报案记录，报案记录须与保单号一一对应。

1）若出险车辆的交强险和商业机动车辆保险在一个保单号下承保的，生成一条报案记录，表 11-3 为“中国人民财产保险股份有限公司机动车辆保险报案记录”（代抄单）。

2）若出险车辆的交强险和商业机动车辆保险在多个保单号下承保的，在各保单项下生成对应的报案记录，并在各报案记录之间建立关联关系。

表 11-3　“中国人民财产保险股份有限公司机动车辆保险报案记录”（代抄单）

中国人民财产保险股份有限公司

机动车辆保险报案记录（代抄单）

保险单号：　　　　　　　　　　　　　　　　　　报案编号：

<table>
<tr><td colspan="2">被保险人：</td><td>号牌号码：</td><td colspan="2">牌照底色：</td></tr>
<tr><td colspan="2">厂牌型号：</td><td colspan="3">报案方式：□95518　□传真　□上门　□其他</td></tr>
<tr><td>报案人：</td><td>报案时间：</td><td>联系人：</td><td colspan="2">联系电话：</td></tr>
<tr><td>出险时间：</td><td>出险原因：</td><td colspan="3">是否第一现场报案：□是　□否</td></tr>
<tr><td colspan="2">出险地点：</td><td>驾驶员姓名：</td><td colspan="2">准驾车型：</td></tr>
<tr><td colspan="2">驾驶证初次领证日期：</td><td colspan="3">驾驶证员：□□□□□□□□□□□□□□□□□□□□</td></tr>
<tr><td colspan="3">处理部门：□交警 □其他事故处理部门 □保险公司 □自行处理</td><td>承保公司：</td><td>客户类别：</td></tr>
<tr><td colspan="2">VIN 码：</td><td>发动机号</td><td colspan="2">车架号：</td></tr>
</table>

（续）

<table>
<tr><td colspan="3">被保险人单位性质：</td><td colspan="2">车辆初次登记日期：</td><td>已使用年限：</td></tr>
<tr><td colspan="3">新车购置价：</td><td colspan="2">车辆使用性质：</td><td>核定载客　人　核定载质量　千克</td></tr>
<tr><td colspan="3">保险期限：</td><td colspan="2">车辆行驶区域：</td><td>车辆种类：</td></tr>
<tr><td colspan="2">基本条款类别：</td><td>争议解决方式：</td><td colspan="2">保险费：</td><td></td></tr>
<tr><td colspan="2" rowspan="2">约定驾驶人员</td><td>主驾驶员姓名：</td><td colspan="2">驾驶证号码：</td><td>初次领证日期：</td></tr>
<tr><td>从驾驶员姓名：</td><td colspan="2">驾驶证号码：</td><td>初次领证日期：</td></tr>
<tr><td>序号</td><td>承保险别（代码）</td><td>保险金额/责任限额</td><td>序员</td><td>承保险别（代码）</td><td>保险金额/责任限额</td></tr>
<tr><td>1</td><td></td><td></td><td>7</td><td></td><td></td></tr>
<tr><td>2</td><td></td><td></td><td>8</td><td></td><td></td></tr>
<tr><td>3</td><td></td><td></td><td>9</td><td></td><td></td></tr>
<tr><td>4</td><td></td><td></td><td>10</td><td></td><td></td></tr>
<tr><td>5</td><td></td><td></td><td>11</td><td></td><td></td></tr>
<tr><td>6</td><td></td><td></td><td>12</td><td></td><td></td></tr>
<tr><td colspan="6">特别约定</td></tr>
<tr><td>事故经过</td><td colspan="5"></td></tr>
<tr><td>保险单批改信息</td><td colspan="5"></td></tr>
<tr><td>保险出险信息</td><td colspan="5"></td></tr>
</table>

<table>
<tr><td rowspan="2">涉及损失类别</td><td>□本车车损</td><td>□本车车上财产损失</td><td>□本车车上人员伤亡</td><td>□第三者其他财产损失</td></tr>
<tr><td>□第三者车辆损失</td><td>□第三者人员伤亡</td><td>□第三者车上财产损失</td><td>□其他</td></tr>
</table>

<table>
<tr><td>本单批改次数：</td><td>车辆出险次数：</td><td>赔款次数：</td><td>赔款总计：</td></tr>
<tr><td colspan="2">被保险人住址：</td><td colspan="2">邮政编码：</td></tr>
<tr><td>联系人：</td><td>固定电话：</td><td colspan="2">移动电话：</td></tr>
</table>

签单人：　　　　经办人：　　　　核保人：

抄单人：　　　　抄单日期：　　年　　月　　日

5. 告知客户索赔程序及相关注意事项

1）发生机动车之间的碰撞事故的，应告知客户先通过交强险进行赔偿处理；超过交强险责任限额的部分，由商业险进行赔偿。

2）如当事人采取自行协商的方式处理交通事故，应告知双方在事故现场或现场附近等待查勘人员；或在规定时间内共同将车开至指定地点定损。

3）对于涉及人员伤亡，或事故损失超过交强险责任限额的，应提示报案人立即通知公安交通管理部门。

4）对于通过可选免赔额特约条款约定了免赔额的，如果客户估计的损失金额低于约定的绝对免赔额，应对客户进行如下提示：

① 损失金额低于绝对免赔额的，保险人不负责赔偿。

② 索赔会引起下一保险期间费率的上涨。

> 特别提示：
>
> *如客户同意放弃索赔，应在报案处理界面上“处理结果”一栏中注明放弃索赔的原因，并在报案系统中将报案记录注销，不进行查勘调度。*

5）对于超出保险期限，明显不属于保险责任的情况，应向客户明确说明，在报案处理界面上“处理结果”一栏中注明拒赔或不予受理的理由，并在报案系统中将报案记录注销，不进行查勘调度。

三、查勘调度和通知

1. 及时调度查勘人员进行现场查勘

对属于保险责任范围内的事故和不能确定拒赔的案件，应立即调度查勘人员进行现场查勘，应注意：

1）就近调度、一次调度。同一保险车辆的一起事故，不论生成几条报案记录，只生成一项查勘任务、进行一次查勘调度。

2）打印或传送“机动车辆保险报案记录（代抄单）”给查勘人员。同一保险车辆的一起事故存在多个报案记录的，应将所有报案记录和承保信息完整地告知查勘人员。

2. 通知医疗跟踪人员

事故涉及人员伤亡的，应及时通知医疗跟踪人员。

3. 通知承保公司

接报案中心需要通知具体承保公司的，应及时通知具体承保公司的有关人员。

4. 对需要提供救助服务的案件，应立即安排救助

对于客户需要提供救助服务的案件，确认其加保了相应救助服务特约条款的，应立即实施救助调度，并记入“机动车辆特约救助书”，按救助案件处理。

对于未加保相应救助服务特约条款的客户，可以协助其与救助单位取得联系。在客户同意支付相关费用的前提下，可以调度救助协助单位赶赴现场实施救助。但必须在“机动车辆特约救助书”中的付费方式一栏，选择“现场收费救助”项目。

5. “双代”案件转报案

1）保险车辆在外地出险，应按“双代”（若标的车未在承保地出险，由承保的保险公司委托外地公司代为查勘和理赔）实务规定，及时向出险地公司转报案并发送承保信息。

2）外地承保车辆在本地出险的，应按“双代”实务规定，及时向承保地公司转报案。

四、回访

接报案人员除了接报案和调度查勘以外还要对案件进行跟踪回访。

1）查勘到位情况回访。向报案人进行回访查勘人员的到位情况，并记录回访情况。

2）定损及结案后回访。定损或结案后，应对定损质量或整体理赔服务质量进行回访，并记录回访情况。

五、报案注销

根据《未决赔案管理规定》，符合报案注销条件的，可进行报案注销处理。满足以下条件之一方可进行报案注销：

1）重复报案。

2）接报案或现场查勘时，当场能够拒赔的案件。

单元二　现 场 查 勘

一、现场查勘人员接受调度

查勘人员接受调度后要详细记录案件的基本信息、和报案人保持联系，并及时向客户服务中心反馈相关信息，如图 11-4 所示。

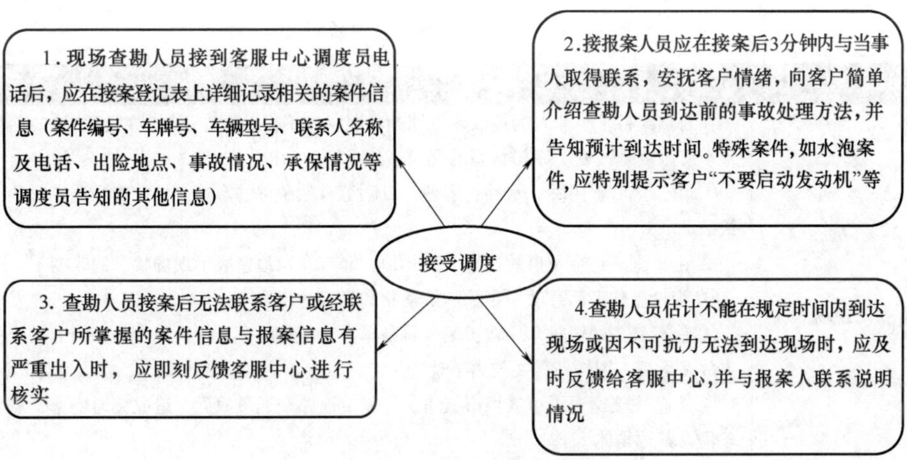

图 11-4　接受调度工作内容

二、查勘前的准备工作

检查和准备工作是查勘工作的基础。查勘人员需要养成良好的习惯，良好的习惯是保险查勘定损工作顺利开展的重要因素。同时，为了保障生命安全，查勘人员尤其要重视查勘车辆安全性能的检查。查勘前的准备工作如图 11-5 所示。

三、事故现场查勘

1. 保险事故现场的分类

保险事故现场是指保险事故发生并留下后果的具体场地。它包括与该起事故相关的车辆、

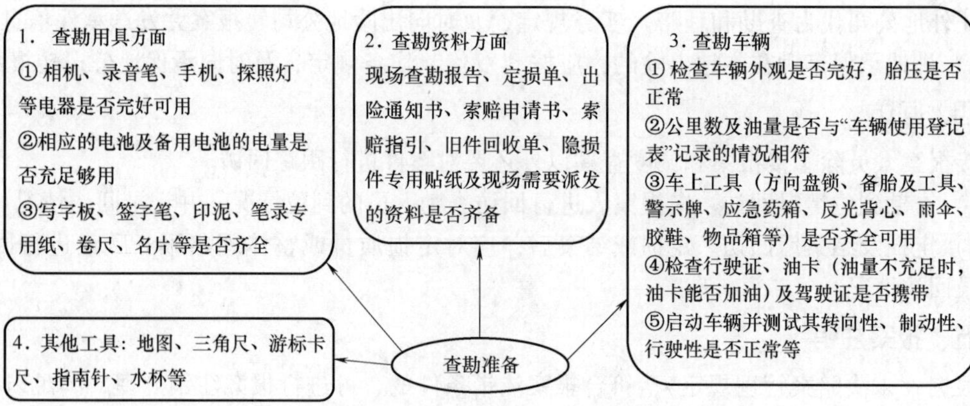

图 11-5 查勘前的准备工作

人、畜及各种痕迹物证所占有的一切空间，它是保险事故调查中最主要的事故信息来源。

（1）***原始现场*** 原始现场是指完全没有被改变或破坏的事故现场。在现场中，车辆、人、畜和一切与事故相关的痕迹、物证均保持事故发生后的原始状态，是一种最可靠的现场类型。原始现场也就是保险理赔流程中所指的“第一现场”。

（2）***变动现场*** 变动现场是指由于某种人为的或自然的原因，致使现场的原始状态发生了改变的交通事故现场，其具体类型见表 11-4。

表 11-4 变动现场类型及具体解释

变动现场类型	具体解释
正常变动现场	在自然条件下，非人为地改变了原始状况，或不得已而在不影响勘查结果的前提下人为地、有限度地改变了原始状态的交通事故现场。 ① 由于风吹、雨淋、水冲、雪埋、日晒等自然条件的影响，导致现场痕迹、物证的消失或破坏 ② 由于围观群众及事故当事人的不慎，非有意识地造成了现场状态的改变 ③ 为抢救伤者而移动了车辆、散落物和伤者的位置 ④ 执行任务的消防车、救护车、警备车、工程救险车及首长、外宾、使节乘坐的汽车在事故发生后，因任务需要驶离了现场 ⑤ 一些主要交通干道或城市繁华街区发生道路交通事故后，造成交通堵塞，需立即移动车辆及其他物体 ⑥ 其他正常原因导致的出险现场变化的，如车辆发生事故后，当事人没有发觉而自行驶离现场
伪造现场	当事人为逃避责任、毁灭证据或达到嫁祸于人的目的，有意或唆使他人改变现场遗留物原始状态，或有意布置伪造现场
恢复现场	事故现场因某种原因撤离后，基于事故分析或复查案件的需要，为再现出险现场的全貌，根据现场调查记录资料重新布置恢复的现场。为与前述的原始现场相区别，这种现场一般称为恢复现场
逃逸现场	肇事者为逃避责任，驾车潜逃而导致现场变动，其性质与伪造现场相同

2. 现场查勘的内容

现场查勘是用科学的方法和现代技术手段，对交通事故现场进行实地验证和查实，以求公正、客观、严密地查明事故真实性，并将所得的结果完整、准确地记录下来的工作过程。现场查勘是查明交通事故真相的根本措施；也是分析交通事故的原因和认定事故责任的基本依据；更是准确认定事故责任和保险责任，确定事故损失程度和保险赔偿金额的基础和前提，直接影响到保险合同双方当事人的利益。

现场查勘工作必须由两位以上的查勘人员参加，并尽量查勘第一现场。如果第一现场已经清理，则必须查勘第二现场，调查了解有关情况。现场查勘的主要内容如图 11-6 所示。

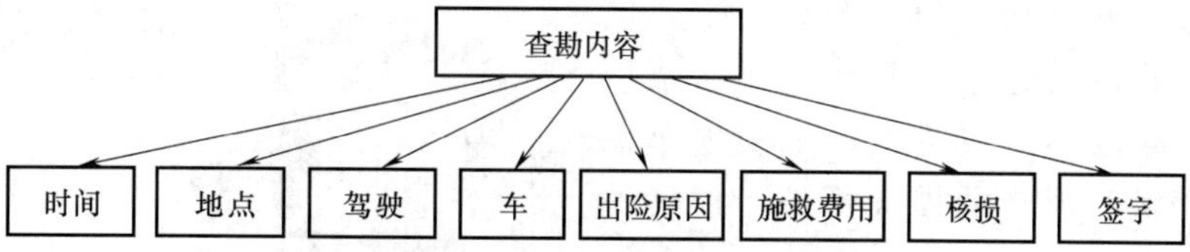

图 11-6 现场查勘的主要内容

3. 现场查勘工作的业务流程

（1）**填写申请书** 查勘人员到达现场后，应首先指导客户填写《机动车辆保险索赔申请书》，并要求驾驶人填写详细的出险经过，如表 11-5 所示。

表 11-5 机动车辆保险索赔申请书

PICC 中国人保财险 北京2008年奥运会保险合作伙伴

中国人民财产保险股份有限公司

机动车辆保险索赔申请书

保险单号： 报案编号：

重要提示：请您如实填写以下内容，任何虚假、欺诈行为，均可能成为保险人拒绝赔偿的依据。		
被保险人：	号牌号码：	号牌底色：
厂牌型号：	发动机号：	车架号（VIN）：
报案人：	报案时间：	是否第一现场报案： □是 □否
中国人民财产保险股份有限公司＿＿＿＿公司： ＿＿＿＿年＿＿＿＿月＿＿＿＿日＿＿＿＿时，驾驶人＿＿＿＿（姓名），驾驶证号□□□□□□□□□□□□□□□□□□□□，初次领证日期＿＿＿＿年＿＿＿＿月＿＿＿＿日，驾驶机动车＿＿＿＿（号牌号码），行至＿＿＿＿（出险地点），因＿＿＿＿（出险原因），发生＿＿＿＿＿＿＿＿ ＿＿＿＿＿＿＿＿ 的事故，造成＿＿＿＿＿＿＿＿损失。 你公司已将有关索赔的注意事项对我进行了告知。现按照保险合同的约定，向你公司提出索赔和申请。 本被保险人声明：以上所填写的内容和向你公司提交的索赔材料真实、可靠，没有任何虚假和隐瞒。 如有虚假、欺诈行为，愿意承担由此产生的所有法律责任。 被保险人（法人）签章： 年 月 日 身份证号：□□□□□□□□□□□□□□□□□□□□		
联系电话：	地址：	邮政编码：

（2）**查询承保情况** 现场查勘时必须掌握车辆的承保情况，无抄单或客户现场无法提供保单或保险卡时，应及时查询。特别应注意所有涉案车辆的交强险投保情况。

(3) **保护现场和组织施救** 当事故尚未控制或保险车辆及财产尚处于危险状态时，应积极帮助客户采取施救、保护措施，保护现场、抢救伤员，消除危险因素，协助客户及有关人员向事故处理机关报案。对于单方事故，出险车辆需施救时，查勘人员应主动联系，由与公司合作的救援服务中心进行施救。

(4) **拍摄事故现场照片** 进行第一现场查勘的，应有反映事故现场全貌的全景照片以及反映受损车辆号牌号码，车辆、财产损失部位、损失程度的近景照片。进行非第一现场查勘的，事故照片应重点反映受损车辆号牌号码，车辆和财产的损失部位、损失程度的近景照片。

图 11-7 拍摄事故发生地点及周围环境

具体拍摄照片的步骤如下：

第一步，找到并拍下事故发生的具体地址（路牌号、门牌号等），也就是报案人报案时所讲述的事发地址，如图 11-7 所示。若是多车事故，请先完成第七步。

第二步，拍下车牌号。站在车前大约 2 米远、偏左或偏右些的位置，将车牌号连同整辆汽车一齐拍摄，只需拍摄一张照片即可，如图 11-8 所示。

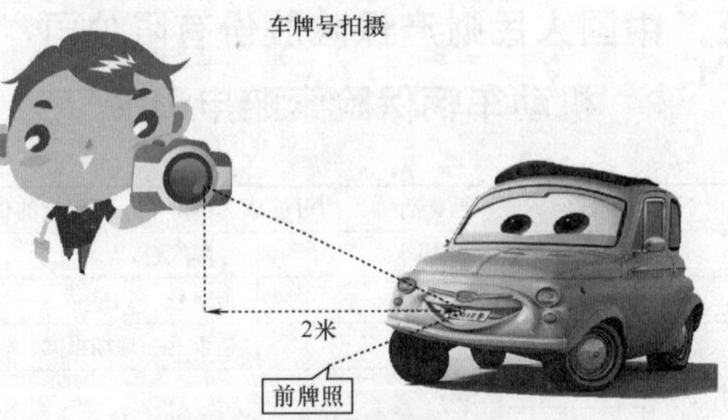

图 11-8 拍摄车牌号

第三步，拍摄车损部分。应对着损坏部位从不同角度多拍几张，拍的照片要能看清楚确有损坏和损坏位置（是撞在前面还是后面，是撞在左侧还是右侧），如图 11-9 所示。若为多车事故，请跳过下面两步，直接按第六步的要求拍摄；若不是，则继续完成第四、五步。

若为单车事故（人伤），则此次查勘照相完成。

图 11-9 拍摄车损部分

第四步，复原事发时的情形，并拍摄记录下来。所拍的照片应能看出车辆是怎么撞坏的，如图 11-10 所示。

图 11-10 复原事发时的情形

第五步，拍下被撞物件和上面的撞击痕迹，如图 11-11 所示。若是单方事故或单车事故（物损），则此次查勘照相完成；若是多车事故，请继续完成第六步。

图 11-11 被撞痕迹拍摄

第六步，如果是多车事故请完成此步骤。拍下第三方车牌和车损情况，拍摄方法同第一、二步，如图 11-12。

图 11-12 拍摄第三方车牌和车损情况

第七步，拍摄记录下事发时的车辆状态和位置。

拍摄时一般应在正面、侧面（一侧）、背面拍三张，目的就是将事故车辆在道路上所处的位置和两车之间的位置关系在照片中反映出来，如图 11-13 所示。

图 11-13　拍摄事发时的车辆状态和位置

(5) 查验相关证件及资料　查验保险车辆的保单或保险卡、行驶证（客运车辆准运证）、驾驶人的驾驶证（客运车辆驾驶人准驾证和特种车辆驾驶人操作资格证）。必要时，应拓印或拍摄保险车辆的发动机号和车架号。

1）查验保单或保险卡，如图 11-14 所示。

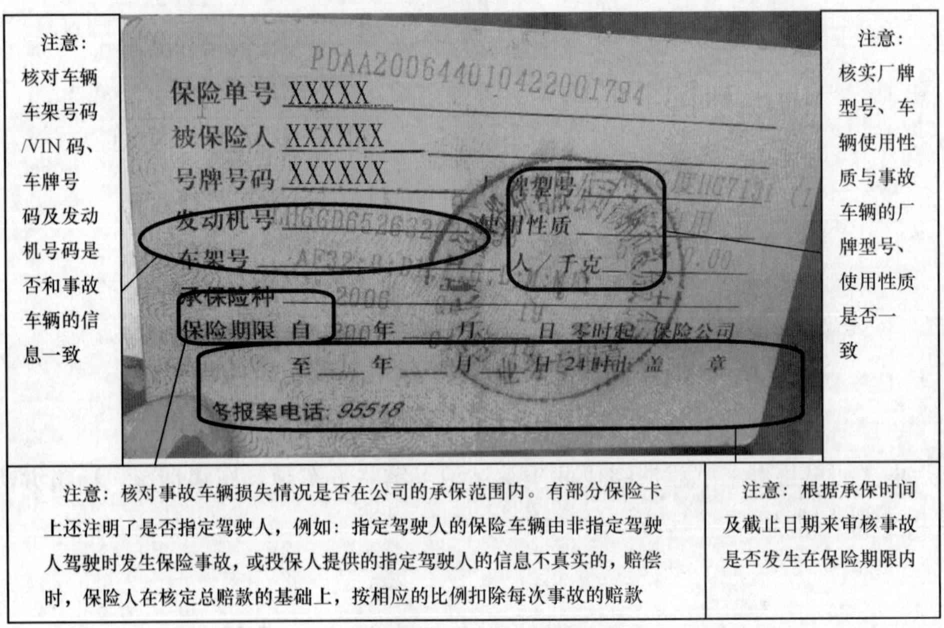

图 11-14　查验保险卡

2）查验行驶证，如图 11-15 所示。

3）查验驾驶证，如图 11-16 所示。

(6) 确认保险标的　确认保险标的时要注意的要点如下：

1）核实出险车辆的车牌号、发动机号、车架号或车辆识别编码，应特别注意车架号（VIN 码）是否与保单相符，以确认出险车辆是否为承保标的，并用数码相机拍摄车架号。

若出险车辆非承保标的，或明显不属于保险责任范围，应及时调查取证，必要时可在现场向报案人（或被保险人）做问询笔录并由当事人签名确认。对于套牌的进口车、改装车和特种车，要注明国产型号和原厂车型，并对有关特征作出必要的说明。同时具有事故照片和车架号（VIN）拓印件的情况有两种：全损车、火烧车、水淹车；事故预计总损失超过5万元。

A：验明行驶证发动机号及 VIN 码是否与保险单相同，发动机号、车辆标识代号与标的一致

B：核对号牌与保险单是否相符，是否是标的车辆

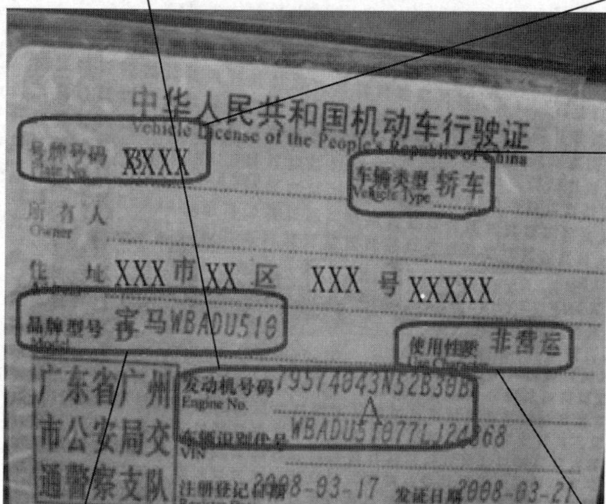

C：查验行驶证正本右侧上部的车辆类型是否是保险公司允许承保的车辆类型；另外，还要核实行驶证上的车辆类型与保单上的车辆类型是否一致

D：核实厂牌型号的主要目的是该厂牌型号的车是否是委托公司愿意承保的车辆以及厂牌型号是否与保险单一致

E：核实与保险单说明的使用性质是否一致。常见的使用性质有：党政机关用车、企业自备用车、个人私用车、租赁用车、出租用车、营业性用车等，各保险公司在车辆使用性质上的划分不尽相同

a) 行驶证主页核对图

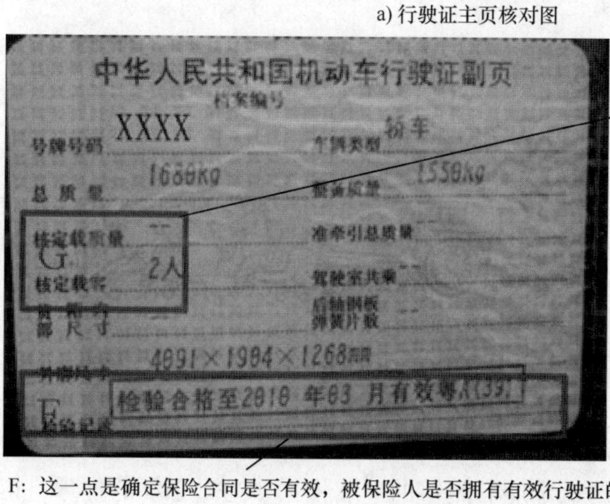

G：查验车辆装载与核定载荷是否一致、是否运载危险品，车辆结构有无改装或加装、货物运输车辆的装载情况、载客人数、载货质量。对在保险期限内，因保险车辆改装、加装或非营业用车辆从事营业运输等导致保险车辆危险程度增加的，应在“查勘报告”中详细记录并做好取证工作

F：这一点是确定保险合同是否有效，被保险人是否拥有有效行驶证的重要依据

b) 行驶证副页核对图

图 11-15　行驶证核对图

① 核对驾驶人员的姓名和准驾车型，注意检验驾驶证是否有效，检验驾驶人是否是被保险人或其允许的驾驶人员或保险合同中约定的驾驶人员。驾驶人与被保险人不是同一人时，要询问其与被保险人的关系和被保险人的电话并记录。

② 对驾驶营业性客车的驾驶人员要查验其是否具有国家有关行政管理部门核发的有效资格证书。

③ 特种车出险要查验其是否具备国家有关部门核发的有效操作证。

④ 对在保险合同中约定驾驶人员的，出险时要进行核对。若系非约定的驾驶人员驾驶保险车辆发生事故，应在“查勘记录”中注明，以便理算时确定免赔率。

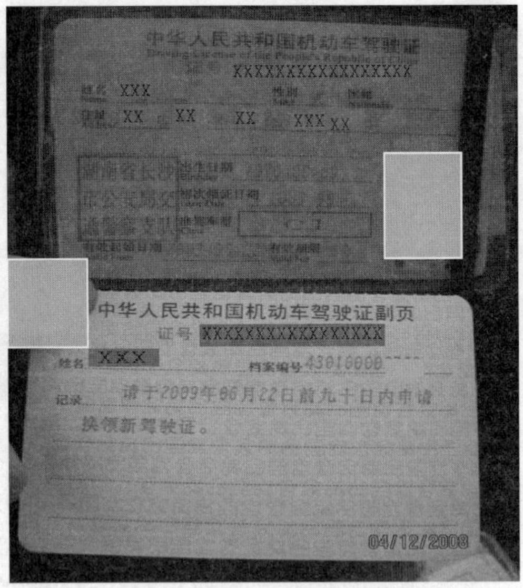

图 11-16　驾驶证核对图

2）核实出险车辆的行驶证记录与出险车辆是否一致，是否年审合格，并做好记录，对异常情况复印留存。

3）核对保单记录与出险车辆是否一致，如不一致，现场应做好详细的证据资料记录和现场问询笔录，并由当事人签名确认，形成查勘书面材料，并向所在机构查勘定损相关管理人员报告，按指示处理。

（7）现场调查取证　主要的取证内容如下：

1）记录报案人关于事故过程的叙述，并记录叙述人的姓名、与被保险人的关系、电话等。

2）核对出险车辆驾驶人的驾驶证，主要内容包括姓名、年龄、性别、驾驶证号、准驾车型、年审有效期等，并做好记录，对异常情况复印留存；对事故处理机关扣留驾驶证的，应在查勘记录中说明。

3）了解出险时的施救方式、费用等情况，并做好记录。

4）核实出险车辆的使用性质，与承保时不符的，在查勘记录中说明。

5）核实出险车辆的装载情况，在查勘报告中记录载客人数、货物质量和高度等；车辆装载异常或挂有营运牌的，注意索取运单、发货票等资料留存。

6）检验事故车辆的接触点或撞击部位，查找现场遗留物，分析事故发生的原因，对存在疑点或与报案不符的事项做重点调查；必要时可对当事人或目击人做询问笔录。

7）查明出险原因。出险的真实原因是判断保险责任的关键，对原因的确定应采取深入调查，切忌主观武断。对于事故原因的认定应有足够的事实依据，通过必要的推理，得出科学的结论。应具体分析说明是客观因素，还是人为因素，是车辆自身因素，还是受外界影响；是严重违章，还是故意行为或违法行为等。尤其对于保险责任的查勘，应注意确定是外部原因引起、是损伤形成后没有进行正常维修而继续使用造成损失扩大所致，还是车辆故障所致。

8）按险别分别记录损失项目和预计损失金额。损失的项目要齐全，预计损失金额尽量趋于准确，特殊情况要做说明。对受损部位作大体描述，对损坏的零配件明细作详细的记录；对事故中伤亡的人员，主要记录其姓名、性别、年龄、所在医院、伤情以及伤者是哪辆车上的司机、乘客，还是车外人员等；对事故中受损的财产，按“机动车辆保险物损清单”的要求，记录其名称、类型、数量、重量等，同样也需记录是哪辆车上的或非车上的财产。

9）对于复杂案件要绘制现场草图。现场草图应基本能够反映事故现场的道路、方位、车辆位置、肇事各方行驶路线、外界因素等情况。

10）对于车辆全损或推定全损案件，应了解车辆购置时间、价格、渠道等情况，并做好记录；取得车辆购置的发票或其他证明。

特别提示：

对于单方事故，查勘人员应按照上述要求详细了解出险经过，重点核查事故的真实性，须特别注意事故当事人是否是被保险人允许的合格驾驶人、是否存在酒后驾驶或其他故意行为。如果事故现场与车损明显不相吻合，应认真分析，排除疑点。若事故不属于保险责任范围，应立即进行现场取证、向现场有关人员做问询笔录并由被问询人签名确认。若情节严重应报公安、交警对现场取证、做记录；对于未在第一现场查勘定损的，必须认真查验事故车辆的受损部位及损失程度，并与报案人叙述的事故原因进行核对分析，若有疑问，则应立即与当事人到事故发生地进行第一现场补勘。最后，根据承保及出险情况确定事故是否属于保险责任范围的事故。

（8）初步判断保险责任

1）对事故是否属于保险责任进行初步判断。应结合承保情况和查勘情况，分别判断事故是否属于机动车交通事故责任强制保险或商业机动车辆保险的保险责任，对是否立案提出建议。对不属于保险责任或存在条款列明的责任免除、加扣免赔情形的，应收集好相关证据，并在查勘记录中注明。对暂时不能对保险责任进行判断的，应在查勘记录中写明理由。

2）初步判断事故涉及的险别。查勘人员应根据事故涉及的损失类别、各损失类别的估计损失金额和出险车辆的承保险别，初步判断事故涉及的险别。

3）初步判断责任划分情况。交警部门介入事故处理的，应依据交警部门的认定。当事人根据《交通事故处理程序规定》和当地有关交通事故处理法规自行协商处理交通事故的，应协助事故双方协商确定事故责任并填写《协议书》。当事人自行协商处理的交通事故，应根据协议书内容，结合当地有关交通事故处理法规核实事故责任。发现明显与实际情况不符，缩小或扩大责任的协议，应要求被保险人重新协商或由交警出具交通事故认定书。

（9）缮制查勘记录

1）根据查勘内容认真填写《查勘记录》和“查勘记录附表”，见表11-6，并由报案人签字确认。

① 涉及人员伤亡的，要分别登记保险车辆车上人员、三者车辆和车外人员的死亡、受伤人数。

② 对于多车互碰的案件，应对所有三者车辆的基本情况在“查勘记录附表”中逐车进行登记，如图11-17b所示。

③ 对于损失情况较为复杂的案件，应在《查勘记录附表》，中进行登记。

表 11-6 机动车辆保险现场查勘记录表及附表

中国人民财产保险股份有限公司

机动车辆保险事故现场查勘记录

保险单号： 报案编号：

<table>
<tr><td colspan="2">出险时间： 年 月 日 时</td><td colspan="2">出险地点： 省 市 县</td><td colspan="2">案件性质（□自赔□本代□外代）</td></tr>
<tr><td colspan="2">查勘时间： 年 月 日 时</td><td colspan="2">查勘地点：</td><td colspan="2">是否第一现场：□是 □否</td></tr>
<tr><td rowspan="4">保险车辆</td><td>厂牌型号：</td><td colspan="2">发动机号：</td><td colspan="2">号牌底色：</td></tr>
<tr><td>号牌号码：</td><td colspan="2">车架号（VIN）：</td><td colspan="2">初次登记日期：</td></tr>
<tr><td>驾驶人姓名：</td><td colspan="2">驾驶证号：□□□□□□□□□□□□□□□□□□□□</td><td colspan="2">准驾车型：</td></tr>
<tr><td>初次领证日期： 年 月 日</td><td colspan="2">性别：□男 □女</td><td colspan="2">联系方式：</td></tr>
<tr><td rowspan="3">三者车辆</td><td>厂牌型号：</td><td colspan="2">号牌号码：</td><td colspan="2">交强险保单号：</td></tr>
<tr><td>驾驶员姓名：</td><td colspan="2">驾驶证号：□□□□□□□□□□□□□□□□□□□□</td><td colspan="2">起保日期：</td></tr>
<tr><td>初次领证日期： 年 月 日</td><td>性别：□男 □女</td><td>准驾车型：</td><td colspan="2">联系方式：</td></tr>
<tr><td rowspan="5">事故信息</td><td>出险原因</td><td colspan="4">□碰撞 □倾覆 □坠落 □火灾 □爆炸 □自燃 □外界物体坠落、倒塌
□雷击 □暴风 □暴雨 □洪水 □雹灾 □玻璃单独破碎 □其他（ ）</td></tr>
<tr><td>事故类型</td><td colspan="4">□单方肇事 □双方事故 □多方事故 □仅涉及财产损失 □涉及人员伤亡</td></tr>
<tr><td>事故涉及的第三方机动车数：</td><td colspan="2">第三者伤亡人数：伤 人，亡 人</td><td colspan="2">车上人员伤亡人数：伤 人，亡 人</td></tr>
<tr><td colspan="3">事故处理方式：□交警 □自行协商 □保险公司 □其他（ ）</td><td colspan="2">是否需要施救：□是 □否</td></tr>
<tr><td colspan="3">预计事故责任划分：□全部 □主要 □同等 □次要 □无责</td><td colspan="2">核定施救费金额：</td></tr>
<tr><td rowspan="3">查勘信息</td><td colspan="5">被保险机动车出险时的使用性质 □家庭自用 □营业 □非营业
被保险机动车驾驶人是否持有有效驾驶证 □是 □否
被保险机动车驾驶人准驾车型与实际驾驶车辆是否相符 □是 □否
驾驶专用机械车、特种车及营业性客车的人员是否有相应的有效操作证、资格证 □是 □否
被保险机动车驾驶人是否为酒后驾车 □是 □否
被保险机动车驾驶人是否为醉酒驾车 □是 □否
被保险机动发生事故时的驾驶人是否为合同约定的驾驶人 □是 □否
出险地点是否发生在合同约定的行驶区域以外 □是 □否
是否存在其他条款规定的责任免除或增加免赔率的情形（如存在应进一步说明）： □是 □否</td></tr>
<tr><td colspan="5">查勘意见（事故经过、施救过程、查勘情况简单描述和初步责任判断）：</td></tr>
<tr><td>案件处理等级：</td><td>理算顺序：</td><td colspan="3">询问笔录 张，现场草图 张，事故照片 张</td></tr>
<tr><td rowspan="5">责任判断及损失估计</td><td>涉及险种</td><td colspan="4">□交通事故责任强制保险 □商业车损险 □商业三者险 □车上人员责任险 □自燃损失险 □盗抢险 □玻璃单独破碎险 □车上货物责任险 □其他（ ）</td></tr>
<tr><td>立案建议</td><td colspan="4">交强险： □立案 □不立案（注销/拒赔） □待确定（原因： ）
商业保险： □立案 □不立案（注销/拒赔） □待确定（原因： ）</td></tr>
<tr><td rowspan="3">事故估损金额</td><td>总计：</td><td>□本车车损：</td><td colspan="2">□第三者车辆损失：</td></tr>
<tr><td>□本车车主人员伤亡：</td><td>□第三者人员伤亡</td><td colspan="2">□本车上财产损失：</td></tr>
<tr><td>□第三者车上财产损失：</td><td>□第三者其他财产损失：</td><td colspan="2">□其他：</td></tr>
<tr><td colspan="3">查勘人员签字：</td><td colspan="3">被保险人（当事人）签字：</td></tr>
</table>

中国人民财产保险股份有限公司
机动车辆保险现场查勘记录附表

保险单号：　　　　　　　　　　　　　　　　　　　　　　　　　　　　　　报案编号：

<table>
<tr><td rowspan="12">三者车辆</td><td rowspan="4">1</td><td>厂牌型号：</td><td>号牌号码：</td><td colspan="2">交强险保单号：</td></tr>
<tr><td>驾驶人姓名：</td><td colspan="2">驾驶证号：□□□□□□□□□□□□□□□□□□□□</td><td>起保日期：</td></tr>
<tr><td>初次领证日期：年　月　日</td><td>性别：□男　□女</td><td>准驾车型：</td><td>联系方式：</td></tr>
<tr><td>估计损失：</td><td>核定施救费：</td><td colspan="2">其他情况：</td></tr>
<tr><td rowspan="4">2</td><td>厂牌型号：</td><td>号牌号码：</td><td colspan="2">交强险保单号：</td></tr>
<tr><td>驾驶人姓名：</td><td colspan="2">驾驶证号：□□□□□□□□□□□□□□□□□□□□</td><td>起保日期：</td></tr>
<tr><td>初次领证日期：年　月　日</td><td>性别：□男　□女</td><td>准驾车型：</td><td>联系方式：</td></tr>
<tr><td>估计损失：</td><td>核定施救费：</td><td colspan="2">其他情况：</td></tr>
<tr><td rowspan="4">3</td><td>厂牌型号：</td><td>号牌号码：</td><td colspan="2">交强险保单号：</td></tr>
<tr><td>驾驶人姓名：</td><td colspan="2">驾驶证号：□□□□□□□□□□□□□□□□□□□□</td><td>起保日期：</td></tr>
<tr><td>初次领证日期：年　月　日</td><td>性别：□男　□女</td><td>准驾车型：</td><td>联系方式：</td></tr>
<tr><td>估计损失：</td><td>核定施救费：</td><td colspan="2">其他情况：</td></tr>
<tr><td colspan="2">三者车上财产</td><td colspan="4">损失情况及施救过程描述</td></tr>
<tr><td colspan="2">本车车上财产</td><td colspan="4">损失情况及施救过程描述</td></tr>
<tr><td colspan="2">三者其他财产</td><td colspan="4">损失情况及施救过程描述</td></tr>
<tr><td colspan="2">备注</td><td colspan="4"></td></tr>
</table>

说明：第三方车辆多于一辆，或涉及损失类别较多、情况复杂的案件，应使用《机动车辆现场查勘记录附表》。

2）对于重大、复杂或有疑点的案件，应在询问有关当事人和证明人后，在《机动车辆保险现场查勘询问笔录》中记录，并由被询问人签字确认。

3）对于重大或出险原因较为复杂的赔案，应绘制《机动车辆保险现场查勘草图》。现场草图要反映出事故车方位、道路情况及外界影响因素，如图 11-17 所示。

现场图是一张反映车辆事故发生的地点和环境范围的地形平面图。应根据现场查勘的内容，迅速而全面地把现场的各种交通元素、痕迹、道路设施及物貌，用一定的比例绘制在图纸上。绘制现场图的基本要求如下：

① 能够表明事故现场的地点、方位、物貌和交通情况。

② 标明交通元素及事故相关的遗留痕迹和物体洒落的位置。

③ 标明事物的形状。

④ 根据事故痕迹标明事故过程，以及车、人、畜牧等的动态。

⑤ 现场图是体现出险事故产生原因、判断事故责任的重要依据；现场图不仅是绘图者能看懂，更重要的是没有到过出险现场的人也能从中了解到出险现场的概貌，即通过现场图能够对事故现场状况有一个总体的认识。

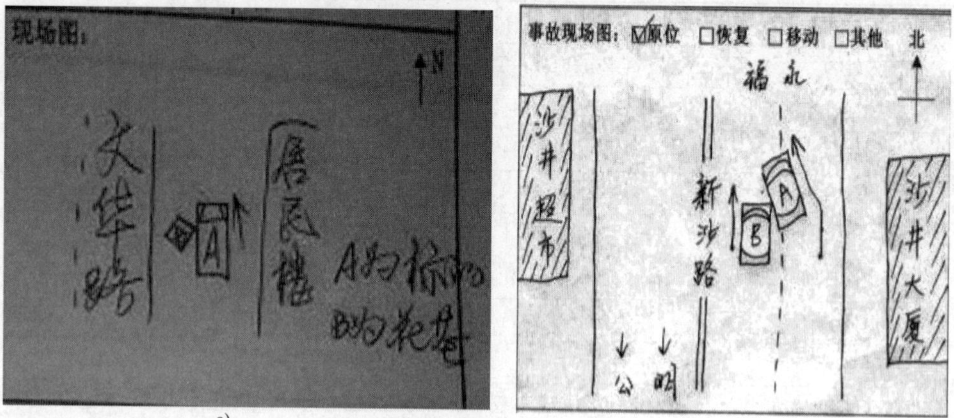

a)　　b)

图 11-17　现场事故草图

绘制现场查勘草图时，可借助道路交通元素图（GB5768—1999）中的一些符号。道路交通元素图见表 11-7 至表 11-17。交通元素图（带★的为常用图标）。

表 11-7　机动车图标

含　义	图形符号	含　义	图形符号	备　注
★ 载重车平面	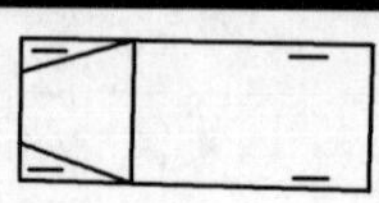	载重车侧面图	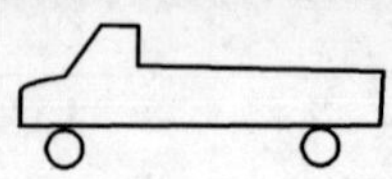	含平头载重车、专用汽车、特种车
★ 客车平面	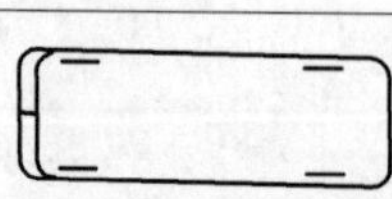	客车侧面图	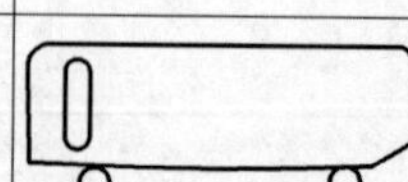	含无轨电车、特种车
★ 小轿车平面	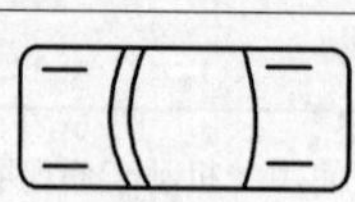	小轿车侧面图	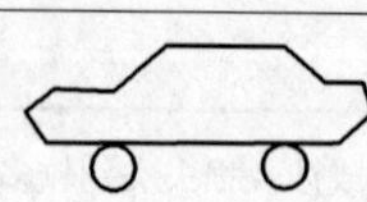	含吉普车、微型面包车
★ 挂车平面	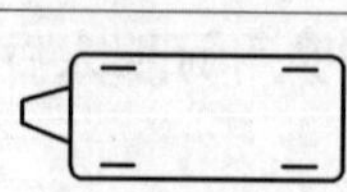	挂车侧面	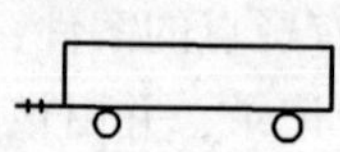	含全挂车、半挂车
★ 二轮摩托车		轻便摩托车		
铰接式客车平面	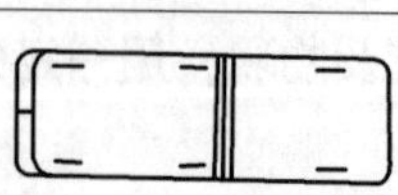	铰接式客车侧面图	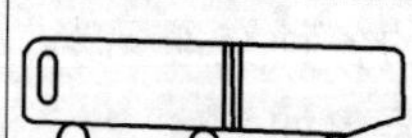	含铰接式无轨电车
拖拉机平面	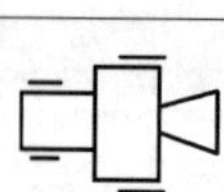	拖拉机侧面图	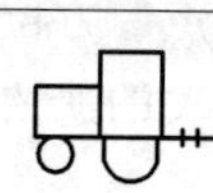	含专用机械

（续）

含 义	图形符号	含 义	图形符号	备 注
手扶拖拉机平面	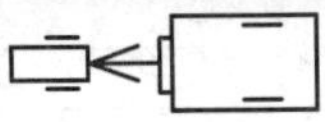	手扶拖拉机侧面	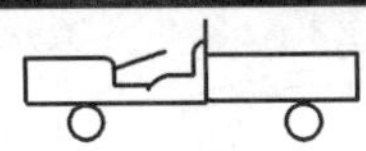	
后三轮摩托车	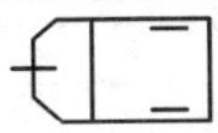	侧三轮摩托车	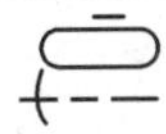	

表 11-8 非机动车符号

含 义	图形符号	备 注	含 义	图形符号	备 注
★ 自行车			兽力车	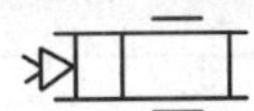	
三轮车	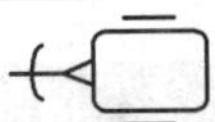		人力车	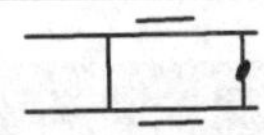	

表 11-9 人体图形符号

含 义	图形符号	含 义	图形符号	含 义	图形符号
★ 人体		伤体		尸体	

表 11-10 牲畜图形符号

含 义	图形符号	含 义	图形符号	备 注
牲畜		惊畜		含牛、马、猪、羊等，需同时标注文字说明
伤畜		死畜		

表 11-11 道路标线符号

含 义	图形符号	含 义	图形符号
中心单实线	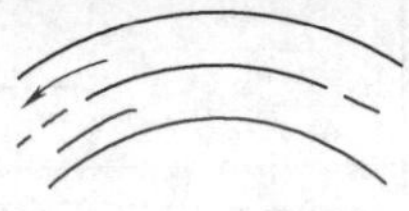	★ 中心虚线	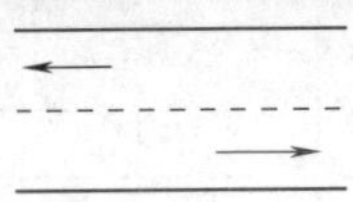
中心虚实线	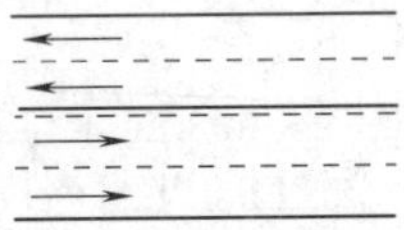	★ 中心双实线	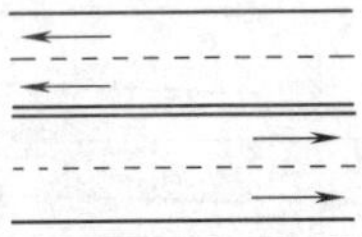
停止线	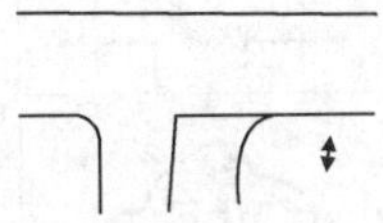	导向车道线	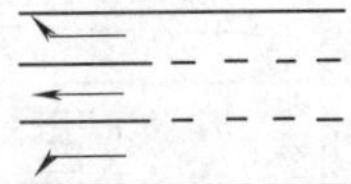

（续）

含 义	图形符号	含 义	图形符号
车行道边缘线	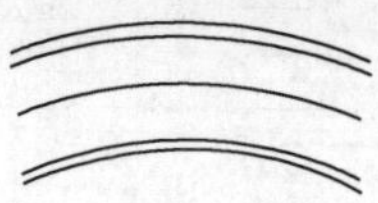	车道分界线	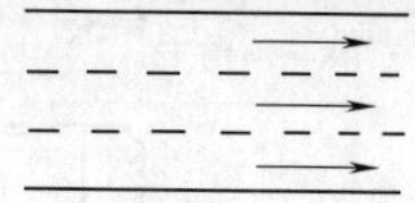
停车让行线	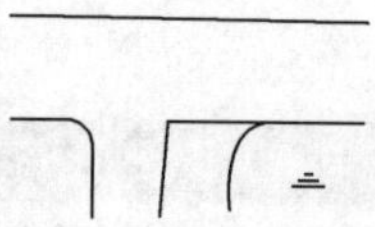	★中心圈	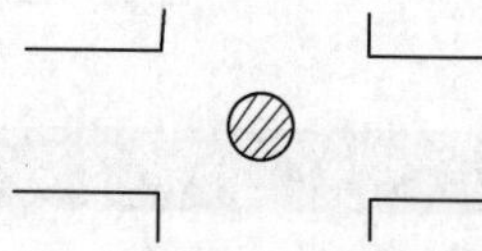

表 11-12 道路标线符号

含 义	图形符号	含 义	图形符号
减速让行线	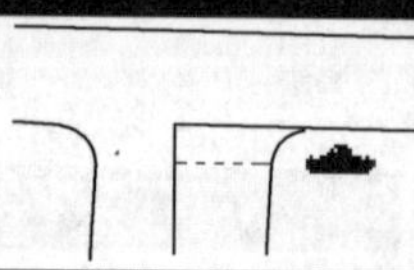	★倾斜式停车位标线	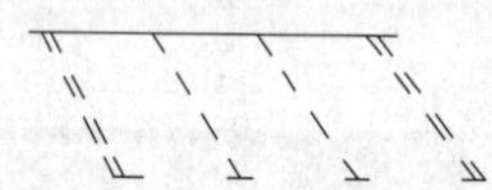
左转弯导向线	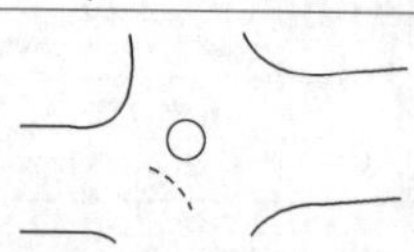	★路面障碍物标线	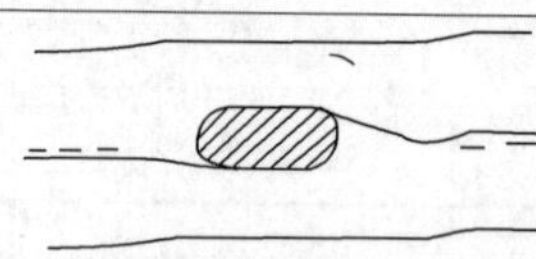
港湾式停靠站标线	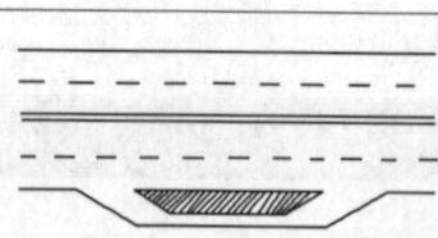	★平行式停车位标线	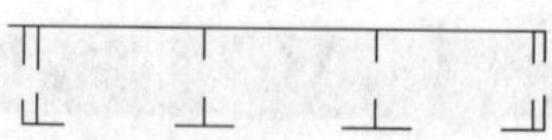
导流标线	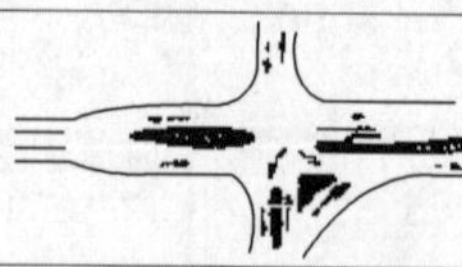	★垂直式停车位标线	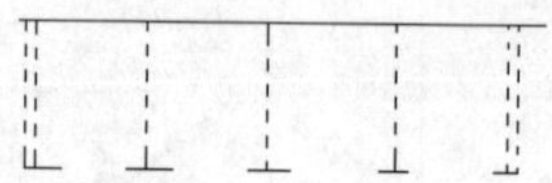
人行横道标线	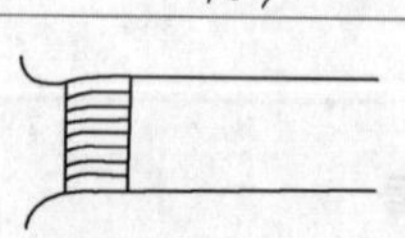	人行道	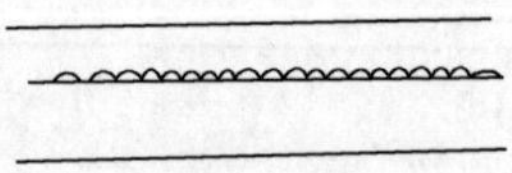
桥	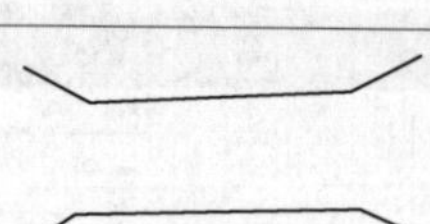	漫水桥	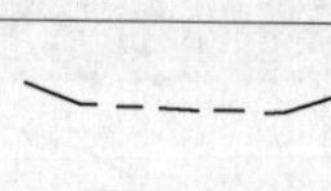

含 义	图形符号	说明	含 义	图形符号	说明
上坡道		i为坡度	道路	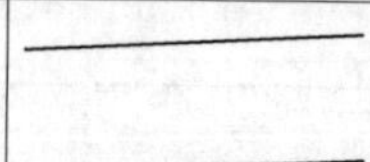	路面性质用文字说明。如：冰、沥青、混凝土路面
下坡道			道路平交口	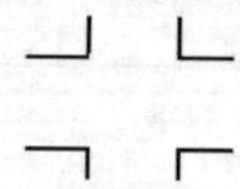	丁字路口和交叉路口按实际情况划
道路与铁路平交口	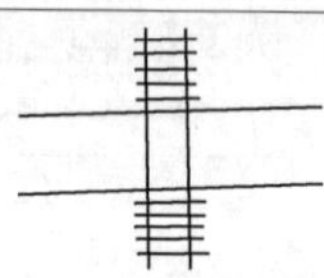		路面积水		也可表示路外水塘

（续）

含义	图形符号	含义	图形符号	
施工路段		路面突出部分	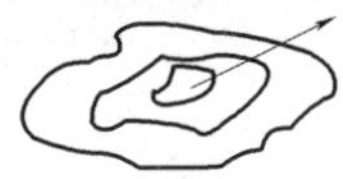	也可表示路外山冈、丘陵、土包
涵洞	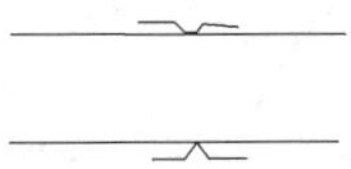	路面凹坑		也可表示路外凹地、土坑
隧道	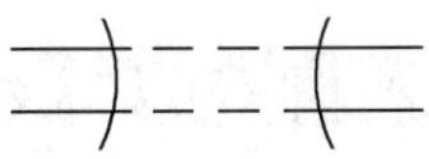	路旁水沟	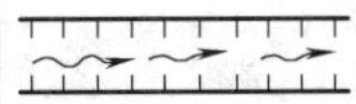	也可表示其他路外水沟

表 11-13 安全设施图形符号

含义	图形符号	含义	图形符号	含义	图形符号
★ 隔离带 （或花坛）	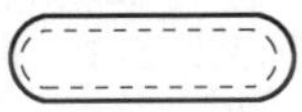	禁令标志		指示标志	
隔离桩 （墩、栏）	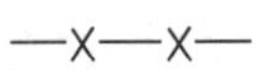	警告标志		指路标志	

表 11-14 土地利用植被和地物图形符号

含义	图形符号	含义	图形符号	含义	图形符号
★ 树木平面		树木侧面		★ 路灯	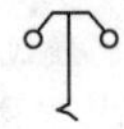
★ 建筑物	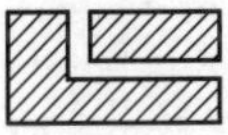	★ 厂院大门、围墙	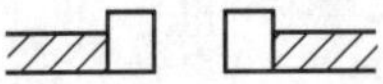	消防栓	
★停车场	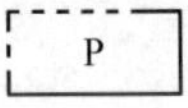	★电 杆	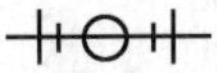	★碎石、沙土等堆积物	

表 11-15 动态痕迹图形符号

含 义	图形符号	备注	含 义	图形符号	备 注
轮胎擦印			★ 轮胎拖印	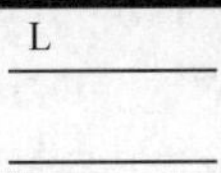	L 为拖印长
★ 轮胎压印			★ 侧滑印		各种车通用

表 11-16 交通现象和交通事故类型图形符号

含 义	图形符号	含 义	图形符号
★ 机动车行驶轨迹		★ 摩托车行驶轨迹	
★ 自行车行驶轨迹	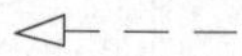	行人运动轨迹	
翻车、坠落	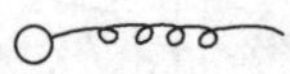	爆炸	

表 11-17 其他图形符号

含 义	图形符号	备 注	含 义	图形符号	备 注
★方向标			风向标	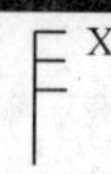	X 为风力级数

(10) 指导报案人进行后续处理

1）告知赔偿顺序。发生机动车之间碰撞事故的，应告知客户先通过交强险进行赔偿处理，超过交强险责任限额的部分，再由商业保险进行赔偿。

2）出具《机动车辆保险索赔须知》，见表 11-18。

表 11-18 机动车辆保险索赔须知

中国人民财产保险股份有限公司机动车辆保险索赔须知

______________（被保险人名称/姓名）：

为确保您的合法权益得到充分保障，请您认真阅读本索赔须知，并按保险人的要求提供相关索赔单证和材料。

索赔提示：

（一）按照我国交通事故处理相关法律法规，对于事故造成的损失，应当通过机动车交通事故责任强制保险进行赔偿处理：超过机动车交通事故责任强制保险各分项赔偿限额的部分，保险人根据商业机动车辆保险合同的约定进行赔偿处理。

（二）我公司自收到您提供的证明和资料之日起 5 日内，对是否属于保险责任作出核定：属于保险责任的，我公司在与您达成赔偿保险金的协议后 10 日内，赔偿保险金。

（三）我公司将按照国家有关法律法规和保险合同的约定，根据交通事故人员创伤临床诊疗指南和国家基本医疗保险标准，核定人身伤亡的赔偿金额。

请您尽快提交下列经保险人确认的单证，以便于您及时获得保险赔偿。

理赔单证：

1. □《机动车辆保险索赔申请书》
2. □商业机动车辆保险单正本 □机动车交通事故责任强制保险单正本 □交通事故自行协商处理协议书
3. 事故处理部门出具的：□交通事故责任认定书 □调解书 □简易事故处理书 □其它事故证明（ ）
4. 法院、仲裁机构出具的：□裁定书 □裁决书 □调解书 □判决书 □仲裁书
5. 涉及车辆损失还需提供：□《机动车辆保险车辆损失情况确认书》及《修理项目清单》和《零部件更换项目清单》 □车辆修理的正式发票（即"汽车维修业专用发票"） □修理材料清单 □结算清单 □施救费用发票
6. 涉及财产损失还需提供：□《机动车辆保险财产损失确认书》 □设备总体造价及损失程度证明 □设备恢复的工程预算 □财产损失清单 □购置、修复受损财产的有关费用单据
7. 涉及人身伤、残、亡损失还需提供：

（续）

<table>
<tr><td colspan="2">□县级以上医院诊断证明　□出院通知书　□需要护理人员证明　□医疗费报销凭证（须附处方及治疗、用药明细单据）
□伤、残、亡人员误工证明及收入情况证明（收入超过纳税金额的应提交纳税证明）
□护理人员误工证明及收入情况证明（收入超过纳税金额的应提交纳税证明）
□残者须提供法医伤残鉴定书　□亡者须提供死亡证明
□被扶养人证明材料　□户籍派出所出具的受害者家庭情况证明　□户口　□丧失劳动能力证明
□交通费报销凭证　□住宿费报销凭证　□参加事故处理人员工资证明
□向第三方支付赔偿费用的过款凭证（须由事故处理部门签章确认）
8. 涉及车辆盗抢案件还需提供：
□机动车行驶证（原件）　□出险地县级以上公安刑侦部门出具的盗抢案件立案证明　□已登报声明的证明
□车辆购置附加费缴费凭证和收据（原件）或车辆购置税完税证明和代征车辆购置税缴税收据（原件）或免税证明（原件）
□机动车登记证书（原件）　□车辆停驶手续证明　□机动车来历凭证　□全套车钥匙
9. 被保险人索赔时，还须提供以下证件原件，经保险公司验证后留存复印件：
□保险车辆《机动车行驶证》　□肇事驾驶人员的《机动车驾驶证》
领取赔偿所需单证：
10. 被保险人领取赔款时，须提供以下材料和证件，经保险人验证后留存复印件：
□领取赔款授权书　□被保险人身份证明　□领取赔款人员身份证明
11. 需要提供的其它索赔证明和单据：
（1）　　　　（2）
（3）　　　　（4）
敬请注意：为确保您能够获得更加全面、合理的保险赔偿，我公司在理赔过程中，可能需要您进一步提供上述所列单证
以外的其他证明材料。届时，我公司将及时通知您。感谢您对我们工作的理解与支持！　服务专线电话：95518</td></tr>
<tr><td>被保险人：
领到《索赔须知》日期：　年　月　日
确认签字：
提交索赔材料日期：　年　月　日
确认签字：</td><td>保险公司：
交付《索赔须知》日期：　年　月　日
经办人签字：
收到索赔材料日期：　年　月　日
经办人签字：</td></tr>
</table>

3）约定定损时间和地点。查勘时不能当场定损的，查勘人员应与被保险人或其代理人约定定损的时间、地点。对于事故车辆损失较重，需拆检后方能定损的案件，应安排车辆到拆检定损点集中进行拆检定损。

单元三　立　　案

一、立案前的准备

1）接收查勘资料包括查勘记录及附表、查勘照片和询问笔录，以及驾驶证、行驶证的照片或复印件等，以确保立案人员充分掌握查勘信息。

2）查阅出险车辆的承保信息。

3）查阅出险车辆的历史赔案信息。

二、立案处理

1. 判断保险责任

1）结合保险车辆的查勘信息、承保信息以及历史赔案信息，分别判断事故是否属于商业机动车辆保险和机动车交通事故责任强制保险的保险责任。

2）经查勘人员核实的重复报案、无效报案、明显不属于保险责任的报案，应提交保险公司专线（接报案部门）进行报案注销处理。

2. 估计保险损失

应区分交强险、商业车损险、商业三者险和车上人员责任险，分别录入或调整估损金额。

1）属于交强险保险责任的，录入或调整交强险项下的保险损失估计金额。

2）属于商业险保险责任的，分别在对应的主险险别项下录入或调整保险估计损失金额。

三、立案处理时限

1）应于查勘结束后的24小时内立案。

2）最晚于接报案后5日内，进行立案或注销处理；查勘所涉及的单证可在立案同时或之后收集。

四、立案状态调整和立案注销

1. 立案状态调整

1）立案时，应对交强险和商业险的案件状态分别进行标记。

2）立案后，应根据案情分别对交强险或商业险的立案进行有效性调整，对于不涉及赔偿的险别应加注无效标志。

加注无效标志的条件与立案注销的条件相同，不得随意调整立案状态。

2. 立案注销

立案后，如交强险和商业险均不涉及赔偿，应对立案进行注销。立案注销必须满足以下条件之一：

1）不属于保险责任。

2）属于保险责任，但客户放弃索赔。

3）无效数据（垃圾数据）。

4）客户已报案，但两年内未提交索赔申请书及相关理赔单证的案件。

单元四 定 损

一、车辆定损

定损工作流程图，如图11-18所示。

1. 定损前准备

定损前要做一些准备工作，具体如图11-19所示。

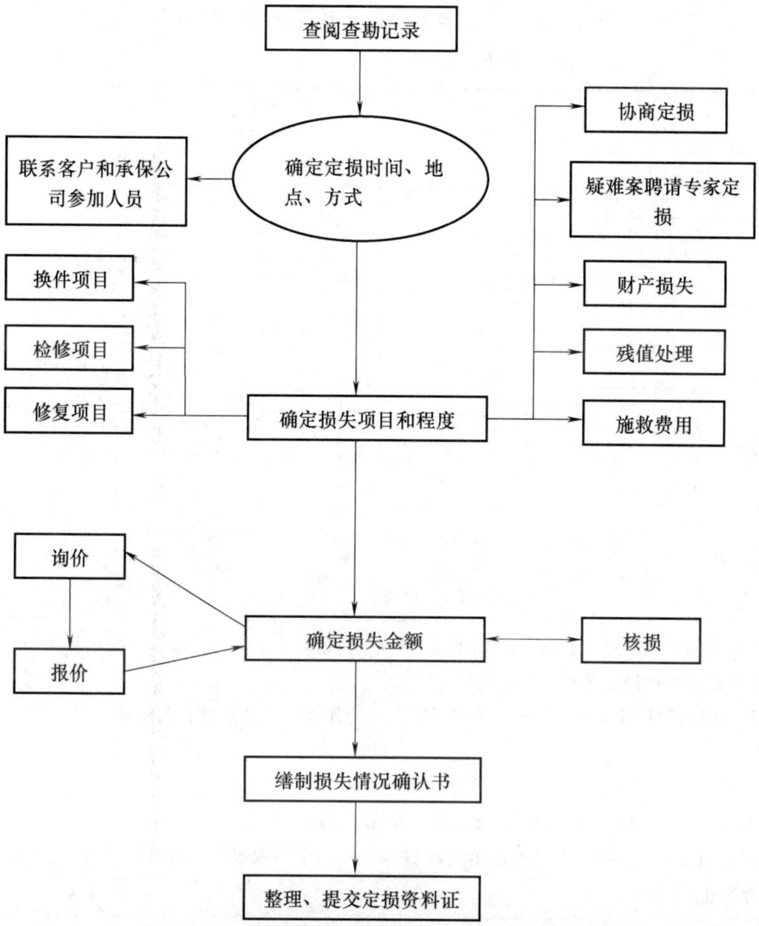

图 11-18　定损工作流程图

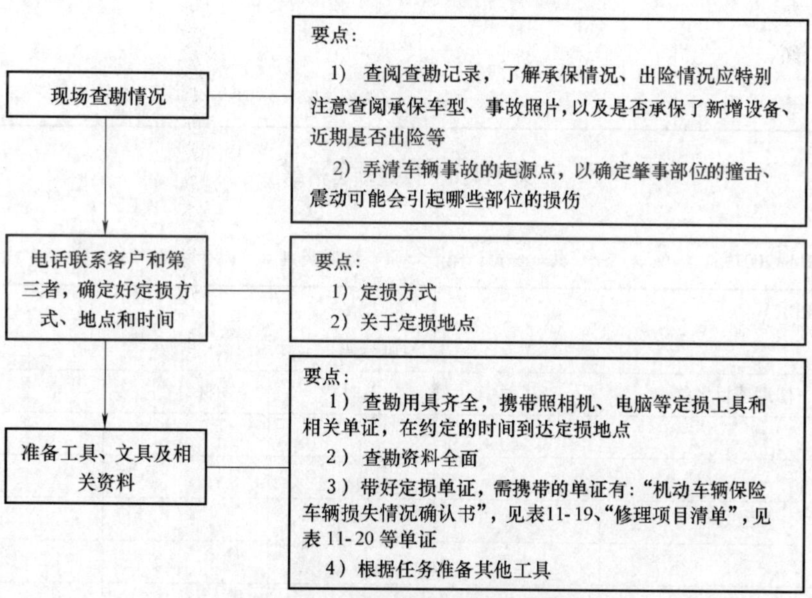

图 11-19　定损前准备工作的内容

表 11-19　机动车辆保险车辆损失情况确认书

报案号：　　　　　　　　条款类别：　　　　　　　　承保公司：

被保险人：		出险时间：
保险单号：		出险地点：
保险金额：	牌照号码：	事故责任：[ ] 全部 [ ] 主要 [ ] 同等 [ ] 次要 [ ] 无责 [ ] 单方
厂牌型号：		
制造年份：	发动机号：	定损时间：
车架号码（VIN 号）：		定损地点：
发动机型号：		变速箱类型：[ ] 手动挡　[ ] 自动挡
送修时间：	修复竣工时间：	报价公司：[ ] 总公司 [ ] 省公司 [ ] 地市公司
损失部位及程度概述：		
维修费总计金额：（大写）	元	（¥　　元）
残值作价金额：（大写）	承保公司收回	（¥　　元）

保险合同当事人各方协商，同意按本确定书及所附“修理项目清单”及“零部件更换项目清单”载明的修理及更换项目为确定本次事故损失范围的依据，并达成如下协议：

1. 本确定书所列维修费总计金额均已包含各项税费，其为保险公司认定的损失最高赔付金额，超过此金额部分，保险公司不予赔付。
2. 修理项目、修理工时费及修理材料费以所附“修理项目清单”为准。
3. 更换项目及换件工时费以所附“零部件更换项目清单”为准。
4. 更换项目需要报价的，本确定书只确认更换项目的数量，金额及换件工时费以所附“零部件更换项目清单”中的保险公司报价为准。

保险公司：	被保险人：	
签章：	签章：	
年　月　日	年　月　日	

表 11-20　修理项目清单

承保公司：

报案编号：　RDAA2007　　　　　　共　　页，第　　页　条款类别：　　车险

保险单号：　PDAA			厂牌型号：		
保险金额：			号牌号码：		
序号	修理项目名称	工时	工时费	材料费	备注
1					
2					
3					
4					
5					

（续）

序号	修理项目名称	工时	工时费	材料费	备注
6					
7					
8					
9					
10					
11					
12					
13					
14					
15					
16					
17					
18					
19					
20					
21					
22					
23					
24					
小计					

核准人： 定损复核人： 定损制单人：

2. 确定车辆损失情况

车辆定损应会同被保险人和第三者车损方核定，并在定损结束后由所涉及的当事各方签名确认。

1）确定保险车辆和三者车辆的受损部位、损失项目和损失程度。

① 应注意区分本次事故和非本次事故造成的损失以及事故损失和自然磨损的界限。

② 注意对保险车辆标准配置以外的新增设备进行区分，并分别确定损失项目和金额。

③ 损失严重的车辆应进行拆检定损。对需拆检定损的车辆，应全程跟踪车辆的拆检，并记录换件项目、待检项目和修理项目。同时，应注意妥善保管修换零配件和待检零配件。

④ 超过本级处理权限的，应及时报上级进行定损或核损。确定损失项目的过程和次序如图 11-20 所示。

2）定损拍照　对受损部位和整车进行定损拍照，照片应清晰反映车辆整体及局部的损失情况和损失程度。对价值较高的受损零部件和需要更换的零部件，应单独拍照。

3）与客户协商确定修理方案，包括换件项目、修理项目、检修项目和残值归属。

常损零件修与换的掌握，见表 11- 21。

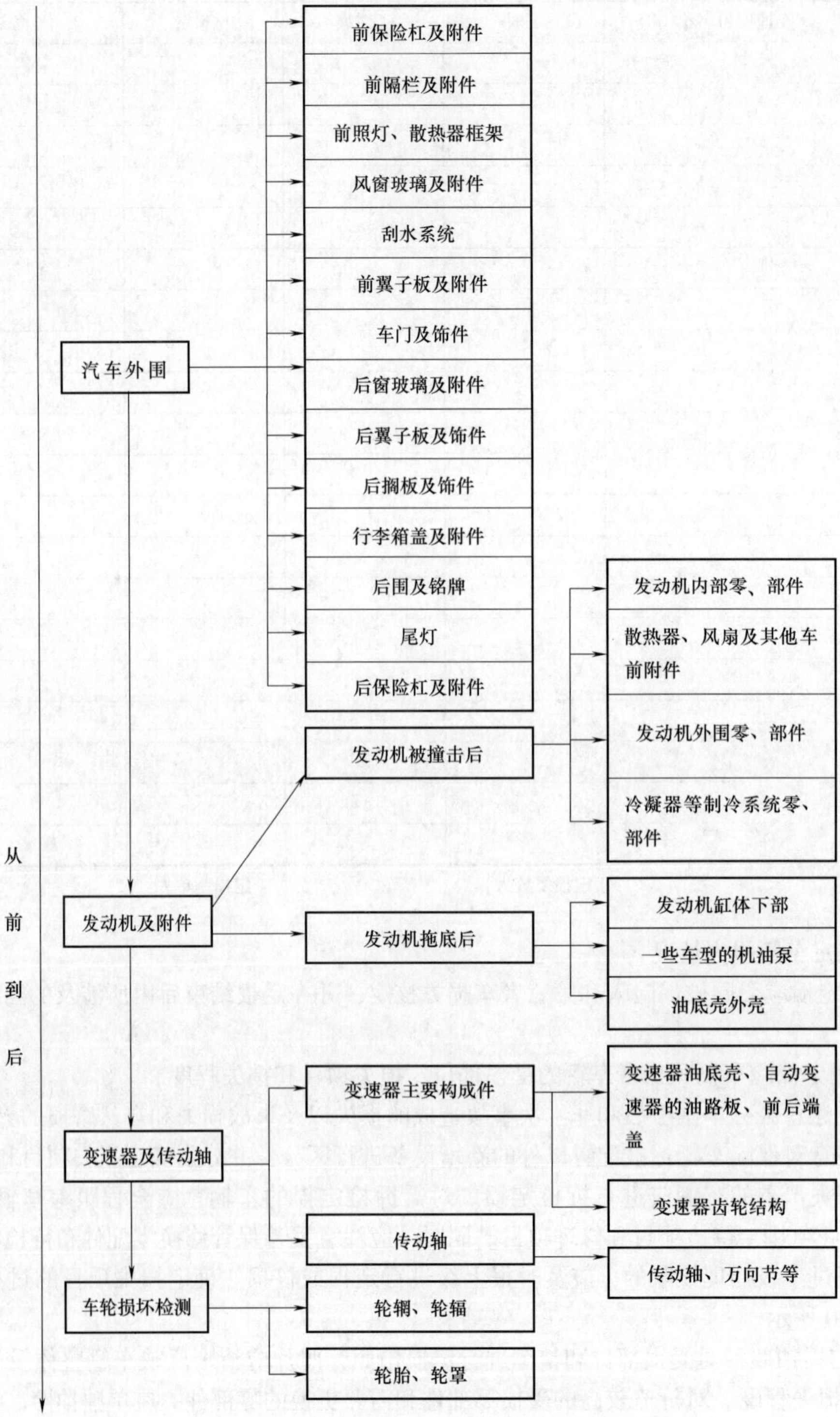

图 11-20 确定损失项目的过程和次序

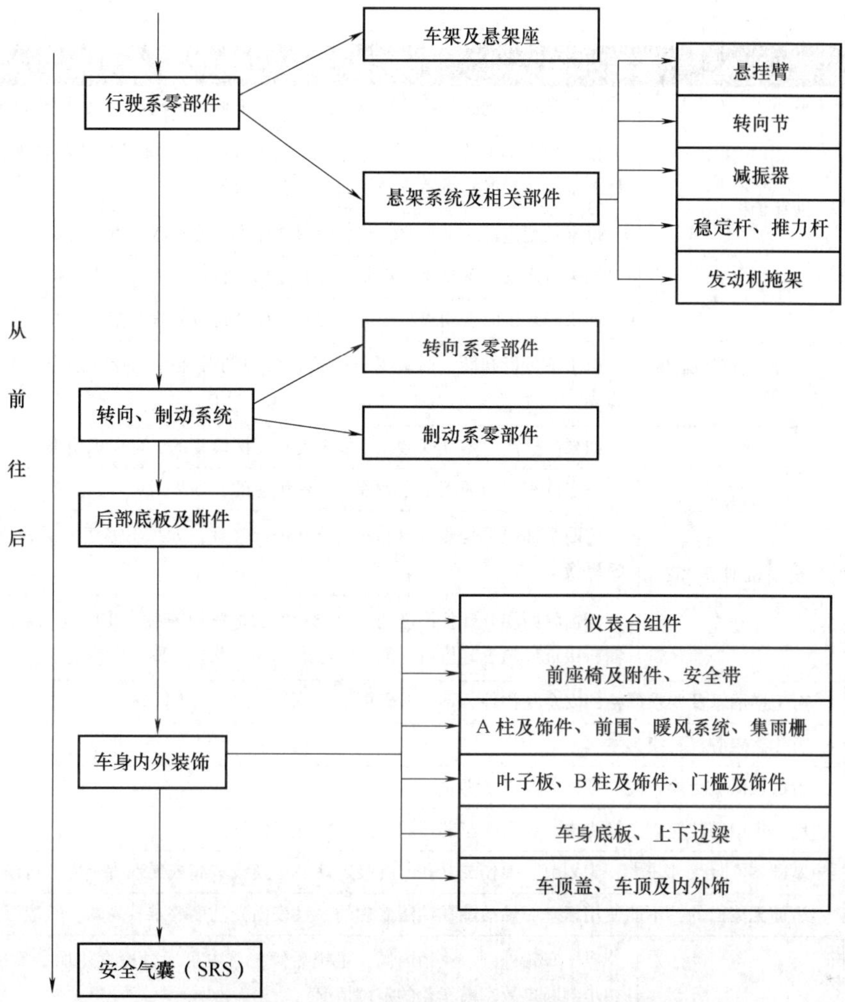

图 11-20 确定损失项目的过程和次序（续）

表 11-21 常损零件的修与换

常损零件大类	具体事项	
标准	弯曲变形则修，折曲变形则换	
承载式车身结构件	弯曲变形的特点	损伤部位与非损伤部位过渡平滑、连续
		通过拉拔矫正可使它恢复到事故前的形状，而不会留下永久的塑性变形
	折曲变形的特点	折曲变形剧烈，曲率半径小于 3mm，通常在很短的长度上弯曲可达 90 度角以上
		矫正后，零件上仍有明显的裂纹或开裂，或者出现永久变形带，不经调温加热处理不能恢复到事故前的形状
	其他注意事项	在车身折曲后随后的矫正过程中钢板内部发生了什么变化
		为什么那些仅有一些小的折曲变形或裂纹的大结构件也必须更换
		当决定采用更换结构板件时，应完全遵照制造厂的建议
		高强度钢在任何条件下，都不能用加热法来矫正

（续）

常损零件大类		具体事项
非结构钣金件	前翼子板	损伤没有达到必须将其从车上拆下来才能修复的程度，只是中部凹陷，可修
		损伤达到必须将其从车上拆下来才能修复，且前翼子板价格低廉、供应流畅，材料价格达到或接近整形修复的工时费，可换
		每米长度超过3个折曲、破裂变形或已无基准形状，可考虑更换
		如果每米长度不足3个折曲、破裂变形，且基准形状还在，可修
		如果修复工时费明显小于更换费用，应考虑以修理为主
	三厢车的后翼子板	由于不可拆卸性，该后翼子板只有修理的可能性，所以都应采取修理的方法修复
	车门	如果门框产生塑性变形，一般来说是无法修复的，可考虑更换
		许多汽车车门面板是作为单独零件供应的，损坏后可单独更换
	发动机舱盖和行李箱盖	这两个部位都是要将内外两层分开进行修理，如果不需将两层分开，则不必考虑更换
		若需将两层分开整形修理，应先考虑工时费加辅料与其价值关系，如工时费加辅料接近或超过其价值，则不应考虑修理；反之，则考虑修复
塑料件	对于燃油箱及要求严格的安全结构件，不应考虑更换	
	整体破碎应以更换为主	
	价值较低、更换方便的零件应以更换为主	
	应力集中部位应以更换为主，如富康车的尾门铰链、撑杆锁机处	
	基础零件且尺寸较大，为划痕、擦伤或穿孔，拆装麻烦、更换成本高或无现货供应，可修	
	表面无漆面的，不能使用氰基丙烯酸酯黏结法修理的，且表面光洁度要求较高的，一般可更换	
机械类零件	悬架系统、转向系统	对于车轮外倾、主销内倾、主销后倾，首先可通过检查轮胎的磨损是否均匀，初步判断事故车前车轮的定位情况
		检查车身定位尺寸，消除如摆臂橡胶套的磨损等原因
		校正好车身后，再做车轮定位检测
		如果车轮定位检测仍不合格，再根据其结构、维修手册判断具体的损伤部位，并逐一更换、检测，直至确认损伤部件为止
	铸造基础件	由于焊接都会造成变形，一般考虑更换
电器件	熔断器、熔丝、大限流熔断器要更换，应使用同一规格的熔断器	
	自动式断路器可自动复位，循环使用	
	手动式断路器需人工复位，循环使用	

① 坚持修复为主的原则。如被保险人提出扩大修理，或应修部件改为更换时，超出的费用应由其自行承担，并在“机动车辆保险车辆损失情况确认书”中注明。

② 协商确定残值处理方式。残值折归被保险人的，应合理作价，并在定损金额中扣除；公司回收残值的，应按照损余物资处理规定做好登记和移交工作。

3. 出具“损失情况确认书”

1）根据换件项目、修理项目的有关内容，能够当场确定损失金额的，与被保险人签订

“机动车辆保险车辆损失情况确认书”，(含修理项目清单)。

2）对规定需要询、报价的事故车辆，按规定进行询价。

3）“机动车辆保险车辆损失情况确认书”一式两份，被保险人签字确认，保险人、被保险人各执一份。

4. 询、报价

1）根据车辆零部件损失清单，确定是否属上级公司规定的报价车型和询价范围。

2）属上级公司规定的报价车型和询价范围的，向上级公司询价。不属上级公司报价范围的，根据当地报价规定，核定配件价格。

3）上级公司对于询价金额低于或等于报价金额的进行核准操作；对于询价金额高于报价金额的，应逐项报价，并将核准的询价单或报价单传至询价公司。

5. 车辆送修

1）应主动向被保险人推荐与公司建立合作关系的协作修理厂。

2）投保人若在投保时选择专修厂修理，应推荐具有保险车辆专修资格的修理厂。

3）被保险人要求推荐、招标修理厂修理的，推荐、招标的修理厂应尽量选择资质为一级的汽车修理厂或专业汽车维修站，不得选择资质低于二级的汽车修理厂。

6. 修复车辆的复检

事故车辆修复完工，客户提取车辆之前，保险人可选择安排车辆复检，即对维修方案的落实情况、更换配件的品质和修理质量进行检验，以确保修理方案的实施，零配件修理和更换的真实性，防范道德风险的发生，保证被保险人的利益。

复检的结果应在定损单上注明。如发现未更换定损换件或未按定损价格更换原厂件，应在定损单上扣除相应的差价。

7. 车辆定损时应注意的几个问题

(1) 增补定损

1）对受损车辆原则上采取一次定损，受损车辆解体后发现尚有因本次事故造成的损失而未被确认的项目，需要增加修理的，由被保险人填写“保险车辆增加修理项目申请单”。经核实审批后，可追加修理项目和修理费用。

2）增补定损项目时，应注意区分零部件损坏是在拆检过程中、保管过程中、施救过程中发生，还是保险事故发生时造成的损失。

3）对在修车过程中检验的待检项，应在检验结束后填制“保险车辆增加修理项目申请单”，上报审批后方可增补定损。

(2) 疑难案定损的处理 第一是对车辆损失金额较大，保险双方协商难以达成一致意见，或受损车辆技术要求高，难以确定损失的，可聘请专家或委托公估机构定损；第二是对保险事故车辆损失原因、损失程度进行鉴定的费用可以负责赔偿。

(3) 自行送修车辆的定损 受损车辆未经保险公司和被保险人共同查勘定损而自行送修的，根据条款规定，保险人有权重新核定修理费用或拒绝赔偿。在重新核定时，应对照查勘记录，逐项核对修理项目和费用，剔除其扩大修理和其他不合理的项目和费用。

二、非车辆财产损失的确定

1. 逐项清点第三者财产和车上货物的损失

1）确定损失数量、损失程度和损失金额。同一保险标的要注意避免重复赔偿。

2）超过本级处理权限的，应及时报上级进行定损或核损。

3）制作“机动车辆保险财产损失确认书”一式两份，由被保险人签字确认，保险人、被保险人各执一份。

2. 财产损失的确定应注意事项

（1）损失修复原则

1）第三者财产和车上货物的恢复以修复为主。

2）无法修复和无修复价值的财产可采取更换的办法处理。

3）更换时，应注意品名、数量、制造日期、主要功能等。

4）对于能更换零、配件的，不更换部件；能更换部件的，不更换总成件。

（2）确定物损数量　交通事故中常见的财产损失有普通公路路产、高速公路路产、供电通信设施、城市与道路绿化等。相关财产的品名和数量可参照当地物价部门列明的常见品名和配套数量。受损财物的数量确定还必须注意其计算方法的科学性和合理性。

（3）损失金额的确定　对于出险时市场已不再生产销售的财产，要依据原产品的主要功能和特性，使用市场上的同类型产品替代。定损金额以出险时保险财产的实际价值为限。

（4）维修方案的确定　根据损失项目、数量、维修项目、维修工时及工程造价确定维修方案。对于损失较大的事故或定损技术要求较高的事故，可委托专业人员确定维修方案。

三、施救费用的确定

1. 施救费用的界定

施救费用是指当保险标的遭遇保险责任范围内的灾害事故时，被保险人或其代理人、雇佣人员等为防止损失的扩大，采取措施抢救保险标的而支出的必要、合理的费用。必要、合理的费用是指施救行为支出的费用是直接的、必要的，并符合国家有关政策规定。

2. 施救费用的确定

施救费用的确定要严格依照条款的有关规定，并注意以下几点：

1）被保险人使用他人（非专业消防单位）的消防设备，施救保险车辆所消耗的费用及设备损失可以赔偿。

2）保险车辆出险后，雇用吊车和其他车辆进行施救的费用，以及将出险车辆拖运到修理厂的运输费用，可在当地物价部门颁布的收费标准内负责赔偿。

3）在施救过程中，因施救而损坏他人的财产，如果应由被保险人承担赔偿责任的，可酌情予以赔偿。但在施救时，施救人员个人物品的丢失，不予赔偿。

4）施救车辆在拖运受损保险车辆途中，发生意外事故造成的损失和费用支出，如果该施救车辆是被保险人自己或他人义务派来抢救的，应予赔偿；如果该施救车辆是有偿服务的，则不予赔偿。

5）保险车辆出险后，被保险人赶赴肇事现场处理事故所支出的费用，不予负责。

6）只对保险车辆的施救费用负责。保险车辆发生保险事故后，涉及两车以上应按责分摊施救费用。受损保险车辆与其所装货物（或其拖带其他保险公司承保的挂车）同时被施救，其救货（或施救其他保险公司承保的挂车）的费用应予剔除。如果它们之间的施救费用分不清楚，则应按保险车辆与货物（其他保险公司承保的挂车）的实际价值进行比例分摊赔偿。

7）若保险车辆为进口车或特种车，发生保险责任范围的事故后，当地确实不能修理的，经保险公司同意去外地修理的移送费，可予负责，并在定损单上注明送修地点和金额。但护送车辆人员的工资和差旅费，不予负责。

8）施救、保护费用与修理费用应分别理算。当施救、保护费用与修理费用相加，估计已达到或超过保险车辆的实际价值时，可按推定全损予以赔偿。

9）车辆损失险的施救费是一个单独的保险金额，但第三者责任险的施救费用不是一个单独的责任限额。第三者责任险的施救费用与第三者损失金额相加不得超过第三者责任险的责任限额。

10）施救费应根据事故责任、相对应险种的有关规定扣减相应的免赔率。

11）重大或特殊案件的施救费用应委托专业施救单位出具相关施救方案及费用计算清单。

四、人伤定损

1. 人伤案件的分类

按伤者受伤程度，可把人伤案件分为不同的种类，具体见表11-22。

表11-22 人伤案件的分类

人伤案件种类	具体条件
轻伤	指伤势轻微，不需要住院治疗，治疗费用在2000元以内的案件
中度伤害	指需要住院治疗，住院时间一般为一周以内，治疗费用在2000元以上10000元以下的案件
重度伤害	伤势较重，有骨折（非粉碎性的）或有脑、内脏、复合性损伤，住院在3周左右，治疗费用在30000元以内的案件
特重伤害	指有多发性复合性外伤，有中、重度昏迷，重度颅脑损伤，造成伤残或人员死亡的，住院时间在3周以上，治疗费用在30000元以上的案件

2. 人伤案件损失确认流程

人伤案件损失确认流程如图11-21所示。

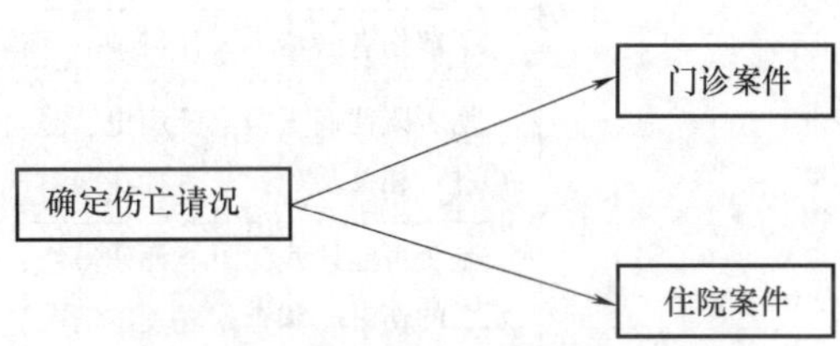

图11-21 人伤案件损失确认流程

（1）门诊案件 在了解事故原因及第三者受伤人数、年龄、性别、受伤部位和伤情后，应告知客户在索赔时必须提供伤者的身份证复印件、门诊病历、费用清单、发票、诊断证明书、CT报告及被保险人的相关索赔资料；同时应强调人伤案件涉及交强险，必须提供交警出具的《责任认定书》以明确事故责任后才可以索赔；涉及赔偿误工费的，需提供医院的休假证明、受伤前三个月的工资证明以及收入减少证明；应告知被保险人自费药、营养针之类的费用是不予理赔的，保险公司只能赔付医保范围内的药品。

（2）住院案件 应在被保险人那里了解事故过程、伤亡人数，及伤者姓名、年龄、性别、从事职业、户籍情况、受伤部位和伤情、所住医院名称、科室名称和床位号。到医院查勘人伤时，应按如下顺序拍照：医院名称、病房号、病床号、床头卡、伤者全身照、受伤部位照（遵循从头、躯干、上肢、下肢顺序拍照）。备齐事故处理相关资料，比如医疗费用清单、输液卡、身份证、事故责任认定书等。伤者的照片应能清楚显示其受伤部位及伤情，如有敷料包扎者不需要打开敷料。告知客户在索赔时必须提供伤者的身份证复印件、住院病历复印件、诊断证明书、结账费用清单、发票、CT 报告及被保险人的相关索赔资料；同时强调人伤案件涉及交强险，必须提供交警出具的《责任认定书》以明确事故责任后才可以索赔；涉及赔偿误工费的，需提供医院开具的休假证明、受伤前三个月的工资证明以及收入减少证明；应告知被保险人自费药、营养针之类的费用是不予理赔的，保险公司只能赔付医保范围内的药品。

3. 伤亡情况调查的注意事项及主要原则

1）伤亡情况调查的注意事项见表 11-23。

表 11-23　伤亡情况调查的注意事项

核实要素	核实具体内容
对事故经过的核实	事故现场情况，出险时间等
	伤亡人员人数，哪些是第三者人员、哪些是车上人员；是否选择座位投保及出险人员所处位置
	出险驾驶人在出险时的状态，包括有无饮酒和服用违禁药物现象
	及时要求相关部门进行超限装载的记录和核实，以确定出险车辆有无超载重或超载客；对于有无改变使用性质或从事非法营运等情况，应及时进行调查询问和记录，注意保存有效证据；核实出险车辆有无移动现场或逃离现场，注意取得交警部门的事故认定
	注意出险时间和报案时间的关系，出险 48 小时后报案的人伤案件，须作特别记录，查勘时应了解确切的出险时间和延迟报案的原因
	注意出险时间与起保时间和保险终止时间的关系，对于起保后 7 天内出险和离保险终止时间 7 天内出险的人伤案件，须作特别记录，查勘时应了解伤者受伤的确切时间
	对方车辆是否已保险（包括交强险）、投保险别、限额及承保公司
对伤亡情况的调查核实	伤亡人数，分别了解各自的姓名、年龄、性别、从事职业和户籍情况
	了解伤者病情、入住科别、经治医师、治疗方案、医疗费用情况，是否合理治疗及用药
	伤者既往病史、家族病史、是否合并有高血压、冠心病、肺病、糖尿病等慢性或原发性疾病并进行相关治疗；是否存在与本次事故无关的其他伤病
	是否可能评残，可能评残等级；对可能重度残疾（按 GB18667—2002 标准五级伤残以上）或死亡的伤者应调查家庭基本情况，包括：婚姻状况、子女、父母、兄弟姐妹的年龄、职业、身体状况和劳动能力情况；伤者肢体残损、颜面损伤、牙齿脱落、体表形成大面积疤痕的，必要时，在征得伤者同意后，拍摄伤情相关照片，以便佐证伤残评定合理性
	护理人员的人数、姓名、年龄、工作单位、每月收入情况
	对住院医疗费估计超过 2 万元的案件，应多次追踪调查；发现医疗费用或方案超出标准的，须及时与主管医师或医院主管领导交涉
	向客户反馈伤者不合理的治疗方案和超标准用药情况，以及与本次事故无关疾病的治疗情况，指导客户在调解中坚持原则；向客户反馈伤者工作单位及每月收入情况，以及护理人员每月的收入情况，以防止不合理的误工费和护理费发生

（续）

核实要素	核实具体内容
对伤亡情况的调查核实	告知客户相关赔付标准，如社保医疗范围、床位费用、误工费、护理费、伙食补助费、死亡赔偿费、伤残补助费等
	告知客户人伤案件索赔时所需单证
	告知客户公司认为合理的误工时间及二次手术费，防止医师不负责地开具超标准误工时间及二次手术费用，造成不必要的损失
	若涉及伤残的应及时通知保险公司，以结合伤者病情决定是否向上一级法医鉴定部门申诉，在规定时限内申请重新评定伤残等级
	对于需要支付营养费和康复费的伤者，与主治医师及时沟通，了解是否需要、支付标准和支付时间，并及时告知被保险人
	涉及整容费用的，与院方及时沟通，以了解整容项目和费用，并及时告知被保险人
	对伤者要求转院治疗的，应向院方了解是否需要转院、是否按照社保规定程序办理转院、转院收治医院，并了解陪护人员情况
需住院的中、重、特重伤情的案件	通过观察、询问初步了解伤者的情况，包括家庭成员情况
	联系主管医生和医院有关部门，确定伤者的伤情、住院诊断情况，了解治疗方案并提出建议，了解目前伤者所住床位的性质及收费标准，预估治疗费用和痊愈后情况
	伤情严重的，对于县级以下的医院、对工作不配合的医院，须及时与保险公司联系，征得意见（同意转院）后积极与交警、被保险人、伤者及家属联系，尽快转院，并首先推荐信誉较好医院
	跟踪治疗过程中，要了解伤情变化，医疗费用的使用情况等。指导被保险人在人伤治疗和事故处理调解过程中维护自己的合法权益
	了解伤者的实际年龄、工资收入、家庭成员。对重伤有可能涉及抚养费用的，要了解其子女、配偶、父母和兄弟姐妹等情况；了解需要护理与否、护理人员是谁以及其工资收入情况，对重要信息的记录应要求伤者或者其家属签字确认。原则上，护理人员应为直系亲属或单位工作人员，或雇佣护工
	向被保险人、伤者及其家属介绍免赔条款、索赔时需要的资料及理赔的相关规定等。对住院的伤者，要求查勘人员到医院查勘且拍摄照片（床位号或身份证），应在伤者或家属同意的情况下拍摄伤情照片，照片要求由远景到近景，能够清晰显示伤情，如创面大小、骨折部位（或者X光片的翻拍相片）、床头卡片和医院的全貌；对于可能构成伤残的，要多方位拍摄照片，一般不暴露正面面部及隐私部位，照片要显示拍摄日期
	对手术需要特殊器材的（如钢板、钢锭等），要主动告知客户、伤者与医院，提出公司赔付的器材标准（国产普通型），超出部分自负
	对预估金额在10000元以上的案件要于48小时内上报承保公司。如果案件在两年有效期内因为诉讼或者伤者病情，确实不能结案的，要求被保险人写书面说明并存入未决案卷中
关于伤残鉴定	向被保险人、伤者或家属介绍有关伤残鉴定的政策、法律法规及本公司的规定，并推荐与公司有协议的伤残评定机构
	伤者进行伤残鉴定时应备齐相关资料，由医疗查勘人员陪同进行
	伤残评定时间，为治疗终结后的15天内

（续）

核实要素	核实具体内容
关于伤残鉴定	对于未通知定损人员而自行做伤残鉴定的，保险公司有权申请重新鉴定，对于因定损人员以各种理由不能前往或对指导处理的结果产生疑义的，证据确凿的要追究其相关人员的责任
关于人员死亡案件的处理	如有人员在保险事故中当场死亡的，应对第一现场进行查勘并拍摄照片；不能到现场的，应到交通管理部门或其他有关部门进行调查予以确认。明确死者身份、家庭以及其他被抚养人的情况
	对医院抢救（2周以后）无效死亡的，应明确死亡原因，必要时可以做鉴定（须有验尸报告）
	当场死亡或者找不到死者家属的，要有法医验尸报告（怀疑酒后驾驶的要求及时做酒精测试）；在交警登报寻找后仍无结果的，车主要求结案的，要索取报纸及交警证明，以证明无家属；有家属的，要确定死者的身份、年龄及家庭情况
	对因保险事故造成人员死亡的案件，应主动向被保险人和家属解释以下三点：一是事故发生后的误工费、交通费、住宿费、死亡补偿费、伙食补助费等费用的计算标准及计算方法；二是索赔时所需要的各种单证、票据、相关资料等；三是如果双方无法达成协议要到法院诉讼的，对诉讼地点赔偿标准与事发地的赔偿标准有较大差别的，要及时提醒被保险人

2）人伤案件常见索赔单证审核应核实的要素见表11-24。

表11-24 人伤案件常见索赔单证审核应核实的要素

核实要素	核实具体内容
医疗发票与费用清单的审核	医疗发票须符合财务规定
	医疗发票须为伤者本人的治疗发票
	发票时间与病历证明须一致；应核算手写发票金额
	住院医疗发票原则上均应附加费用清单或相关证明材料
	对医院费用清单要逐项审核，确认项目及收费的合理性；数额较大的应与医疗相关部门逐一对照
	人伤赔偿项目符合人伤情况与查勘情况，人伤治疗恢复情况符合医学基本常理
病历证明与病休证明的审核	确认符合医院规定的证明
	确认病休时间符合医学常规
	确认继续治疗费或二次手术费的合理性
死亡证明	确认户口注销证明
	确认法医尸检证明
	确认尸体火化证明
	确认公安部门的死亡证明书
	确认死亡原因与本次事故的关联性
抚养证明	确认抚养证明的合法性
	确认被抚养人主体的合法性
	确认被抚养的人数和期限符合常理

（续）

核实要素	核实具体内容
伤残证明	确认伤残评定文书符合“道路交通事故伤残人员评定”中关于的文书规定
	确认伤残级别符合“道路交通事故伤残人员评定”
	确认伤残评定的伤残情况与伤者实际受伤情况一致或存在明显的关联关系
残疾辅助器具证明	确认残疾辅助器具为合格义肢厂家生产
	符合相关部门颁布的义肢使用及费用标准的证明

4. 人伤案件索赔所需资料

人伤案件索赔所需资料见表 11-25。

表 11-25 人伤案件索赔所需资料一览表

伤者情况	需提供的资料	备选资料名及编码	
门诊治疗	1、2、3、4、6、11、13	1. 门诊病历、诊断证明书	9. 陪护证明
		2. 医药费用原始发票	10. 户口本、身份证复印件
住院治疗	1、2、3、4、5、6、7、9、10、11、13	3. 医疗费用清单	11. 损害赔偿调解书
		4. 休假证明	12. 法院民事判决书
伤残	1、2、3、4、5、6、7、8、9、10、11、13	5. 二次手术证明	13. 交通事故责任认定书
		6. 受伤前后三个月工资证明，收入减少证明	14. 死者丧葬费发票
死亡	10、11、13、14、15、16	7. 住宿费、交通费的票据	15. 死者生前供养证明及被抚养人证明
		8. 伤残评定书	16. 死亡证明书或验尸报告、销户证明或火化证明

单元五 核定损失

重要知识：

核损是指由核损人员对保险事故中涉及的车辆损失和其他财产损失的定损情况进行复核的过程，包括事中、事后核损和远程同步核损。核损的目的是提高定损质量，保证定损的准确性、标准性和统一性。

核损工作流程图，如图 11-22 所示。

一、核损岗位的工作职责

1）负责审核查勘报告、调查报告及相关资料，按需参与查勘工作，对事故的真实性和保险责任负责。

2）负责审核定损报告，按需参与定损工作，对事故损失的正确性和准确性负责。

3）负责维护定损配件报价信息系统、物损定损参考标准、车险定损工时参考标准、配

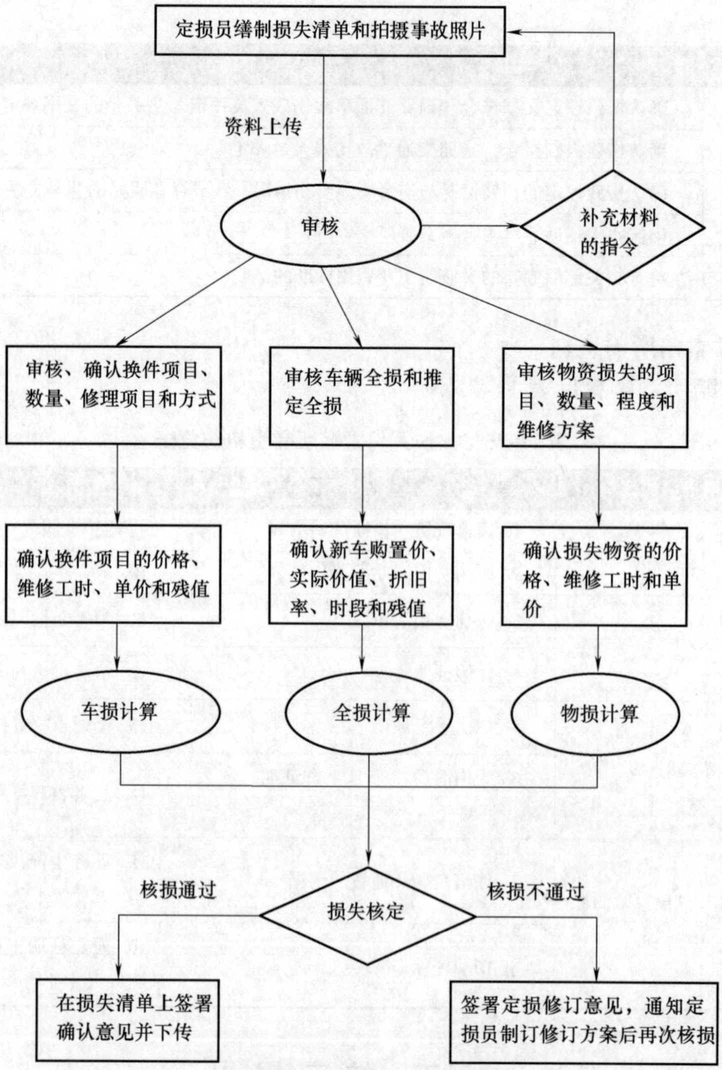

图 11-22　核损工作流程图

件更换参考标准、医疗核损标准等，为查勘定损人员提供定损依据。

4）参与当地查勘定损人员的指导、监督和培训工作。

5）负责疑难案件、重大案件、人伤案件转交调查处理的工作。

6）负责医疗、人伤资料及人伤调查信息的审核，对资料的真实性负责。

7）负责核定医疗、人伤损失，核定医疗、人伤赔偿项目、赔偿金额的正确。

8）负责处理医疗、人伤的咨询与核损争议的解决。

9）负责核损情况的统计和分析工作，及时掌握查勘定损人员处理赔案的质量和时效以及工作技能，为制订合理的管控制度、流程及培训方案提供依据。

二、单证审核

单证审核任务流程如图 11-23 所示。

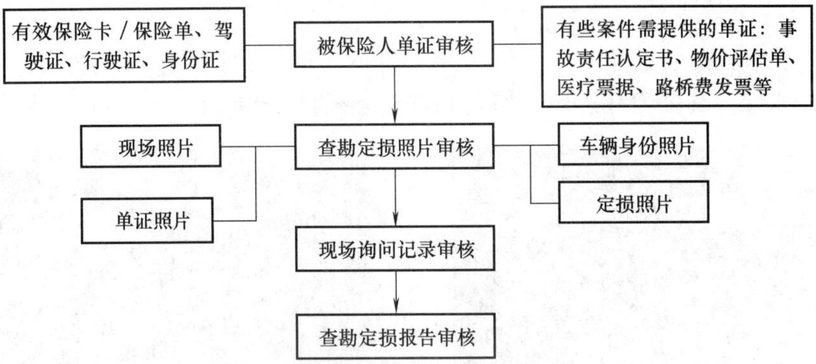

图 11-23　单证审核任务流程图

1. 对收集到的被保险人一方单证进行审核

（1）**单证数量与种类审核**　被保险人按照案件性质需提供相关单证，保险人应与被保险人办理单证的交接手续。一般案件必需的单证有标的车保险卡\保险单、标的车行驶证、驾驶人驾驶证、身份证。

（2）**单证真实性审核**　在机动车辆保险案件的资料收集中，存在着大量作为理算依据的各种证明文件，这些证明文件的真伪将直接影响赔偿金的给付。目前的手段主要是伪造和涂改单证，使这些证明文件有利于其自身利益。通常可以从单证的清晰度、防伪标志、行驶证副本的检验合格章几个方面进行真实性审核。

（3）**注意事项**　被保险人单证审核中的常见问题有缺少保险卡、驾驶证，行驶证未按期年检。

2. 查勘定损照片审核

（1）**照片基本要求**

1）照片必须是清晰的彩色照片。

2）照片有准确的拍摄日期，如图 11-24 所示。

图 11-24　照片拍摄日期

3）照片上传尺寸规格：640mm×480mm（特殊情况除外）。

（2）**照片内容要求**　现场照片的拍摄要遵循从宏观到微观、由远及近的原则，既要有反映事故现场全貌的照片，又要有反映具体损失状况的影像。同时，为了体现查勘人员的工作逻辑性以及核损核价核赔人员审阅案件的顺畅，现场照片的拍摄还必须有序可遵、有章可循。

1）现场照片要有全景照片、方位照片、中心（重点）照片、痕迹照片、损失细目照片、人、车合影照、交强险标志照，如图11-25至图11-29所示。

图11-25　全景照片

图11-26　标的车前景照片

a)　　b)

图11-27　中心（重点）照片

图11-28　三者车前景照片

图11-29　三者车损失细目照片

2）车辆身份照片包括铭牌照片（图11-30）、车架号照片（图11-31）、发动机号照片和前后车牌照片。车架号码是车辆的身份代码，是验证车辆的重要依据，因此也是每一起事故照片的必要组成部分，车架号码在照片上必须清晰可见。

3）单证照片。无论是在事故现场还是非现场，都必须对事故中涉及的单证进行勘验。每起事故中都会涉及的单证有保险卡\保险单、驾驶证、行驶证。根据事故的性质可能还会涉及事故责任认定书、物价评估单、医疗票据、路桥费发票等。单证的拍摄实际上就是查验的过程，先将事故中所涉及的单证集中拍照——体现单证是在同一时间查验，然后再分门别类拍照。

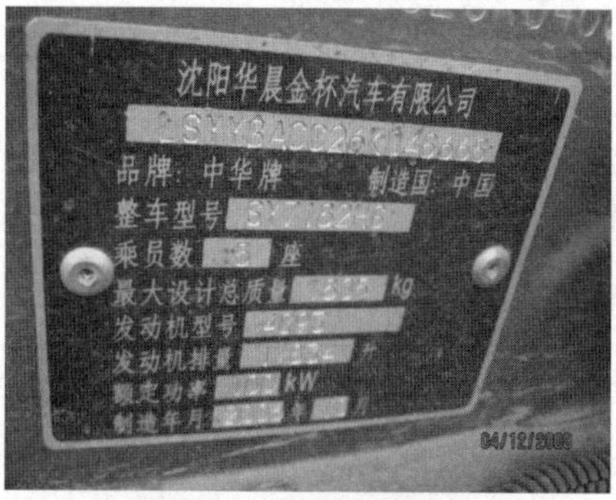

图 11-30 铭牌照片

图 11-31 车架号照片

4）定损照片。定损照片主要是反映车损的详尽情况，包括需要修复的部位、需要更换的部件，以此为损失的拟定提供依据，更重要的是对事故经过真实性的确认与取证。必须明白的是，无论是否属于保险责任，无论是故意还是无意的事故行为，都需要拍照取证——证实是或者不是，证实真实或者虚假。

（3）照相合理排序要求 系统内上传的照片应该按照现场方位、概貌、重点部位、车架号、人车合影、证件（驾驶证的正本和副本，行驶证的正本和副本，保单（卡），事故证明）、损失项目，按从远到近、从整体到局部的顺序排列。

（4）注意事项 查勘定损照片审核项目的常见问题：无人车合影、照片无日期或日期格式不规范、无测量受损位与碰撞物高度、拍摄角度及拍摄顺序混乱；三者车未拍交强险标志或非商业险标志，无标志时未注明投保公司、保单号及被保人名称或注明时不够详尽；现场及定隐损时不拍外观整体相片，易与当事方发生不必要的争议。

3. 现场询问记录规范审核

理赔人员就一般的小案件的有关情况进行调查、了解时，通常将内容记录在现场查勘报告表中，但是对重大、复杂或有疑问的案件，理赔人员不光要询问当事人，还要走访有关现场见证人或知情人，弄清真相，做好询问记录，记录清楚询问日期和被询问人地址，并由被询问人签字确认，必要时可据此对案件作进一步深入调查或作为保险纠纷处理时的法律依据。在对询问记录进行审核时要特别注意以下事项，见表 11-26。

表 11-26 现场询问记录审核注意事项

询问要素是否具备	被询问者与本案的关系（当事标的驾驶人/当事三者驾驶人/车上乘客/目击证人/行驶证车主/被保险人本人等）
	被询问者与被保险人的关系（本人/夫妻/朋友/兄弟/同事/上下级等）
	若被询问者系当事驾驶人，需确认其因何原因使用车辆
	若被询问者系当事驾驶人，当事驾驶人非被保险人本人，需联系被保险人面谈并确认驾驶人是否是在被保险人允许的情况下使用标的车辆

（续）

询问要素是否具备	案件发生的过程叙述，包括案发前和案发后
询问记录的格式要求是否符合	格式主要分两部分：第一部分为格式栏信息填写，第二部分为询问的内容
	信息填写要按照格式栏的内容详尽填写
	格式栏中的所有信息全部由我方询问者填写
	询问栏中被询问者姓名及被询问者身份证件号码要请被询问者按上手印
	询问的内容是以问、答的方式进行，分行进行书写，每个问题之间不要空行。所以要求使用有横线格式的询问记录单证
	对写错的记录可以直接进行涂改，但要注意涂改的方式并请被询问者加按手印
	尽量做到一问一答。前文被询问者描述不清或不够详尽的，被询问者在询问没有结束时都可以做补充说明，只需要加问、答即可
	结束询问记录（图11-32）的内容书写后，请让被询问者审阅，若其无异议，则请其亲笔在询问记录正文后书写确认询问记录内容并表示无异议的语句

车险询问笔录

被询问人：	性别： 年龄：	职业：
工作单位：	询问时间：　年　月　日	询问地点：

1、请问：你是　　　　吗？现在能提供证明你的身份的证件吗？（身份证、驾驶证等）
回答：

2、请问：在　年　月　日　时　分左右，是你驾驶　　　　在　　　　发生事故的吗？不是你的话，你知道是谁驾驶　　　　在前述地点发生事故的吗？
回答：

3、请问：你是　　　　车的车主与被保险人吗？如果不是，请问你与车主、被保险人是什么关系？现在能提供本车车主、被保险人的电话吗？
回答：

4、请问：在开动　　　　车前有没有发现本车什么地方有旧损？你是什么时间、地点在谁手中拿到本车的钥匙的？
回答：

图 11-32　询问记录

注意事项

现场询问记录审核常见问题有遗忘被询问者与本案的关系；遗忘被询问者与被保险人的关系；当被询问者系当事驾驶人时，遗忘确认其因何原因使用车辆；涂改处没有签章或加按手印。

4. 审核现场查勘报告

（1）审核现场查勘报告的基本要求

1）车牌号等基本信息正确无误，具体、真实。

2）出险时间与查勘时间具体到“分钟”。

3）出险原因具体、清晰；事故经过的描述包括时间、地点、人物、车辆行驶方向、出险原因、碰撞点和损失部位等要素。

4）三者车辆信息填写齐全，有三者联系电话。

5）查勘意见言简意赅，翔实反映事实并清楚地表达查勘结论。

（2）审核现场查勘报告注意事项　审核现场查勘报告中的常见问题有出险时间与查勘时间未具体到“分钟”；第三者车辆信息填写不齐全，无第三者联系电话；事故经过的描述缺乏车辆行驶方向、出险原因、碰撞点、损失部位等要素。

三、车辆损失核损工作的主要内容

1. 车辆损失的复核

（1）审查定损员上传的初（估）定损清单及事故照片的完整性　如上传资料不能完整反映事故损失的各项内容，或照片不能完整反映事故损失部位和事故全貌，应通知定损员补充相关资料。

（2）换件项目的复核　复核换件项目的重点如下：

1）剔除应予修复的换件项目（修复费用超过更换费用的除外）。

2）剔除非本次事故造成的损失项目。

3）剔除可更换零部件的总成件。根据市场零部件的供应状况，对于能更换零配件的，不更换部件；能更换部件的，不更换总成件。

4）剔除保险车辆标准配置外新增加设备的换件项目（加保新增设备损失险除外）。

5）剔除保险免除责任部分的换件项目。如车胎爆裂引起的保险事故中所爆车胎，发动机进水后导致的发动机损坏，自燃造成的电器、线路、供油系统的损失等。

6）剔除超标准用量的油料、辅料、防冻液、冷媒等。如需更换汽车空调系统部件的，制冷剂未漏失，可回收重复使用处理等。

（3）车辆零配件价格的复核

1）车辆零配件价格的复核应根据定损系统价格，参考当地汽配市场价格核定。

2）对于保单有特别约定的，按照约定处理，如专修厂价格，国产或进口玻璃价格等。

3）残值归被保险人的，保险人应对残值作价金额进行复核。

（4）维修项目和方式的复核

1）应严格区分事故损失和非事故损失的界限，剔除非本次事故产生的修理项目。

2）应正确掌握维修工艺流程，剔除不必要的维修和拆装项目。

（5）维修工时和单价的复核

1）对照事故照片及修理件的数量、损坏程度，剔除超额工时部分。

2）以当地的行业维修工时标准为最高上限，参照出险地当时的工时市场单价，剔除超额单价部分。

2. 车辆全损或推定全损的复核

（1）全损/推定全损的条件

1）事故车辆无法施救。

2）保险车辆的施救费用达到或超过保险事故发生时车辆的实际价值。

3）事故车辆修理费用达到或超过保险事故发生时事故车辆的实际价值。

4）当事故车辆修理费用与施救费用之和，达到或超过保险事故发生时事故车辆的实际价值时，可以与被保险人协商采取推定全损处理。

（2）全损或推定全损的计算

1）被保险人收回残余物资

$$定损金额=实际价值-残值$$

2）保险人收回残余物资

$$定损金额=实际价值$$

3. 其他财产损失的复核

其他财产主要包括第三者非车辆财产和承运的货物。其他财产的核损主要包括损失项目和数量、损失单价、维修方案/造价的核损，可参照《非车险理赔实务指南》的定损规范处理。

4. 核损结果的处理

（1）核准定损　当核损人员核准定损员初（估）定损清单后，签署核准意见并将定损单传至相关定损员。

（2）修订定损　当核损人员修订或改变定损员初（估）定损方案和定损金额之后，将相关要求和修订意见传至相关定损员。

四、医疗跟踪、医疗审核及其他费用审核

1. 医疗跟踪

（1）医疗跟踪　这是指保险车辆发生事故，造成人身伤亡的，由医疗跟踪人员对伤亡人员的抢救和治疗过程、死亡原因的鉴定和伤残等级的评定以及相关费用的使用情况进行跟踪的过程。

（2）医疗跟踪的主要内容

1）了解伤者的情况、伤情程度。

2）跟踪伤者治疗过程，协调对伤者的抢救和治疗方案。

3）告知保险人可承担的医疗费用范围。

4）对死亡原因的鉴定和伤残等级的评定进行跟踪和调查。

2. 医疗审核

（1）医疗审核　这是指保险事故发生后，对受害人的医疗费用按条款约定进行核审的过程。

医疗费用主要包括医药费、诊疗费、住院费、住院伙食补助费、后续治疗费、整容费、必要的营养费等。

（2）医疗审核的依据

1）保险条款的约定。

2）国务院卫生主管部门组织制定的《交通事故人员创伤临床诊疗指南》。

3）国家基本医疗保险标准。

（3）医疗审核的内容

1）医药费审核。医药费参照医保标准，根据医保用药范围审核。

① 剔除非医保类药（或丙类药）部分和甲、乙类药品中的自费部分。

② 剔除治疗中非本次保险事故导致的创伤而发生的医药费。

③ 剔除无原医院证明的擅自住院、转院、再诊、外购药品的费用。

2）诊疗费审核

① 剔除超过医保标准范围的诊疗费。

② 剔除超过当地物价管理部门核定标准的会诊费。

3）住院费审核。剔除超过医保标准的床位费。床位费按住院天数和当地医保标准的单价计算。

4）住院伙食补助费审核。住院伙食补助费参照当地国家机关一般工作人员的出差伙食补助标准确定。受害人确有必要到外地治疗，因客观原因不能住院的，受害人本人及其陪护人员实际发生的住宿费和伙食费，对其合理部分应予赔偿。剔除超过标准的伙补费。伙补费按住院天数和当地日补助标准计算。

5）后续治疗费审核。后续治疗费是指受害人身体尚未痊愈，确需继续治疗的，如二次手术费等。后续治疗费根据受害人伤情和医院意见核定。

6）整容费审核和必要的营养费审核。剔除非为恢复生理功能而产生的整容费；根据受害人伤残情况，参照医疗机构的意见确定。

7）植入性材料审核。植入性材料是指骨科、脑外科、口腔科及其他相关学科以恢复功能（非美容或整形）为目的而永久或临时性植入人体内的材料。植入性材料分国产普通型、国产特殊材料、进口材料等。

① 按当地医保标准，剔除国产普通型、国产特殊材料、进口材料的自负比例部分。

② 剔除治疗非本次保险事故导致的创伤而植入的材料费用。

③ 剔除非以器官功能恢复为目的的整容、整形植入材料费用。

④ 剔除烤瓷牙费用超过普通种植牙费用的部分。

3. 其他费用审核

其他费用主要是指死亡伤残费用。包括丧葬费、死亡补偿费、受害人亲属办理交通事故支出的合理交通费用，残疾赔偿金、残疾辅助器具费、护理费、交通费、被抚养人生活费、住宿费、误工费，被保险人依照法院判决或者调解承担的精神损害抚慰金等。

【任务实施】

学生分组：

以 6 ~ 8 人为 1 组，其中每两人再为 1 小组，1 人扮演车主张先生，1 人扮演汽车保险工作人员进行即兴表演。

训练方式：

每小组选出两位优秀的学生代表本组和其他组进行 PK，模拟接报案、现场查勘和核损过程。

考核要点：

1. 是否能正确完成接报案（要求接案人员引导报案人员说出事故原因、时间、地点、大致经过及保单号和车辆的一些信息）。

2. 是否按照查勘流程进行查勘。

3. 是否能按照核损流程完成汽车保险各项目的核损工作。

考核方式：

情景模拟，小组互评，教师点评。

填写现场查勘记录单。

任务十二 汽车保险赔款结案

【知识目标】

1. 熟悉车险赔款结案流程。
2. 理解损失补偿原则。
3. 掌握交强险理赔计算方法。
4. 掌握商业车险理赔计算方法。

【能力目标】

1. 能够运用损失补偿原则解决实际赔案。
2. 能够独立计算交强险赔款。
3. 能够计算各商业险赔款。
4. 能够独立完成核赔和结案归档工作。

【任务描述】

客户张先生驾车行驶中和一辆直行的车辆相撞，车辆受损，于是在第一时间向交警报案，并同时向保险公司报案，交警判定张先生和对方驾驶人负同等责任。张先生在同一家保险公司投保了交强险、商业三者险、车损失和不计免赔特约险，张先生本车损失 5000 元，对方车损失 1 万元，你作为工作人员要对张先生的赔损进行理算和核赔。

【任务分析】

要想完成上面的赔款理算工作，保险理算工作人员必须掌握损失补偿原则，掌握交强险理算方法和商业车险各险种的理算方法，以及核赔内容。要完成上述工作所需的知识可以通过对以下各单元的学习而获得。

单元一 损失补偿原则

一、损失补偿原则的含义

重要知识：

损失补偿原则是指保险合同生效后，当保险标的发生保险责任范围内的损失时，被保险人有权按照合同的约定，获得保险赔偿。此赔偿用于弥补被保险人的损失，使被保险人恢复到损失前的经济原状，但不能因损失而获得额外的利益。

损失补偿原则的基本含义包含两层：一是只有保险事故发生造成保险标的毁损致使被保险人遭受经济损失时，保险人才承担损失补偿的责任，否则，即使在保险期限内，发生了保险事故，但被保险人没有遭受损失，就无权要求保险人赔偿。这是损失补偿原则的质的规定。二是被保险人可获得的补偿量，仅以其保险标的遭受的实际损失为限，即保险人的补偿恰好能使保险标的在经济上恢复到保险事故发生之前的状态，而不能使被保险人获得多于或少于损失的补偿，尤其是决不能使被保险人通过保险获得额外的利益。这是损失补偿原则的量的限定。损失补偿原则主要适用于财产保险以及其他补偿性的保险合同。

二、影响保险补偿的因素

保险人在履行损失补偿义务过程中，会受到各种因素的制约，这些因素主要有实际损失、保险金额和保险利益，具体影响见表12-1。

表12-1 影响保险人履行损失补偿义务的因素

影响因素	影响情况	举例说明
实际损失	以被保险人的实际损失为限进行保险补偿，这是一个基本限制条件。即当被保险人的财产遭受损失后，保险赔偿应以被保险人所遭受的实际损失为限。在实际赔付中，由于财产的价值经常发生变动，所以，在处理赔案时，应以财产损失当时的实际价值或市价为准，按照被保险人的实际损失进行赔付	例如：某人投保了车损险，保险金额为20万元。发生保险事故后，全车毁损，受损时车辆的市价已下跌，仅为16万元，则保险人只按实际损失赔偿16万元
保险金额	保险金额是保险人承担赔偿或给付责任的最高限额，赔偿金额不能高于保险金额。另外，保险金额是保险人收取保险费的基础和依据。如果赔偿额超过保险金额，则会使保险人处于不平等地位。即使在通货膨胀的条件下，被保险人的实际损失往往会超过保险金额，也必须受此因素的制约	例如：某人为自己的车投保了车损险，当时是不足额投保，确定其保险金额为100万元，而车辆遭受损失时的市价为110万元。虽然被保险人的实际损失为110万元，但因保单上的保险金额为100万元，所以被保险人只能得到100万元的赔偿
保险利益	发生保险事故造成损失后，被保险人在索赔时，首先必须对受损的标的具有保险利益，而保险人的赔付金额也必须以被保险人对该标的所具有的保险利益为限	例如：在机动车辆贷款保险中，如果投保人向贷款人借10万元去购买价值20万元的汽车，那么贷款人对该汽车的保险利益为10万元

三、损失补偿原则的例外情况

1. 定值保险

在财产保险中，一般保险标的价值都能用实际现金价值来进行衡量，但仍有一些财产的价值难以确定或者经常处于变动当中，如古董文物、珠宝玉石、名人字画以及海洋运输中的货物等，这时就出现了定值保险。定值保险是指投保人与保险人在订立合同时，约定保险标的价值，并以此作为保险金额来计算保险费及保险人承担的最高责任限额。定值保险视为足额投保，当发生保险事故时，不论保险标的的实际价值如何变化，保险人最终按照约定的价值来计算赔款，而不是按照保险标的在出险时的实际价值来计算赔款，显然损失补偿原则不适用于定值保险。

2. 重置成本保险

重置成本保险又称复旧保险或恢复保险，是按照重置成本确定损失额的保险。由于这种保险在确定损失赔付时不扣除折旧，而是按重置成本确定损失额，所以，对于损失补偿原则而言，也是一种例外。

3. 人寿保险

人寿保险是由投保人与保险人互相约定保险金额，并按照约定的保险金额给付赔偿的保险。人的生命是难以用货币衡量的，人寿保险中的保险金额是由投保人或被保险人自行确定的，而且当发生保险事故时，倘若其持有多份保单，被保险人或受益人可获得多重给付。因此，损失补偿原则也不适用于人寿保险。

四、补偿原则的派生原则

1. 代位原则

> 代位原则是指保险人依照法律或保险合同约定，对被保险人遭受的损失进行赔偿后，依法取得向对财产损失负有责任的第三者进行追偿的权利或者取得被保险人对保险标的所有权。包括代位求偿和物上代位。

（1）规定代位原则的意义 规定代位原则的意义在于有利于被保险人及时获得经济补偿，尽快恢复正常的生产和生活；维护社会公共利益，保障公民、法人的合法权益不受侵害和防止被保险人因同一损失而获取超额赔偿，具体如图 12-1 所示。

（2）代位原则的内容 代位原则的内容主要包括两个部分：代位求偿和物上代位。

1）代位求偿。代位求偿是指当保险标的遭受保险责任范围内的事故，依法应当由第三者承担赔偿责任时，保险人在支付保险赔偿金之后，便取得了对第三者请求赔偿的权利。行使代位求偿权要具备一定的前提条件，具体条件如图 12-2 所示。

行使代位求偿权对保险双方都有一定的要求，具体要求见表 12-2。

2）物上代位。物上代位是指保险标的物因遭受保险事故而发生全损时，保险人在全额支付保险赔偿金之后，依法拥有对该保险标的物的所有权，即代位取得受损保险标的物上的一切权利。

《保险法》第五十九条规定：保险事故发生后，保险人已支付了全部保险金额，并且保险金额等于保险价值的，受损保险标的的全部权利归于保险人；保险金额低于保险价值的，保险人按照保险金额与保险价值的比例取得受损保险标的的部分权利。

规定代位原则的意义

- 有利于被保险人及时获得经济补偿，尽快恢复正常的生产和生活。通常被保险人或受害人向责任人索赔比向保险人索赔所需的时间、物力和人力会更多。通过代位，会尽快使被保险人恢复到保险事故发生前的经济水平，而不必直接向责任方进行索赔
- 维护社会公共利益，保障公民、法人的合法权益不受侵害。社会公共利益要求责任人对其因疏忽或过失而对他人造成的损失应该承担经济赔偿责任。如果因为被保险人从保险人处获得了赔偿就不再追究责任人的经济赔偿责任，将会使责任人获益，保险人受到损害，这不符合公平的原则。同时，还会增加道德危险，容易造成他人对被保险人的故意或过失伤害行为的发生
- 防止被保险人因同一损失而获取超额赔偿。避免被保险人获取双重利益。如果保险标的损失原因是由第三者疏忽、过失或故意行为造成的，且又属于保险人承保的责任范围，那么被保险人既可以按照法律向第三者要求赔偿，也可以按照保险合同的规定向保险人提出赔偿。这样，被保险人获得的赔偿就有可能超过其实际损失额，获得额外利益。同样，在保险标的发生保险事故导致实际全损或推定全损，保险人进行全额赔付后，如果允许被保险人处理保险标的剩余物资或保险标的被找回后，那么被保险人所得到的利益也将超出其实际损失，获得额外利益

图 12-1 规定代位原则的意义

行使代位求偿权的前提条件

- 保险标的损失的原因是保险事故，同时又是由于第三者的行为所致。这样被保险人对保险人和第三者既可以依据保险合同向保险人要求赔偿，也可以依据法律向第三者要求赔偿
- 保险人取得代位求偿权是在按照保险合同履行了赔偿责任之后，即被保险人对保险公司和肇事方同时存在损失赔偿的请求权。如果保险公司依法承担了赔偿责任，则保险公司获得了代替被保险人向肇事者追偿损失的权利
- 被保险人未放弃针对第三者的赔偿请求权。如果被保险人放弃了对第三者请求赔偿的权利，则保险人在赔偿被保险人的损失之后就无权行使代位求偿权

图 12-2 行使代位求偿权的前提条件

表 12-2 行使代位求偿权对保险双方的要求

保险双方	具体要求
对保险人的要求	其行使代位求偿权的权限只能限制在赔偿金额范围以内。如果追偿所得的款额大于赔付给被保险人的款额，其超过部分应归还给被保险人所有
	保险人不得干预被保险人就未取得保险赔偿的部分向第三者请求赔偿
对被保险人的要求	如果被保险人在获得保险人赔偿之前放弃了向第三者请求赔偿的权利，那么，就意味着他放弃了向保险人索赔的权利

（续）

保险双方	具体要求
对被保险人的要求	如果被保险人在获得保险人赔偿之后，未经保险人同意而放弃对第三者请求赔偿的权利，该行为无效
	如果发生事故后，被保险人已经从第三者取得赔偿或者由于过错致使保险人不能行使代位求偿权，保险人可以相应扣减保险赔偿金
	在保险人向第三者行使代位求偿权时，被保险人应当向保险人提供必要的文件和其所知道的有关情况

物上代位的产生有两种情况：一是发生在实际全损后有残留物，保险人全额赔付后，残留物归保险人；二是发生推定全损，推定全损是指保险标的发生保险事故后，认为实际全损已不可避免，或为避免发生实际全损所需支付的费用将超过保险价值，而按全损予以赔偿。

代位求偿与物上代位存在明显区别：第一，代位求偿的保险标的的损失是由第三者责任引起的；第二，代位求偿取得的是追偿权，而物上代位取得的是所有权。在物上代位中，保险人取得了对保险标的的所有权利和义务。

在保险车辆被盗抢的情况下，保险人赔偿后，如被盗抢的保险车辆找回，应将该车辆归还被保险人，同时收回相应的赔款。如果被保险人不愿意收回原车，则车辆的所有权归保险人。这是代位原则所要求的。

目前，我国各家保险公司的机动车辆保险条款，对代位求偿的范围和行使等方面都有明确规定，并且在实务中也被广泛采用。

热点案例：

1998 年 7 月 10 日，车主黄某在某保险公司为其本田轿车投保车辆损失险、第三者责任险和盗抢险等险种，其中盗抢险的保险金额为 42 万元，保险期限自 1998 年 7 月 11 日起至 1999 年 7 月 10 日止。1998 年 10 月 15 日，黄某所投保的本田车在 A 广场停车场内被盗。黄某于 1999 年 1 月 20 日在保险公司领取了 29.4 万元的保险金，并同时签署了一份权益转让书：黄某愿意将车的所有权，包括向任何第三者追偿的权利完全转让给保险公司，并愿意为保险公司行使上述权利提供协助。

经查明：A 广场是 B 公司的下属物业。1998 年 8 月，车主黄某将其轿车停放于广场停车场的 96 号车位，并每月向 B 公司所管理的 A 广场管理处交纳管理费 400 元，交至同年 10 月。期间，A 广场管理处将停车证及其公司自行制定的《A 广场停车场汽车保管有关规定及细则》交给黄某，并要求黄某在其自行印制的《承诺书》上签名，承诺遵守上述规定。该规定第六条为：本车场仅提供车位泊车及其相关服务，车辆在停车场内失窃或由于意外而受损，本场概不负责赔偿。1998 年 10 月 14 日晚，黄某将车停放在了 A 广场的 96 号车位，次日早晨发现车辆丢失，遂向公安机关报案。失车尚未找回。A 广场管理处是 B 公司管理 A 广场期间所设立的管理机构，无独立法人资格。保险公司取得代位追偿权后，将 B 公司诉诸法院，引起诉讼。

法院审理认为，黄某按月向车辆管理处支付管理费，即双方间的车辆保管关系成立。车管处规定及细则中的免责条款于法无据，有悖公平原则，不具有约束力。管理处未能履行应尽义务，致该车丢失，依法应当承担赔偿责任。保险公司依法代位行使追偿权，手续齐备，对其诉讼请求应予支持，据此判决 B 公司在判决发生法律效力之日起 10 日内赔偿原告 29.4 万元，本案受理费由被告负担。

2. 分摊原则

分摊原则仅适用于财产保险中的重复保险，是指在同一投保人对同一保险标的、同一保险利益、同一保险事故分别与两个以上保险人订立保险合同的情况下，被保险人在发生保险事故后，所得赔偿金由各保险人采用适当的方法进行分摊。重复保险的投保人有权请求各保险人按比例返还保险费。

在重复保险情况下，对于损失后的赔款，保险人如何进行分摊，各国做法有所不同。主要有以下三种分摊方法：

（1）**比例责任制** 比例责任制又称保险金额比例分摊制，该分摊方法是将各保险人所承保的保险金额进行相加，得出各保险人应分摊的比例，然后按比例分摊损失金额。公式为

某保险人责任 = 某保险人的保险金额/所有保险人的保险金额之和 × 损失额

例如：某投保人先后分别与甲、乙、丙三家保险公司签订了一份火灾保险合同。甲、乙、丙公司承保的金额分别为 50 000 元、120 000 元、80 000 元，因发生火灾，损失 100 000 元。

甲保险人应赔款额为 50 000/(50 000 + 120 000 + 80 000) × 100 000 = 20 000（元）

乙保险人应赔款额为 120 000/(50 000 + 120 000 + 80 000) × 100 000 = 48 000（元）

丙保险人应赔款额为 80 000/(50 000 + 120 000 + 80 000) × 100 000 = 32 000（元）

（2）**限额责任制** 限额责任制又称赔款额比例责任制，即保险人分摊赔款额不以保额为基础，而是按照在无他保的情况下各自单独应负的责任限额进行比例分摊赔款。公式为

某保险人责任 = 某保险人独立责任限额/所有保险人独立责任之和 × 损失额

仍以上题为例，在采用第二种分摊法计赔时，各保险公司的赔付款额如下：

甲保险人应赔付款额为 50 000/(50 000 + 100 000 + 80 000) × 100 000 ≈ 21 739（元）

乙保险人应赔付款额为 100 000/(50 000 + 100 000 + 80 000) × 100 000 ≈ 43 478（元）

丙保险人应赔付款额为 80 000/(50 000 + 100 000 + 80 000) × 100 000 ≈ 34 783（元）

（3）**顺序责任制** 顺序责任制又称主要保险制，该方法中各保险人所负责任依签订保单顺序而定，由先订立保单的保险人首先负责赔偿，当赔偿不足时再由其他保单依次承担不足的部分。

顺序责任制对有的保险人有失公平，因而各国实务中已不采用该法，多采用前两种分摊方法。《保险法》第五十六条规定：重复保险的各保险人赔偿保险金的总和不得超过保险价值。除合同另有约定外，各保险人按照其保险金额与保险金额总和的比例承担赔偿保险金的责任。

在重复保险情况下，同样的损失用不同的分摊方法计算，各保险公司承担的赔款额是不

同的，仍以上题为例，对三种分摊方法加以对比，见表12-3。

表12-3 重复保险的分摊运用举例

	甲 公 司	乙 公 司	丙 公 司
比例责任	20 000	48 000	32 000
限额责任	21 739	43 478	347 830
顺序责任	50 000	50 000	0

单元二 赔款计算

一、机动车交通事故责任强制保险赔款计算

保险人在交强险各分项赔偿限额内，对受害人死亡伤残费用、医疗费用、财产损失分别计算赔款。

1. 基本计算公式

总赔款 = ∑受害人各分项损失赔款 = 受害人死亡伤残费用赔款 + 受害人医疗费用赔款 + 受害人财产损失赔款

受害人各分项损失赔款 = 受害人各分项核定损失承担金额

各分项核定损失承担金额超过各分项赔偿限额的，按各分项赔偿限额计算赔偿。

2. 保险事故涉及多个受害人

受害人死亡伤残费用赔款 = ∑各受害人死亡伤残费用核定承担金额

"∑各受害人死亡伤残费用核定承担金额"大于等于交强险死亡伤残赔偿限额的，按死亡伤残赔偿限额计算赔偿。

受害人医疗费用赔款 = ∑各受害人医疗费用核定承担金额

"∑各受害人医疗费用核定承担金额"大于等于交强险医疗费用赔偿限额的，按医疗费用赔偿限额计算赔偿。

受害人财产损失赔款 = ∑各受害人财产损失核定承担金额

"∑各受害人财产损失核定承担金额"大于等于交强险财产损失赔偿限额的，按财产损失赔偿限额计算赔偿。

3. 保险事故涉及多个肇事机动车

各保险机动车的保险人分别在各自的交强险责任限额内承担赔偿责任。

1）交通管理部门已确定保险事故各方机动车在交强险项下所承担的赔偿责任时，按照交通管理部门确定的责任，在交强险各分项赔偿限额内计算。

各分项核定损失承担金额 = 交通管理部门确定的被保险机动车对事故中所有受害人承担的各分项损失之和

2）交通管理部门未确定保险事故各方机动车在交强险项下所承担的赔偿责任时，按各被保险机动车对各受害人的各分项损失平均分摊的原则计算赔款。应根据损失类别分别计算：

① 对于机动车、机动车上人员、机动车上的财产损失：

各分项核定损失承担金额 = ∑［各受害人的各分项损失金额 ÷ (N − 1)］

② 对于非机动车、非机动车上人员、行人、机动车外的财产损失：

各分项核定损失承担金额 = ∑（各受害人的各分项损失金额 ÷ N）

应注意：

➢ N 为事故中所有肇事机动车的辆数。
➢ 肇事机动车中有未投保交强险的，视同投保机动车计算。
➢ 所有受害人指除被保险人以外的所有事故方。

4. 事故中所有受害人的分项核定损失承担金额之和超过交强险相应分项赔偿限额

各受害人在各分项限额内应得到的交强险赔偿金额为

对某一受害人的分项赔偿金额 = 分项赔偿限额 ×（事故中某一受害人的分项核定损失承担金额/事故中所有受害人的分项核定损失承担金额之和）

5. 受害人财产损失需要施救

财产损失赔款与施救费累计不超过财产损失赔偿限额。

6. 主车和挂车在连接使用时发生交通事故

保险人分别在主车、挂车的交强险责任限额内计算赔偿。若交通管理部门未确定主车、挂车应承担的赔偿责任，按主车、挂车对各受害人的各分项损失平均分摊的原则计算赔款。主车与挂车互碰，分别属于不同车主的，按互为三者的原则处理。

7. 被保险机动车投保一份以上交强险

保险期间起期在前的保险合同承担赔偿责任，起期在后的不承担赔偿责任。

8. 精神损害抚慰金

对被保险人依照法院判决或者调解承担的精神损害抚慰金，原则上在其他赔偿项目足额赔偿后，在死亡伤残赔偿限额内赔偿。

例：A、B 两机动车发生交通事故，A、B 两车车损分别为 2 000 元、5 000 元，B 车车上人员医疗费用 7 000 元，死亡伤残费用 6 万元，另造成路产损失 1 000 元。则：

A 车交强险赔偿金额 = 受害人死亡伤残费用赔款 + 受害人医疗费用赔款 + 受害人财产损失赔款 = B 车车上人员死亡伤残费用核定承担金额 + B 车车上人员医疗费用核定承担金额 + 财产损失核定承担金额

B 车车上人员死亡伤残费用核定承担金额 = 60 000/（2 − 1） 元 = 60 000 元（超过死亡伤残赔偿限额，按限额赔偿，赔偿金额为 50 000 元）

B 车车上人员医疗费用核定承担金额 = 7 000/（2 − 1） 元 = 7 000 元

财产损失核定承担金额 = 路产损失核定承担金额 + B 车损核定承担金额 = 1 000/2 + 5 000/（2 − 1）（元）= 5 500（元）（超过财产损失赔偿限额，按限额赔偿，赔偿金额为 2 000 元）

其中，A 车交强险对 B 车损的赔款 = 财产损失赔偿限额 × B 车损核定承担金额/（路产损失核定承担金额 + B 车损核定承担金额）= 2 000 × [（5 000/1）/（1 000/2 + 5 000/1）]（元）= 1 818.18（元）

其中，A 车交强险对路产损失的赔款 = 财产损失赔偿限额 × 路产损失核定承担金额/（路产损失核定承担金额 + B 车损核定承担金额）= 2 000 × [（1 000/2）/（1 000/2 + 5 000/1）]（元）= 181.82（元）

A 车交强险赔偿金额 = 50 000 + 7 000 + 2 000（元）= 59 000（元）

二、车辆损失险的赔款计算

1. 部分损失的赔款计算

车损赔款 =（核定修理费用 - 残值 - 交强险对车辆损失赔偿金额）× 事故责任比例 ×（保险金额 ÷ 投保时保险车辆的新车购置价）

交强险对车辆损失赔偿金额 = 交强险赔偿金额 × 核定修理费用/（核定施救费用 + 核定修理费用）

1）若核定修理费用大于等于保险事故发生时保险车辆的实际价值，应按全部损失的计算方式计算赔偿。

2）"交强险赔偿金额"是指应由所有第三方机动车交通事故责任强制保险赔偿的被保险车辆的车辆损失金额（含施救费）。

施救费用赔款 =（核定施救费用 - 交强险对施救费赔偿金额）× 事故责任比例 ×（保险金额 ÷ 投保时保险车辆的新车购置价）

核定施救费用 = 施救费用 ×（保险财产价值 ÷ 实际被施救财产总价值）

交强险对施救费赔偿金额 = 交强险赔偿金额 × 核定施救费用/（核定施救费用 + 核定修理费用）

2. 全部损失的赔款计算

保险车辆在保险事故中发生整体损毁，或受损严重失去修复价值，即形成实际全损或推定全损。

（1）判断被保险机动车全部损失的条件 当被保险机动车发生的损失符合以下三种情形之一的，按全部损失计算赔款。

1）核定修理费用大于等于被保险机动车出险时的实际价值。

2）（估计施救费用 + 核定修理费用）大于等于被保险机动车出险时的实际价值。

3）估计施救费用大于等于被保险机动车出险时的实际价值。

（2）赔款计算公式

车损赔款 =（实际价值 - 残值 - 交强险对车辆损失赔偿金额）× 事故责任比例

施救费用赔款 =（核定施救费用 - 交强险对施救费赔偿金额）× 事故责任比例 ×（保险金额 ÷ 投保时保险车辆的新车购置价）

3. 计算说明

1）被保险机动车发生全部损失的，在计算车损赔款时不按照"保险金额/投保时新车购置价"的比例进行赔付。

2）"保险事故发生时保险车辆的实际价值"（简称"出险时实际价值"）按保险事故发生时保险合同签订地同种类型车辆新车购置市场价（含车辆购置附加费/税）减去该车已使用累计月数折旧后确定。

① 出险时实际价值

实际价值 = 出险时新车购置价 ×（1 - 已使用月数 × 月折旧率）

② 新车购置价。保险事故发生时的新车购置价根据保险事故发生时保险合同签订地同类型新车的市场销售价格确定；无同类型新车市场销售价格的，由被保险人与保险人协商确定。

③ 折旧率。按月折旧率计算，不足一月的，不计折旧。折旧率按条款规定的比例计算。

3）如果保险金额低于出险时的实际价值，因总残余价值里有一部分是属投保人自保

的，所以这时残值应计算为

残值 = 总残余价值 ×（保险金额 ÷ 实际价值）

4）在确定“事故责任比例”时，被保险人自行协商处理交通事故的，依据双方在《协议书》中各自承担的责任，依据保险条款约定的事故赔偿比例（即负主要责任 70%，负同等责任 50%，负次要责任 30%）计算赔偿。

例 1：一投保营业用汽车损失保险的车辆，在同一保险期限内发生第二次事故，新车购置价（含车辆购置税）为 100 000 元，保额为 100 000 元，出险时的实际价值为 50 000 元；事故不涉及第三方车辆，投保车辆驾驶人承担全部责任，依据条款规定承担 15% 的免赔率，约定免赔额为 500 元；同时，由于是第二次出险，增加 5% 免赔率。车辆修理费用 60 000 元，残值 100 元。则：

核定修理费用 = 60 000 元

核定修理费用大于出险时实际价值（50 000）应按全损计算赔偿。

车损赔款 =（实际价值 − 残值 − 交强险对车辆损失赔偿金额）× 事故责任比例
= （50 000 − 100 − 0）× 100%（元）= 49 900（元）

车辆损失险赔款 =（车损赔款 + 施救费用赔款）×（1 − 免赔率之和）− 免赔额
= （49 900 + 0）× [1 −（15% + 5%）] − 500（元）= 39 420（元）

例 2：一投保营业用汽车损失保险的车辆，在保险期限内与另一机动车发生碰撞事故，其新车购置价（含车辆购置税）100 000 元，其保额 80 000 元，出险时实际价值 50 000 元，驾驶人承担主要责任，责任比例为 70%，依据条款规定承担 10% 的免赔率，约定免赔额 500 元，同时由于第四次出险，加扣 10% 免赔率。车辆修理费用 40 000 元，施救费用 500 元，残值 100 元，对方机动车交强险应对车辆损失赔偿 2 000 元。则：

车辆损失险赔款 =（核定修理费用 − 残值 + 核定施救费用 − 交强险赔偿金额）×
事故责任比例 ×（保险金额/投保时保险车辆的新车购置价）×
（1 − 免赔率之和）− 免赔额
= （40 000 − 100 + 500 − 2 000）× 70% × 80 000/100 000 ×
[1 −（10% + 10%）] − 500（元）= 16 703.2（元）

三、第三者责任险的赔款计算

1. 基本计算公式

三者险赔款 =（死亡伤残费用赔款 + 医疗费用赔款 + 财产损失赔款）×
事故责任比例 ×（1 − 免赔率之和）

死亡伤残费用赔款 = 受害人死亡伤残费用 − ∑各肇事机动车交强险对受害人的死亡伤残赔偿总金额

医疗费用赔款 = 受害人医疗费用 − ∑各肇事机动车交强险对受害人的医疗费用赔偿总金额

财产损失赔款 = 受害人财产损失 − ∑各肇事机动车交强险对受害人的财产损失赔偿总金额

应注意：

① 当被保险人按事故责任比例承担的死亡伤残费用赔款、医疗费用赔款、财产损失赔款之和超过责任限额时：

三者险赔款 = 责任限额 ×（1 − 免赔率之和）

② 任何肇事方未投保机动车交通事故责任强制保险或机动车交通事故责任强制保险合同已经失效的，视同其投保了机动车交通事故责任强制保险进行计算。

2. 挂车的赔款计算

同第三者责任险的计算公式。

1）主车与挂车连接时发生保险事故，在主车的责任限额内承担赔偿责任。

主车与挂车由不同保险公司承保的，按主车、挂车责任限额占总责任限额的比例分摊赔款。

主车应承担的赔款 = 总赔款 ×[主车责任限额/(主车责任限额 + 挂车责任限额)]

挂车应承担的赔款 = 总赔款 ×[挂车责任限额/(主车责任限额 + 挂车责任限额)]

挂车只投保了交通事故责任强制保险的，不参与分摊在商业三者险项下应承担的赔偿金额。

2）挂车未与主车连接时发生保险事故的，在挂车的责任限额内承担赔偿责任。

例：一投保了机动车辆第三者责任险和机动车交通事故责任强制保险的车辆发生交通事故，在事故中所负的责任比例为70%，依据条款规定承担15%的免赔率。第三者责任险责任限额为100 000元。此次事故第三方损失为250 000元，其中财产损失80 000元、医疗费用20 000元、死亡伤残费用150 000元。

因此，[(受害人死亡伤残费用 - ∑各肇事方交强险对受害人的死亡伤残赔偿总金额) + (受害人医疗费用 - ∑各肇事方交强险对受害人的医疗费用赔偿总金额) + (受害人财产损失 - ∑各肇事方交强险对受害人的财产损失赔偿总金额)] × 责任比例 = [(150 000 - 50 000) + (20 000 - 8 000) + (80 000 - 2 000)] ×70%（元）

= 13.3万元 > 10万元（责任限额）

则：三者险赔款 = 责任限额 ×(1 - 免赔率之和)

= 10万元 ×(1 - 15%) = 8.5万元

计算车辆损失险、第三者责任险赔款应注意几点：

① 赔款计算依据交通管理部门出具的《道路交通事故责任认定书》以及据此作出的《道路交通事故损害赔偿调解书》。

当调解结果与责任认定书不一致时，对于调解结果中认定的超出被保险人责任范围内的金额，保险人不予赔偿；对于被保险人承担的赔偿金额低于其应按责赔偿的金额的，保险人只对被保险人实际应赔偿的金额在限额内赔偿。

② 对于不属于保险合同中规定的赔偿项目，但被保险人已自行承诺或支付的费用，保险人不予承担。

③ 法院判决被保险人应赔偿第三者的金额，如精神损害抚慰金等，保险人不予承担。

④ 保险人对第三者责任事故赔偿后，对受害第三者的任何赔偿费用的增加不再负责。

四、摩托车、拖拉机保险的赔款计算

1. 车损险赔款计算

公式1：车辆损失险赔款 =(车损赔款 + 施救费用赔款) ×(1 - 免赔率之和)

公式2：车辆损失险赔款 =(核定修理费用 - 残值 + 核定施救费用 - 交强险赔偿金额) × 事故责任比例 ×(1 - 免赔率之和)

1）车损赔款 =(核定修理费用 - 残值 - 交强险对车辆损失赔偿金额) × 事故责任比例

交强险对车辆损失赔偿金额 = 交强险赔偿金额 × 核定修理费用/(核定施救费用 + 核定修理费用)

2）施救费用赔款 =(核定施救费用 - 交强险对施救费赔偿金额) × 事故责任比例

交强险对施救费赔偿金额＝交强险赔偿金额×核定施救费用/(核定施救费用＋核定修理费用)

核定施救费用＝施救费用×(保险财产价值÷实际被施救财产总价值)

3）车损赔款、施救费用分别以保险金额为限

4）若“核定修理费用－残值≥交强险赔偿金额”，且车损赔款和施救费赔款分别不超过保险金额时，直接用公式2计算即可。

2. 第三者责任保险赔款计算

第三者责任险赔款＝(死亡伤残费用赔款＋医疗费用赔款＋财产损失赔款)×事故责任比例×(1－免赔率之和)

死亡伤残费用赔款＝受害人死亡伤残费用－各肇事方交强险对受害人的死亡伤残赔偿总金额

医疗费用赔款＝受害人医疗费用－各肇事方交强险对受害人的医疗费用赔偿总金额

财产损失赔款＝受害人财产损失－各肇事方交强险对受害人的财产损失赔偿总金额

当被保险人按事故责任比例承担的死亡伤残费用赔款、医疗费用赔款、财产损失赔款之和超过责任限额时：

第三者责任险赔款＝责任限额×(1－免赔率之和)

3. 赔款合计＝车损险赔款＋第三者责任险赔款

例：摩托车损失保险保险金额10 000元，第三者责任保险责任限额20 000元。若在保险期限内发生保险事故，不涉及第三方车辆，被保险人负全部责任。摩托车损失2 000元，第三者财产损失3 000元，摩托车施救费用300元。则：

车损险赔款＝(核定修理费用－残值＋施救费用－交强险赔偿金额)×事故责任比例×(1－免赔率之和)

＝(2 000－0＋300－0)×100%×(1－10%)（元）＝2 070（元）

第三者责任险赔款＝(受害人财产核定损失承担金额－交强险对受害人的财产损失赔偿总金额)×事故责任比例×(1－免赔率之和)

＝(3 000－2 000)×100%×(1－10%)（元）＝900（元）

赔款合计＝车损险赔款＋第三者责任险赔款

＝2 070＋900（元）

＝2 970（元）

五、机动车车上人员责任险赔款计算

1. 赔款＝∑每人赔款

赔款人数以投保座位数为限。

1）当被保险人扣除交强险对车上人员的赔款后，按事故责任比例应承担的每座车上人员伤亡赔偿金额未超过保险合同载明的每人责任限额时：

每人赔款＝应当承担的赔偿金额×(1－免赔率)

① 投保时指定驾驶人，保险事故发生时为非指定驾驶人使用被保险机动车的，增加免赔率10%。

② 投保时约定行驶区域，保险事故发生在约定行驶区域以外的，增加免赔率10%。

2）当被保险人扣除交强险对车上人员的赔款后，按事故责任比例应承担的每座车上人员伤亡赔偿金额超过保险合同载明的每人责任限额时：

每人赔款 = 责任限额 ×（1 - 免赔率）

除下述情况外，机动车车上人员责任险的免赔率均为0。

① 投保时指定驾驶人，保险事故发生时为非指定驾驶人使用被保险机动车的，增加免赔率10%。

② 投保时约定行驶区域，保险事故发生在约定行驶区域以外的，增加免赔率10%。

2. 每人在交强险中得到的人身伤亡的赔款 = 每人在交强险中各分项限额（不含财产和无责任财产限额）项下得到的赔款之和

交强险对车上人员医疗费用赔款 = ∑（除本车外其他肇事车辆交强险医疗费用赔偿限额项下的赔款 × 受害人在医疗费用赔偿限额项下的核定损失承担金额/所有受害人在医疗费用赔偿限额项下的总核定损失承担金额）

交强险对车上人员死亡伤残赔偿赔款 = ∑（除本车外其他肇事车辆交强险死亡伤残赔偿限额项下的赔款 × 受害人在死亡伤残赔偿限额项下的核定损失承担金额/所有受害人在死亡伤残赔偿限额项下的总核定损失承担金额）

同时涉及上述两种赔款的，应同时参与上述两种赔款的分配。

例：A车与B车相撞，同时撞伤一行人丙。A车共5座，每座均投保了5万元的车上人员责任险。A车车上共有两人甲和乙，甲经过抢救后死亡，乙残疾。甲的死亡补偿费为80 000元，抢救费用12 000元；乙的残疾赔偿金为30 000元，医疗费用20 000元，丙的医疗费用5 000元。A车在事故中负70%的责任，计算A车车上人员责任险的赔款。

1. 赔款 = ∑每人赔款

赔款人数以投保座位数为限，赔款人数为两人

2. 计算A车上人员甲通过B车交强险得到的赔款

甲、乙、丙的医疗费用、死亡伤残费用之和均超过B的分项赔偿限额。

1）B交强险对甲的医疗费用赔款 = 医疗费用赔偿金额 × 受害人在医疗费用赔偿限额项下的核定损失承担金额/所有受害人在医疗费用赔偿限额项下的总核定损失承担金额

= 8 000 ×［12 000/（12 000 + 20 000 + 5 000/2）］（元）

= 2 782.61（元）

2）B交强险对甲死亡伤残费用赔款 = 死亡伤残赔偿金额 × 受害人在死亡伤残赔偿限额项下的核定损失承担金额/所有受害人在死亡伤残赔偿限额项下的总核定损失承担金额

= 50 000 × 80 000/（80 000 + 30 000）（元）= 36 363.64（元）

3）甲得到的车上人员责任险赔款

=（80 000 + 12 000 - 2 782.61 - 36 363.64）× 70%（元）

= 36 997.63（元）

3. 计算A车上人员乙通过B车交强险得到的赔款

1）B交强险对乙的医疗费用赔款

= 8 000 ×［20 000/（12 000 + 20 000 + 5 000/2）］（元）

= 4 637.68（元）

2）B 交强险对乙死亡伤残费用赔款

=50 000×30 000/(80 000+30 000)（元）=13 636.36（元）

3）乙得到的车上人员责任险赔款

=(30 000+20 000−4 637.68−13 636.36)×70%（元）

=22 208.17（元）

4. 车上人员责任险赔款=36 997.63+22 208.17（元）=59 205.8（元）

六、盗抢险的赔款计算

1. 全部损失

赔款=保险金额×(1−免赔率之和)

2. 部分损失

赔款=核定修理费用−残值

赔偿金额不超过本险种保险金额。

七、附加险的赔款计算

1. 不计免赔率特约条款

赔款=一次赔款中已承保且出险的各险种免赔额之和

下列情况下，应当由被保险人自行承担的免赔金额，保险人不负责赔偿。

1）机动车损失保险中应当由第三方负责赔偿而无法找到第三方的。

2）因违反安全装载规定增加的。

3）被保险人根据有关法律法规规定，选择自行协商方式处理交通事故，但不能证明事故原因的。

4）投保时指定了驾驶人，保险事故发生时为非指定驾驶人使用被保险机动车而增加的。

5）投保时约定行驶区域，保险事故发生在约定行驶区域以外而增加的。

6）因保险期间内发生多次保险赔偿而增加的。

7）附加险条款中规定的。

2. 玻璃单独破碎险条款

赔款=实际发生的修理费用

3. 火灾、爆炸、自燃损失险条款

（1）全部损失

赔款=(保险金额−残值)×(1−20%)

（2）部分损失

赔款=(核定修理费用−残值)×(1−20%)

“核定修理费用−残值”不得超过本险种的保险金额。

（3）施救费用赔款

施救费用赔款=实际施救费用×(保险财产价值÷实际被施救财产总价值)×(1−20%)

“实际施救费用×(保险财产价值÷实际被施救财产总价值)”不得超过本险种的保险

金额。

4. 自燃损失险条款

（1）全部损失

赔款 =（保险金额 - 残值）×（1 - 20%）

（2）部分损失

赔款 =（核定修理费用 - 残值）×（1 - 20%）

“核定修理费用 - 残值”不得超过本险种的保险金额。

（3）施救费用赔款

施救费用赔款 = 实际施救费用 ×（保险财产价值/实际被施救财产总价值）×（1 - 20%）

“实际施救费用 ×（保险财产价值/实际被施救财产总价值）”不得超过本险种的保险金额。

5. 车身划痕损失险条款

1）在保险金额内按实际损失计算赔偿，并使用批单冲减保险金额

赔款 = 实际发生的修理费用

2）在保险期限内，若赔款金额累计达到保险金额，本附加险保险责任终止。

6. 新增加设备损失保险条款

赔款 =（核定修理费用 - 残值 - 交强险对新增设备赔款）× 事故责任比例 ×（1 - 免赔率之和）

每次赔偿的免赔率以本条款所对应的主险条款规定为准。

1）“核定修理费用”大于等于出险时被保险机动车所保新增设备实际价值的：

赔款 =（出险时实际价值 - 残值 - 交强险对新增设备赔款）× 事故责任比例 ×（1 - 免赔率之和）

2）“（核定修理费用 - 残值 - 交强险对新增设备赔款）× 事故责任比例”大于等于被保险机动车所保新增设备保险金额的：

赔款 = 保险金额 ×（1 - 免赔率之和）

3）新增加设备出险时的实际价值是指新增加设备的购置价减去折旧金额后的金额，新增设备的折旧率以本条款所对应的主险条款规定为准。

7. 发动机特别损失险条款

（1）对发动机损失的赔款 =（核定发动机修理费用 - 残值）×（保险金额 ÷ 投保时保险车辆的新车购置价）×（1 - 20%）

1）“核定发动机修理费用 + 车辆其他部分核定修理费用”应小于等于被保险机动车出险时的实际价值。

2）对发动机和车辆其他部分损失的赔款金额与免赔额之和，不应超过被保险机动车的保险金额。

（2）施救费用赔款

1）当被保险车辆发生车辆其他部分损失时，本险种不承担费用，施救费用由主险承担。

2）当被保险车辆未发生车辆其他部分损失：

施救费用赔款 = 实际施救费用 ×（保险车辆价值 ÷ 实际被施救财产总价值）×（1 - 20%）

"实际施救费用×(保险车辆价值÷实际被施救财产总价值)"不得超过本险种的保险金额。

8. 机动车停驶损失险条款

(1) **全部损失**

赔款=保险合同中约定的日赔偿金额×保险合同中约定的最高赔偿天数

(2) **部分损失** 在计算赔偿天数时，首先比较《机动车辆保险车辆损失情况确认书》中约定的修理天数和实际修理天数，两者以短者为准。

即:《机动车辆保险车辆损失情况确认书》中约定的修理天数大于或等于实际修理天数，以实际修理天数为计算基础;《机动车辆保险车辆损失情况确认书》中约定的修理天数小于实际修理天数，以《机动车辆保险车辆损失情况确认书》中约定的修理天数为计算基础。

1) 赔偿天数未超过保险合同中约定的最高赔偿天数

赔款=保险合同中约定的日赔偿金额×赔偿天数

2) 赔偿天数超过保险合同中约定的最高赔偿天数

赔款=保险合同中约定的日赔偿金额×保险合同中约定的最高赔偿天数

(3) **赔偿后使用批单批改保险合同中约定的最高赔偿天数** 在保险期限内，赔款金额累计达到保险单载明的保险金额，本附加险保险责任终止。保险期限内发生保险事故时，对约定赔偿天数超出保险合同终止期限的部分，仍应赔偿。

9. 代步机动车服务特约条款

(1) **赔款=代步车辆日租赁费用×提供代步车的最高天数**

在计算提供代步车的天数时，首先比较《机动车辆保险车辆损失情况确认书》中约定的修理天数和实际修理天数，两者以短者为准。

即:《机动车辆保险车辆损失情况确认书》中约定的修理天数大于或等于实际修理天数，以实际修理天数为计算基础;《机动车辆保险车辆损失情况确认书》中约定的修理天数小于实际修理天数，以《机动车辆保险车辆损失情况确认书》中约定的修理天数为计算基础。

1) 提供代步车天数未超过保险合同中约定的有效最高赔偿天数

赔款=代步车辆日租赁费用×提供代步车天数

2) 提供代步车天数超过保险合同中约定的有效最高赔偿天数

赔款=代步车辆日租赁费用×保险合同中约定提供代步车的最高天数

(2) **赔偿后使用批单批改保险合同中约定提供代步车的最高天数** 在保险期限内，保险人向被保险人提供代步车的累计服务期限达到60日的，本附加险保险责任终止。

在保险期限内发生保险事故时，约定提供代步车的天数超出保险合同终止期限，仍应向被保险人提供代步车。

10. 更换轮胎服务特约条款

赔款=提供更换轮胎服务所发生的服务费用

11. 送油、充电服务特约条款

赔款=提供送油、充电服务所产生的服务费用

12. 拖车服务特约条款

赔款 = 提供拖车服务所产生的服务费用

13. 附加交通事故精神损害赔偿责任保险条款

1）法院生效判决或者经事故双方当事人协商一致并经保险人书面同意的、应由被保险人承担的精神损害赔偿责任，在扣除交强险中的精神损失的赔款后未超过责任限额时：

赔款 =（应由被保险人承担的精神损害赔偿责任 - 交强险有关精神损失的赔款）×（1 - 20%）

2）应由被保险人承担的精神损害赔偿责任扣除交强险中的精神损失的赔款后超过责任限额时：

赔款 = 责任限额 ×（1 - 20%）

14. 车上货物责任险条款

1）赔款 =（核定财产损失 + 核定施救费用 - 残值 - 交强险对车上货物赔款）× 事故责任比例 ×（1 - 20%）

"（核定财产损失 + 核定施救费用 - 残值 - 交强险对车上货物赔款）× 事故责任比例" 大于等于保险金额的，

赔款 = 保险金额 ×（1 - 20%）

2）交强险对车上货物赔款 = Σ（除本车外的其他肇事车辆交强险财产损失赔偿限额项下的赔款 × 被保险车辆在财产损失赔偿限额项下的核定损失承担金额/所有受害人在财产损失赔偿限额项下的总核定损失承担金额）

15. 附加油污污染责任保险条款

赔款 = 扣除交强险赔款后的实际损失 × 事故责任比例 ×（1 - 20%）

当"扣除交强险赔款后的实际损失 × 事故责任比例" 超过责任限额时：

赔款 = 责任限额 ×（1 - 20%）

16. 异地出险住宿费特约条款

1）在保险金额内计算赔偿，并使用批单冲减保险金额

赔款 = 被保险人每日发生的住宿费用之和

2）每日发生的住宿费的计算：

被保险人每日发生的住宿费用超过 200 元的按 200 元计算，未超过 200 元的，按实际费用计算。

在保险期限内，赔款金额累计达到保险金额的，本附加险保险责任终止。

八、确定免赔率的注意事项

1）全车盗抢险中，被保险人索赔时未能提供机动车行驶证、机动车登记证书、机动车来历凭证、车辆购置税完税证明（车辆购置附加费缴费证明）或免税证明等原件，每缺少一项，增加 1% 的免赔率。

机动车登记证书是机动车办理了登记的证明文件，是中华人民共和国机动车登记办法规定的登记事项。其是在 2001 年 10 月 1 日以后开始办理的。因此，在确定此项免赔率时，应该充分考虑这种情况。对于 2001 年 10 月 1 日前所购车辆，被保险人确实无法提供该证书的，可以不扣此项免赔率。

2）因自然灾害引起的、不涉及第三者损害赔偿的单纯车损险案件，不扣免赔。但对被保险人未尽到妥善保管或及时施救义务的案件除外。

3）营业用车多次出险加扣的免赔率，在实务中掌握最高限为30%。

九、重复保险处理

1）重复保险是指投保人对同一保险标的、同一保险利益和同一保险事故分别向两个以上保险人订立保险合同，保险金额总和超过保险价值的保险。

2）重复保险中，各保险人的赔偿金额的总和不得超过保险价值。除合同另有约定外，各保险人按照其保险金额与保险金额总和的比例承担赔偿责任。

保险价值指保险车辆出险当时的实际价值。

3）重复保险赔款的计算

赔款 = 核定赔款 ×（本保险合同的保险金额/所有有关保险合同保险金额总和）

单元三 核 赔

一、核赔流程

核赔工作是汽车保险理赔环节中最为重要的环节，具体的核赔工作流程如图12-3所示。

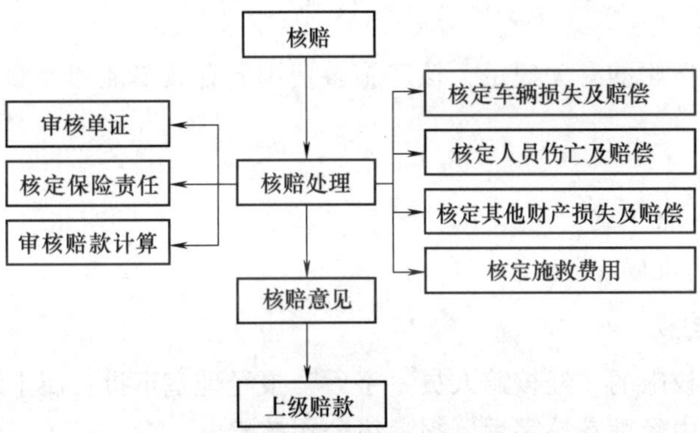

图12-3 核赔工作流程图

二、核赔的内容及要点

1. 审核单证

1）确认被保险人按规定提供的单证、证明及材料是否齐全、有效，有无涂改、伪造。

2）经办人员是否规范填写了赔案有关单证并签字，必备单证是否齐全。

3）签章是否齐全。

4）所有索赔单证是否严格按照单证填写规范，认真、准确、全面地填写。

2. 核定保险责任

1）被保险人是否具有保险利益。

2）出险车辆的厂牌型号、牌照号码、发动机号、车架号与保险单证所载是否相符。

3）驾驶人是否为保险合同约定的驾驶人。

4）出险原因是否属保险责任；赔偿责任是否与承保险别相符。

5）出险时间是否在保险期限内。

6）事故责任划分是否准确合理。

3. 核定车辆损失及赔款

1）车辆定损项目、损失程度是否准确、合理。

2）更换零、部件是否按规定进行了询、报价，定损项目与报价项目是否一致。

3）换件部分拟赔款金额是否与报价金额相符。

4）残值确定是否合理。

4. 核定人员伤亡及赔款

根据查勘记录、调查证明和被保险人提供的“事故责任认定书”、“事故调解书”及伤残证明，依照国家有关道路交通事故处理的法律、法规规定和其他有关规定进行审核。

1）核定伤亡人员数、伤残程度是否与调查情况和证明相符。

2）核定人员伤亡费用是否合理。

3）被抚养人名称、年龄是否真实，生活费计算是否合理、准确。

5. 核定其他财产损失赔款

根据照片和被保险人提供的有关货物和财产的原始发票等有关单证，核定财产损失和损余物资等有关项目和赔款。

6. 核定施救费用

根据案情和施救费用的有关规定，核定施救费用的有效单证和金额。

7. 核赔计算

1）残值是否扣除。

2）免赔率使用是否正确。

3）赔款计算是否准确。

三、核赔流转程序

属本级公司核赔权限的，经核赔人员签字后，报经理室审批；属上级公司核赔的，核赔人员提出核赔意见，由经理室签字后，报上级公司核赔。

上级公司核赔时，根据不同的案件，会侧重审核以下内容：

1）普通赔案的责任认定和赔款计算是否准确。

2）有争议赔案的旁证材料是否齐全有效。

3）诉讼赔案的证明材料是否有效，理由是否成立、充分。

4）拒赔案件是否有充分的证据和理由。

单元四　结案处理和单证管理

一、结案

结案时主要的任务包括几下几点：

1）赔案按分级核赔、审批后，业务人员通知会计部门支付赔款。

2）审核领取赔款人身份证和被保险人出具的授权委托书，支付赔款。

3）有关理赔单据清分。

4）支付赔款后，在系统中做结案处理。

二、单证管理

理赔案卷管理主要包括清分单证、案卷的整理与装订、案卷的登记与保管、案卷借阅等，如图 12-4 所示。

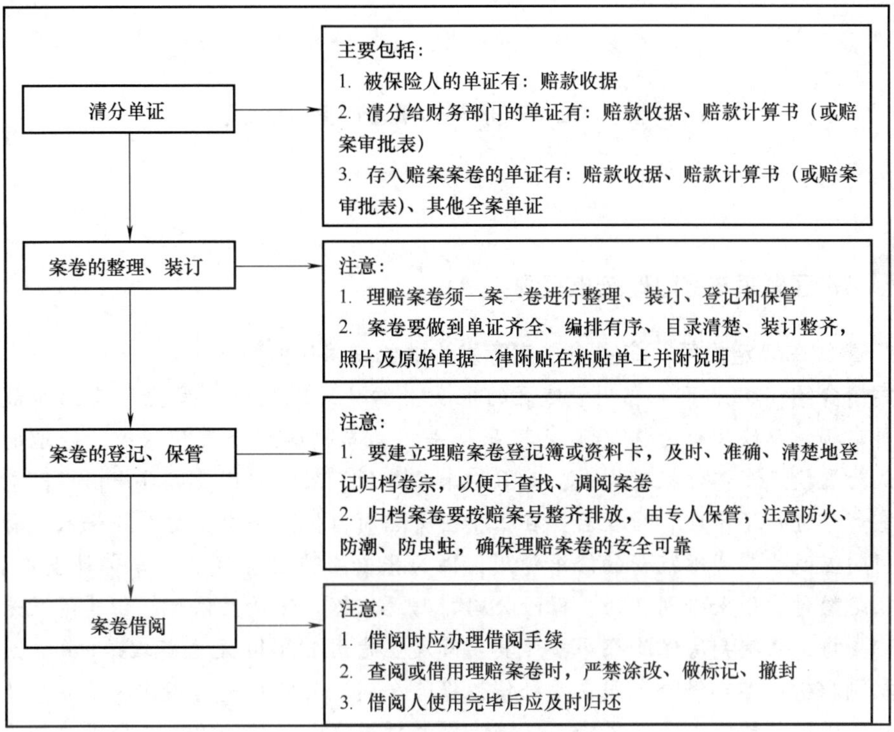

图 12-4 理赔案卷工作流程

【任务实施】

学生分组：

以 6 ~ 8 人为 1 组，其中每两人再为 1 小组，1 人扮演车主张先生，1 人扮演汽车保险工作人员，进行即兴表演。

训练方式：

每小组选出两位优秀的学生代表本组和其他组进行 PK，模拟接报案过程、现场查勘和核损过程。

考核要点：

1. 是否能正确完成核保工作。
2. 保险赔款的计算是否准确。
3. 是否能够为客户讲解明白保险赔偿金的计算方法。

考核方式：

情景模拟，小组互评，教师点评。

填写现场查勘记录单。

汽车保险理赔小常识

帮你了解汽车保险理赔小案例：

1. 事故车辆定损后，车主应按实际发生的修理费用索赔

案情介绍：2007年，郑州管城区的张女士驾驶的现代汽车发生了交通事故。保险公司定损该车修理费为24 050元，张女士将其车辆送到修理厂修理。修理时，张女士认为置换汽车部件耗时太长，而且也未必是原厂配件，因此只要求修理厂对其车的损害部分进行了修理。修理后，在张女士索赔时，保险公司声称：投保人报称的修理费用明显高于其实际花费的修车费用，因为张女士应该置换的汽车部件没有置换，因此拒绝赔付。张女士则认为，保险公司拒赔无依据，遂诉至法院。但其诉求未完全被法院支持，法院判决保险公司按照其实际发生费用11 044元进行理赔。

案例解析：车辆保险合同属于补偿性保险合同，其宗旨是对投保人发生事故后遭受的损失进行补偿，以降低风险。保险合同的性质决定了被保险人不会因为保险的赔付而有所受益。本案件中，张女士在修理汽车过程中，违反了《保险合同》和理赔程序的规定，对应该置换的汽车部件不予以置换，也未将该情况及时通知保险公司，其行为在法律上属于单方变更保险合同条款，构成了对《保险合同》的违反。

本案提示：车主在车辆定损后，车主应该按照《理赔书》的规定和《保险合同》的约定，全面对受损车辆进行维修，给自己增添安全保障。如遇情况有变，应及时通知保险公司，做到自身理赔程序的完善，才能更好地维护自己的权益。

2. 车辆被爆竹炸伤保险怎么赔？

案情介绍：每逢春节，爆竹声响是辞旧迎新的标志，是人们喜庆心情的流露。然而爆竹声后，停放在“碎红满地”旁的车辆，却成为了牺牲品。为被爆竹炸伤的爱车定损理赔，就成为了车主们在春节过后要面对的首要问题。

2009年，市民张先生的爱车在春节就惨遭爆竹伤害。虽然事发后张先生第一时间赶到了现场，但肇事者早不知道跑到哪里去了。张先生在第一时间拨打了保险公司的报案电话，心想自己投保了车损险，一定能获赔。可是当保险公司定损后，却告诉张先生只能赔偿其损失的70%，因为有30%的免赔率。张先生感到非常困惑：车辆被爆竹炸伤后，为什么有免赔率呢？于是张先生向保险专家进行了咨询。

案例解析：根据以上案例，张先生的爱车被爆竹炸伤，多数保险公司在车损范围内会给予一定赔偿，但会有一定免赔率。当然，也不排除个别保险公司会有拒赔的现象。那么，在保险公司可以赔偿的情况下，对免赔率又是怎么规定的呢？

本案提示：车主必须为汽车投保车损险。而车损险里有一条规定：被保险车辆因火灾、爆炸等原因造成车辆损失，保险公司要负赔偿责任。烟花爆竹的伤害属于此类。但此项同样设了30%的免赔率。也就是说，保险车辆发生保险责任范围内的损失应当由第三方负责赔偿的，确实无法找到第三方的，保险公司予以赔偿，但在符合赔偿规定的范围内实行绝对免赔率。张先生所遇到的情况正属于无主肇事，找不到第三方，因此保险公司只赔给张先生损失的七成，张先生需要自理损失的三成。